리커창

他將是中國大管家—李克強傳

Ta Jiang Shi Zhongguo Da Guanjia—Li Keqiang Zhuan

Written by 洪清著 (Hong Qing)

리커창

훙칭洪清 지음
구천서 편역

他將是中國大管家—
李克強傳

Ta Jiang Shi Zhongguo Da Guanjia —
Li Keqiang Zhuan

중국 대륙 경제의 조타수

푸른역사

일러두기

- 1. 이 책은 한국 독자들의 이해를 돕고 현재 실정을 반영하기 위해 他將是中國大管家─李克強傳을 전면 편역했다. 또한 〈8. 리커창과 한국〉을 비롯해 사진과 도표를 원서와 별도로 삽입했다.
- 2. 비교적 현대 인물명이 많은 중국 인명은 중국어 발음으로 표기했으며, 중국 지명은 한글 한자음으로 표기했다. 단 10~11쪽에 수록된 중국 지도에는 독자들의 이해를 돕기 위해 중국어 발음을 표기하고 한글 한자음은 괄호 안에 넣었다.
- 3. 이 책의 주는 모두 편역자의 것이다.

옮긴이 서문

2013년 3월 중국 북경에서 개최된 전국인민대표대회에서 향후 10년 간 중국을 이끌어갈 새로운 지도부가 탄생했다. 서계의 이목은 국가 주석으로 당선된 시진핑에 집중되었다. 하지만 우리는 또 한 명의 최고 지도자를 눈여겨봐야 한다. 그는 바로 중국 국두원 총리 리커창이다. 리커창은 한국에는 잘 알려지지 않은 다소 낯선 인물이다. 2012년 중국공산당 18차 당대표대회는 그에게 반전의 무대를 제공했다. 리커창은 정치국 상무위원을 연임하며 시진핑에 이어 중국공산당 서열 2위로 뛰어올랐다. 중국 최고 지도자의 반열에 등극한 것이다. 이때부터 그의 존재가 세상을 향해 빛을 발하기 시작했다.

  중국의 국무원 총리. 이는 어떤 자리인가? 얼마나 대단한 권력을 가졌기에 중국공산당 서열 2위인가? 중국 총리는 서구식 대통령제나 내각책임제의 총리와 달리, 국가 원수에 준하는 직책이다. 총리는 행정 조직인 국무원을 이끌며 부총리, 국무위원, 각부 부장, 각 국가위원회 주석 임명을 전인대에 제청할 수 있는 권리를 갖고 있다. 특히 경제 분야의 최고 의사 결정 기구인 중앙재경영도소조를 맡아 경제 전반을 주도한다. 총리는 또 계엄 선포·해제권이 있으며 각종 법안 제출, 국무원령 발포권도 있다. 중국의 쌍두 체제 중 한 축으로서 중국 경제와 민생을 이끌어가는 총사령탑인 것이다.

중국 총리의 이념, 정책, 성격과 인품은 중국 경제의 발전 방향과 정책 흐름을 가늠하는 풍향계라고 할 수 있다. 후진타오와 원자바오처럼 리커창은 시진핑과 함께 향후 10년간 중국이라는 거대한 항공모함을 조종할 것이다. 중국인들은 시진핑과 리커창을 '시·리 콤비褶李組合'라고 부르며 시·리의 리더십에 큰 기대를 걸고 있다.

리커창은 중국의 고위 관료라기보다는 중국의 현대사를 상징하는 아이콘이다. 그의 학창 시절과 공직 생활은 중국의 30년 개혁·개방 역사의 축소판이라고 할 수 있다. 그의 정치적 기반인 공청단파는 태자당(중국 혁명 원로 자녀로 구성된 정치 파벌)과 함께 중국 정치의 양대 축이다. 그들은 서로 경쟁하고 협력하면서 중국을 이끌어가고 있다. 리커창은 앞으로 어떻게 경제를 성장시키고 빈부격차를 해소할 것인가? 북경대 경제학 박사 출신 총리는 어떻게 중국 사회를 변화시킬 것인가?

2012년 11월 중국공산당 제18차 전국대표대회에서 최고 지도자의 반열에 오르면서 리커창은 "개혁이 중국의 최대 보너스이다. 오로지 개혁만이 중국의 성장 엔진이다. 개혁하지 않는 자는 편하게 살지 몰라도 역사적인 책임을 져야 한다"라고 주장하며 강력한 개혁 의지를 내비쳤다. 리커창은 등소평이 30여 년 전에 제창한 4대 현대화의 업그레이드 버전인 '신新4대 현대화론'도 제기했다. 중대한 변화를 예고하는 대목이다.

신4대 현대화는 신형 공업화, 정보화, 신형 도시화 그리고 농업 현대화다. 얼핏 보기에는 공산주의 국가의 형식적인 구호 같지만 배후에는 향후 중국과 세계 경제에 커다란 파장과 영향을 미치게 될 초대형 국가 발전 프로젝트가 숨어 있다. 도시화 프로젝트 하나에만 앞으로 10년간 8조 달러를 투입한다. 이는 대한민국 예산의 20배에 달하는 천문학적인 규모이다. 이처럼 동아시아 역사상 최대의 경제 발전 프로젝트의 총사령탑이 리커창인 점을 생각하면 그의 힘과 위치를 짐작할 수 있다.

현재 중국은 '차이나드림'을 위해 막대한 자금과 인력을 투입해 새로운 시대를 개척하고 있다. 특히 신 4대 현대화를 실현하기 위해 중국은 향후 10년간 시진핑과 리커창의 지도하에 국력을 퍼부을 것이 분명하다. 중국의 전략적 협력 동반자인 한국은 이 과정에서 어떤 역할을 해야 하고 어떻게 국익을 도모할 것인가? 이는 대한민국의 모든 정재계 인사와 지식인이 고민하고 실천해야 할 과제이다. 우리나라는 중국 경제 발전의 성과를 공유할 수 있도록 준비를 서둘러야 한다.

신4대 현대화는 우리나라와 많은 연결고리를 찾을 수 있는 프로젝트이다. 한강의 기적을 이룬 우리의 경험과 노하우는 중국의 신형 공업화에 유익한 사례를 제공할 수 있고, 세계 IT 강국인 우리의 정보통신 기술력과 인프라를 활용해 중국 정보화 사업에서 기회를 찾아낼 수 있다. 일산, 분당 등 수많은 신도시를 건설하면서 쌓은 기술은 중국의 도시화 프로젝트에 성공 모델을 제시할 수 있고, 새마을 운동은 중국의 농업 현대화 프로젝트에 노하우를 전수할 수 있다.

중국은 30년간 고속 성장으로 G2 국가의 반열에 올랐다. 이런 대국과 이웃이 된다는 것은 대한민국에게는 기회이자 위협이다. 중국의 경제 성장과 위상 강화의 혜택을 누리는 파트너가 될 것인가? 아니면 국제 경쟁의 소용돌이에서 패자가 되어 나락으로 떨어질 것인가? 이는 모두 우리의 판단과 준비, 그리고 행동에 달려 있다.

나는 오랜 전부터 한반도 공존 공영의 해결책은 한중 FTA라고 주장했다. 우리가 먼저 중국과 경제 공동체를 구축하게 되면 중국 경제 성장의 성과를 공유할 수 있다. 또한 우익 세력의 부활로 현대사를 부정하고 타국 영토를 호시탐탐 노리는 일본을 견제할 수 있다. 중국의 지원을 받아 호전적인 북한까지도 견제할 수 있다. 결국 한국과 중국이 가까워져야 일본과 북한을 우리가 지향하는 평화 공존의 마당으로 끌어들일 수 있는 것이다. 나아가 동북아 경제 공동체와 한반도 평화를 이루어낼 수 있다.

나는 중국 북경대에서 8년여에 걸친 수학 기간 동안 동북아 공동체에 관해 다음과 같은 생각을 정리해왔다. 먼저, 역사를 공유하는 동북아는 국가 간 분쟁과 모순의 해결이 비교적 용이하므로 평화를 기초로 한 안정적 국제 질서 수립과 지속 가능한 평화 체계 구축이 가능하다. 이를 바탕으로 세계적인 지역주의 흐름에 대응해 동아시아 각국의 경제 성장을 촉진해 세계 경제 중심으로 도약해야 한다. 한·중·일 동북아 3국은 EU의 경험을 타산지석으로 삼아 단계적으로 장애를 극복해 조속히 한중 FTA 체결에 나서야 한다.

중국 굴기崛起를 발전의 기회로 삼으려면 중국을 보다 더 많이 이해하고 접촉하고 협력해야 한다. 중국 정치 체제의 특성상 중국을 이해하려면 먼저 중국 정관계 지도자를 이해해야 한다. 우리는 정치 지도자 시진핑뿐만 아니라 경제 총사령탑 리커창에 다해서도 더 많이 알아야 한다. 하지만 대한민국 정재계와 언론은 정브가 턱없이 부족하다. 리커창에 대한 이해 없이는 중국의 거시적 경지 흐름을 제대로 읽을 수 없다. 중국 경제와 관련해 우리 경제의 활로를 찾는 대안 모색도 힘들 수밖에 없다.

《손자병법》에 '지피지기, 백전불태知己知彼, 百戰不殆'라는 말이 있다. 우리는 중국에 관한 유용한 정보를 보다 많이 수집하고 분석해, 중국의 발전과 성장을 우리나라의 발전과 평화의 기호로 만들어야 한다. 한반도미래재단은 이러한 사명감을 가지고 리커창을 한국에 알리려 미국 미러 퍼블리시와 계약해 1년간의 기획을 거쳐《리커창》을 내놓는다.

나는 1994년 대한민국 집권당의 청년위원장 겸 국회의원이었던 시절 중국의 청년대표 단체인 공청단의 제1서기 자격으로 한국을 방문한 리거창과 만남을 시작으로 그와의 세 차례에 걸친 만남을 통해 현 중국 제2인자인 그의 인생 경로에 큰 관심을 가져왔다. 특히 북경대 경제학 박사인 리거창은 경제 전문가답게 해박한 경제 이론과 경험, 토론을 좋아하는 소통의 달인으로서의 이미지가 강하게 남아 있다. 한국 독자들 역시 이 책을 통해 리커창의 인생 역정과 공직 생활, 정치 이념 향후 중국의 정책 방향 등을 파악하는 데 큰 도움이 될 것이라 믿는다.

2013년 11월
한반도미래재단 이사장 구천서

신장웨이우얼 자치구
(신강유오이 자치구)

● 우루무치(오노목제)

칭하이성
(청해성)

시짱 자치구
(티베트 자치구)

● 라싸(납살)

헤이룽장성(흑룡강성)

하얼빈(합이빈)

지린성(길림성)

창춘(장춘)

선양(심양)

랴오닝성(요령성)

네이멍구 자치구(내몽고 자치구)   허베이성(하북성)

후허하오터
(호화호특)

베이징(북경 직할시, 수도)

톈진
(천진 직할시)

산시성
(산서성)

스좌창
(석가장)

타이위엔
(태원)

지난(제남)

인촨(은천)

닝샤
후이족
자치구(영화회족 자치구)

산둥성(산동성)

간쑤성
(감숙성)

장쑤성(감소성)

란저우(난주)

산시성
(섬서성)

정저우(정주)

안후이성(안휘성)

상하이(상해 직할시)

시안(서안)

허난성(하남성)

난징(남경)

허페이(합비)

후베이성(호북성)

항저우(혼주)

우한(무한)

청두(성도)

저장성(절강성)

충칭(중경 직할시)

후난성
(호남성)

난창(남창)

구이저우성
(귀주성)

창사(장사)

장시성
(강서성)

푸저우(포주)

구이양(귀양)

푸젠성
(복건성)

대만

광시좡족 자치구
(광서장족 자치구)

광둥성(광동성)

광저우(광주)

난닝(남녕)

홍콩 특별행정구

마카오 특별행정구

하이커우(해구)

하이난성
(해남성)

中华人民共和国第十二届全[

제12차 전국인민대표대회의 리커창과 시진핑(2013.3.15)

1
세계가 주시한 중국의 라이벌전

공청단 간부로 정치에 입문한 리커창은 하남성과 요령성 당서기 업무를 성공적으로 수행한 후 중공 중앙 정치국 상무위원으로 선출되었다. 후진타오의 두터운 신임까지 더해진 리커창의 정치 행보는 거칠 것이 없어 보였고, 대내외 언론은 후진타오를 이을 차기 중국 총서기로 그의 이름을 공공연히 거론했다.

그러나 2007년에 발표된 중공 17대 정치국 상무위원 서열에서 리커창은 상해시 당서기 시진핑에게 밀렸다. 시진핑은 차기 중공 총서기 후보 경합에서 기선을 제압하며 가장 유력한 후보로 부상했다. 결국 제18차 전국대표대회에서 총서기 시진핑, 총리 리커창 체제가 출범했다.

중국은 30여 년의 개혁·개방에 힘입어 생산력이 크게 높아졌고 GDP는 세계 상위권으로 도약했다. 그러나 정치, 도덕 분야의 개혁이 지체되어 공정 분배, 민주 정치, 사회 정의, 도덕성 등 선진 사회가 요구하는 가치들이 뒷전으로 밀려나면서 사회 발전의 심각한 걸림돌이 되고 있다. 산적한 현안 문제 해결을 위해 중공 최고 지도부들 간의 긴밀한 공조가 필요하지만 지도부들의 정치적 배경이 상이하고 당대 파벌 투쟁의 뿌리가 깊어 시·리 체제의 순항에 세계가 주목하고 있다.

시진핑과 리커창

시진핑		리커창
태자당	계파	공청단
북경	고향	안휘성
청화대	대학	북경대
유복했지만 아버지 시중쉰 전 부총리 실각 후 농촌에서 생활	성장 과정	가난한 하급 관리 집안에서 성장
침착하고 내성적	성격	활달하고 생각이 예리함
인민가수 펑리위안	부인	영문학 교수 청훙

"중국의 새로운 엘리트 간의 정치 게임은
실패로 이어질 가능성이 높다."
_《외교계간》

"2년 전 중국·유럽 전략 파트너 관계 세미나에서 리커창을 만났다.
그는 매우 실사구시적인 지도자였다."
_구스타브 그라브(벨기에 브뤼셀 자유대 정치 교수)

칼을 품고 손을 잡다

서열 2위, 국무원
총리에 등극하다

2013년 3월 5일, 제12차 전국인민대표대회
(이하 전인대, 한국의 국회에 허당−역자 주)가 북
경인민대회당에서 열렸다. 향후 5년간 중국을 이끌어갈 지도자를 선
출하기 위한 대회로 세계 언론과 중국 인민은 지대한 관심을 보였다.

연단에 앉은 리커창은 무심결에 손수건으로 얼굴을 자주 닦았다.
긴장한 것이다. 국무원 총리 후보는 국가주석이 지덩한 후 찬반 투표
로 선출한다. 먼저 신임 국가주석 시진핑習近平이 지명 서한을 낭독했
다. 시진핑은 리커창을 국무원 총리로 지명했다. 이어서 찬반 투표가
시작되었다. 총리의 투표용지는 옅은 붉은색이다. 리커창은 시진핑

주석을 따라 연단에 설치된 투표함에 투표지를 넣었다. 투표 결과가 발표되었다. 57세의 리커창은 찬성 2940표, 반대 3표, 기권 6표의 높은 득표율로 신임 국무원 총리로 당선되었다. 리커창은 신중국 수립 이래 첫 경제학 박사 총리이다. 중국의 정치적 관례에 의하면, 의외의 사건이 발생하지 않는 한 리커창은 5년 후에 총리직을 연임하게 된다. 따라서 2013년 3월 16일은 중국 정치사에서 '새로운 10년-리커창 총리 시대'가 시작되었다고 할 수 있다.

원자바오溫家寶 전 총리는 투표가 끝난 후 인민대회당에서 리커창에게 축하를 보냈다. 뜨거운 박수가 터져 나왔다. 사회자가 리커창이 국무원 총리로 선출되었음을 선포한 후, 원자바오는 리커창의 손을 꼭 잡고 무언가를 말했다. 리커창이 계속 머리를 끄덕이는 것으로 보아 원자바오는 축하와 부탁의 말을 한 것으로 보인다. 회의가 끝난 후, 원자바오는 아직도 다하지 못한 말이 있는 듯 다시 리커창의 손을 잡고 시진핑 주석이 보는 자리에서 1분 넘게 대화를 나누었다.

원자바오는 리커창에게 무슨 말을 한 걸까?

10년 전, 원자바오가 총리로 당선되었을 때, 주룽지朱鎔基 전 총리는 "당신은 반드시 나보다 더 잘해낼 수 있을 것입니다"라고 말했다. 원자바오 전 총리도 리커창에게 같은 말을 하지 않았을까 싶다.

이날 리커창은 원자바오에게 몸을 낮추었다. 회의가 끝난 후, 연단의 대표들이 원자바오와 악수할 때 리커창은 계속 그 뒤를 조용히 따르며 몸을 낮춰 감동을 주었다.

리커창은 드디어 정식으로 권력의 정상에 섰다. 그러나 한때, 서열 2위의 총리가 아닌 시진핑과 더불어 국가 총서기의 유력한 후계자였음을 감안하면 리커창의 마음 한 편엔 아쉬움이 자리할 수도 있는 순간이었다.

2004년 리커창이 요령성遼寧省 당서기로 부임했을 때, 눈치 빠른 사람들은 후진타오胡錦濤가 리커창을 크게 신임하고 있음을 알아챘다. 홍콩·대만을 비롯한 해외 매체는 리커창이 제5세대 지도부의 선두 주자이며 후진타오의 계승자라고 생각했다. 중국 정부가 국내 사이트에서 '리커창'의 인명 검색을 차단하고 그의 이름을 긴감한 단어로 분류한 것을 발견한 영국《타임스》는 이때 벌써 낌새를 알아차리고 "인터넷 봉쇄는 중국의 새로운 지도자를 예언하는 단서Internet ban is clue to China's Leaders"라는 제목의 기사를 썼다.

공청단파(중국공산주의청년단 출신을 가리키며, 비교적 좋은 가정환경에서 태어나 고학력에다 특정 분야의 전문가라는 점이 특징이다—역자 주)의 선두 주자인 리커창은 해외 매체의 추측이 빗발치는 가운데 차기 중국공산당(이하 중공) 총서기 후보 물망에 올랐다. 하지만 2007년 10월 22일 발표된 중공 17대 정치국 상무위원 서열에서 리커창은 상해시上海市 당서기 시진핑에게 밀렸다. 시진핑은 차기 중공 총서기 후보 경합에서 기선을 제압하며 가장 유력한 후보로 부상했다.

후진타오 총서기가 최고 권력을 계승한 수순에 따르면, 차기 총서기 후보는 총서기 당선에 앞서 공산당 업무를 주곤하는 중앙서기처 제1서기로 당선되어야 한다. 시진핑은 17대에서 중공 중앙정치국에 입성했다. 그는 정치국 위원을 거치지 않고 바로 상무위원에 선임되었고 동시에 중앙서기처 제1서기로 임명되어 가장 유력한 차기 총서기 후보임을 알렸다.

중국공산당 조직도

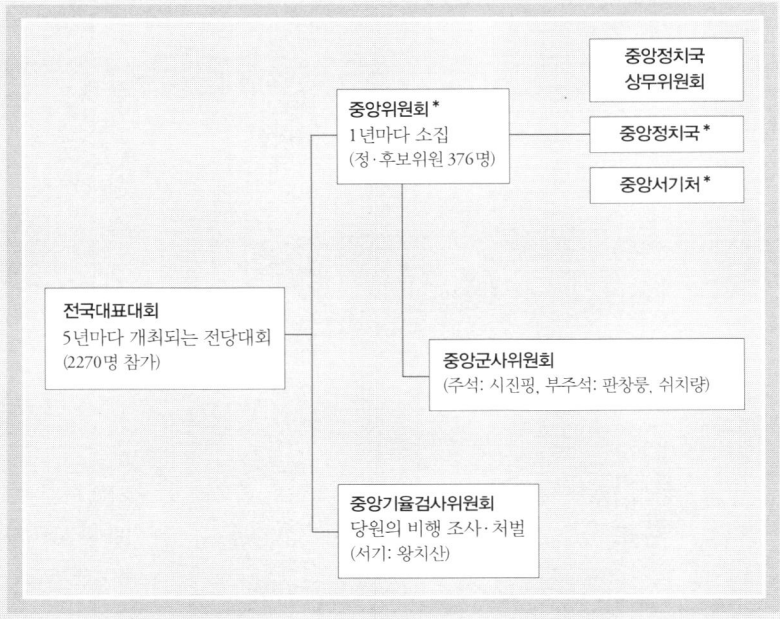

중앙위원회 *
1년마다 소집
(정·후보위원 376명)

중앙정치국
상무위원회

중앙정치국 *

중앙서기처 *

전국대표대회
5년마다 개최되는 전당대회
(2270명 참가)

중앙군사위원회
(주석: 시진핑, 부주석: 판창룽, 쉬치량)

중앙기율검사위원회
당원의 비행 조사·처벌
(서기: 왕치산)

* **중앙위원회**: 중국공산당의 최고 권력기관이며, 공산당 전국대표대회 폐회 중 공산당 전국대표대회의 결의를 실행하고 당의 활동 전반을 지도하며, 대외적으로 당을 대표한다. 중앙위원회 전체회의는 줄여서 중전회라고도 하는데, 중앙정치국에 의해 소집되며 적어도 매년 1회 개최된다. 전국대표대회에서 중앙위원회의 위원을 선출하고 임기는 5년이다. 중앙위원회 총서기는 중앙정치국 상무위원 중에서 선출하는데, 2013년 현재 시진핑이다.

* **중앙정치국**: 중국공산당 중앙위원회 전체회의에서 선출된 20여 명 위원으로 구성된 당의 지도적 기관이며, 중앙위원회 전체회의 폐회 중에 중앙위원회의 직권을 행사한다. 중앙정치국 상무위원회는 최고위급 지도자 7~9인으로 구성되며, 중앙위원회 폐회기간 중 중앙위원회의 권한을 행사한다. 또한 국가와 당에 관계되는 모든 정책을 최종 결정하며, 당·정·군의 고위간부 인사권을 장악한다.

* **중앙서기처**: 2013년 현재 7명으로 구성되며, 중앙정치국 상무위원회의 지도 아래 중앙의 일상 업무를 처리한다.

리커창은 시진핑과 마찬가지로 정치국 위원을 거치지 않고 직접 상무위원으로 발탁되어 최고 지도부에 입성했지만 외브의 예상과는 달리 왕좌에 오르지 못했다. 2008년 인사이동이 시작되면서 리커창은 황쥐黃菊 전 부총리의 서거로 공석이 된 국무원 상무 부총리직을 승계했다. 이는 리커창이 중공 제18차 전국대표대회(이하 18대十八大) 이후 국무원 총리로 올라갈 것임을 의미했다. 하지만 많은 사람들은 리커창이 왜 총서기 '후계자' 1번 시드에서 2번 시드로 밀려났는지 의문을 품었다.

리커창과 시진핑의 | 리커창과 시진핑을 비교하면 중국의 향후 10
정치 이력 | 년 혹은 그 이상의 정계 변화와 발전을 예측할 수 있다. 두 사람은 모두 1950년대에 출생했다. 시진핑은 1953년 6월생이고 리커창은 1955년 7월생으로 리커창은 시진핑보다 두 살 어리다.

중국 제5세대 지도부의 리더로서 시진핑과 리커창은 같은 정신적 상처를 갖고 있는 미망迷惘의 세대에 속한다. 1966년 문화혁명(이하 문혁)이 발발할 때 그들은 모두 청소년이었다. 문혁이라는 정치적 동란으로 이들은 정규 교육의 기회를 박탈당했다. 수천만의 동시대 청년들과 마찬가지로 이들은 도시에서 농촌으로 내려가 수년간 육체 노동을 하며 지내야 했다.

시진핑은 북경에서 섬서성陝西省 연안의 농촌으로 하방되어 수년을 보냈다. 리커창은 안휘성安徽省과 강소성江蘇省의 극빈 지역에 내려가 육체 노동을 해야 했다. 뼛속까지 스며든 육신의 고통과 비천함을 경험한 이들은 오히려 인내력과 적응력을 키우고 양보 정신과 상황 판단력 등 지도자의 소양을 갖추게 되었다. 이렇듯 이들은 시대의 특수

한 상황을 통해 중국 농촌 사회를 깊게 파악했다. 절제력을 배양해 판이한 사회 경제 환경에 적응할 수 있는 능력도 키웠다. 이러한 절제와 적응 과정에서 이들은 어린 나이에도 불구하고 외부의 도전에 대처하며 타협하는 방법을 터득했다. 최근 시진핑은 한 매체와의 인터뷰에서 "연안 생활은 자신의 인생에 결정적인 영향을 미쳤으며 중요한 전환점이었다"라고 토로했다.

두 사람은 모두 자신의 노력으로 대학에 입학했다. 차이라면 시진핑은 공농병工農兵(노동자, 농민, 병사의 통칭−역자 주)으로 추천받아 입학했고 리커창은 대학 입시가 부활한 첫 해에 시험을 통해 입학했다. 시진핑은 1975년 10월에 청화대 화학공정학과에 입학했다. 리커창은 1978년 3월에 북경대 법학과에 입학했다.

청화대와 북경대는 중국에서 가장 유명한 대학이다.

청화대는 자연과학, 공과(이과) 계열이 북경대는 인문사회 계열 뛰어난 학교로 정평이 나있다.

두 학교를 비교하는 것은 중국의 오랜 화두다.

지난 수십 년간 청화대는 걸출한 지도자를 대거 배출했다. 정계를 연구하는 인사들은 이를 '청화 현상'이라고 불렀다.

지난 20년간 정치국 위원 중에서 청화대 출신은 야우이린姚依林, 쑹핑宋平, 후치리胡啓立, 주룽지 등이 있다. 중공 17대 이후에 선출된 9명의 중앙정치국 상무위원 중에도 4명이 청화대 출신이다.

중국 교우넷校友网이 2007년 1월에 발표한 "걸출한 정치인 배출 대학교 순위"에서 청화대는 41명을 배출해 1위에 올랐고 34명을 배출한 북경대는 2위로 그 뒤를 바짝 추격했다.

중국 교우넷 관련 인사는《남방주말南方周末》기자와의 인터뷰에서 "걸출한 정치인은 장관급 이상으로 제14기차, 제15기차, 제16기 중앙 위원 및 후보위원中央委員及候補委員을 가르킨다"고 말했다.

그러나 최근의 인사이동을 살펴보면 변화를 느낄 수 있다. 일반적으로 장관급은 65세, 차관급은 60세가 되면 일선 지도자에서 물러나므로 향후 5년 내에는 현재 재직 중인 청화대 출신 관리 중에서 적어도 반 이상은 일선에서 물러나게 된다.

반면 현재 중국 정계에서 북경대 출신의 증가는 주목할 만한 현상이다. 북경대 출신 관리들을 보면 90퍼센트 이상이 문학, 역사, 법률, 경제와 정치 등 인문사회과학을 전공했다

딩스쑨丁石孫 북경대 전 학장은 북경대의 인문사회 계열 출신이 정계의 주류가 되는 현상을 이렇게 해석했다. 그는 "세계는 점점 작아지고 있으나 민족마다 가지고 있는 문화는 차이가 현저하다"라고 지적하며 "이러한 상황에서 우리는 어떻게 하면 단순한 답습이 아니라 상대를 빨리 이해하고 따라 배울 수 있을까? 먼저 서로를 이해하고 비교해야 한다. 이런 분야에서는 인문사회과학이 큰 역할을 발휘한다"라고 주장했다.

두 사람은 대학 졸업 후 서로 다른 진로를 택했다. 졸업 후 시진핑은 1979년 4월, 전 중국 국가 지도자인 아버지 시중쉰習仲勳의 인맥에 힘입어 국무원 판공청辦公廳(비서실에 해당—역자 주)과 중앙군사위원회 판공청에서 근무하게 된다. 1982년 그는 부모가 있는 북경을 떠나 하북성河北省과 복건성福建省에서 승진 가도를 달리기 시작했다.

리커창은 대학에서의 탁월한 능력에 힘입어 졸업 후 학교에 남았

다. 그는 1982년 1월에 북경대 중국공산주의청년단(이하 공청단, 중공이 지도하는 청년조직으로 주로 공산당의 예비군역할을 수행한다―역자 주) 서기가 되었다. 1983년 7월, 리커창은 공청단 중앙으로 올라가 학교부 부장과 전국 학생연합회 비서장으로 임명되었고 5개월 후 공청단 중앙서기처 후보서기로 당선되었다.

정계 입문 경로도 서로 다르다. 1982년 이후 시진핑은 중공 하북성 정정현正定懸 공산당위원회 부서기에서 시작해 1년 후에는 현 공산당위원회 서기로 승진했다. 1985년에 복건성으로 옮겨 하문시廈門市 공산당위원회 상무위원, 하문시 상무부시장을 맡았고 1988년에 복건성 영덕寧德 지구 공산당위원회 서기로 임명되었다. 1990년 시진핑은 복건성 공산당위원회 상무위원, 복주시福州市 공산당위원회 서기를 역임하고 1995년 10월에는 복건 성장으로 선출되었다. 시진핑은 기층基層(최하위층―역자 주) 간부부터 시작해 승진을 거듭했다.

리커창은 1983년 말 공청단 중앙서기처 후보서기로 당선되었고 1985년 11월에 공청단 중앙서기처 서기 겸 전국청년연합회 부주석에 올랐다. 1993년 5월부터 1998년 6월까지 공청단 중앙서기처 제1서기로 일했다. 리커창은 북경에 남아 공청단을 통해 관계로 진출했다. 리커창은 북경에서 근무하면서 시간을 쪼개어 1988년부터 1995년까지 북경대 경제학원에서 경제학 석·박사 학위를 취득했다.

1998년 6월 리커창은 하남성河南省 공산당위원회 부서기로 임명되었고 같은 해 7월 하남성 부성장, 대리성장으로 선출되었다. 당시 시진핑은 복건성 공산당위원회 부서기로 이미 3년 가까이 일하고 있었다. 1999년 2월 리커창은 하남성 성장으로 선출되었다. 반년 후 시진핑은 복건성 부성장, 대리성장으로 당선되었고 얼마 후 독건성 성장이 되었다. 2002년에 시진핑은 절강성浙江省 공산당위원회 상무위원 겸 절강성 대리성장으로 전출되었고 2003년에는 절강성 당서기로 승진했다. 이로부터 1년 후 리커창은 요령성 당서기로 임명되었다.

시진핑과 리커창의 지방 업적을 비교하면, 시진핑이 우위에 선다는 평가가 지배적이다. 업무를 파악하고 위기를 처리하는 능력에서 시진핑은 자질이 뛰어난 지도자이다.

건국 이래 최대의 밀수 사건으로 불린 원화遠華 사건에 많은 간부들이 연루되었는데 시진핑은 관련되지 않았다. 사건을 조사하면서 그는 주룽지 전 총리의 지시 사항을 충실하게 집행했고 사건 조사를 주도했다. 동시에 그는 하문시 경제의 활력를 회복하는 데 실질적인 일을 수행했다. 그 과정에서 그는 공정하고 청렴결백했으며, 단호하고 신속한 일 처리로 자신감 있는 태도를 보여주었다. 이에 비해 리커창이 하남성과 요령성 지방 업무를 수행 할 때, 수백 명의 사망자가 속출하는 재난들이 터지면서 그의 치적이 퇴색되는 불운이 따랐고 조용한 구원 투수의 역할을 맡곤 했다.

당시의 여러 정보를 종합해보면, 시진핑과 리커창 중에서 한 명을 중공 제5세대 최고 지도자의 후계자로 육성하고, 둘 중에서 한 명을 새로운 정치국 상무위원으로 선출한다면 시진핑이 리커창보다 가능성이 높았다.

끝나지 않은
패권 다툼

중국의 최대 정치 파벌, 태자당과 공청단파의
역학 관계도 두 인물의 서열을 가르는 원인이

라는 분석도 있다. 시진핑이 태자당 출신이라면 리커창은 공청단파의 선두 주자이다. 중공 제5세대 지도부 중 공청단파와 태자당은 가정환경, 인맥, 지도력과 정책 방향 등에서 차이가 크다.

미국의《외교계간外交季刊》의 보도에 따르면, 중국 정치국 위원 중에서 1950년 이후에 출생한 지도자는 6명이다. 그중 3명이 공청단 출신이고 3명이 태자당 출신이다. 완전히 다른 배경을 갖고 있는 두 파벌은 정책에서도 차이가 크다. 태자당은 기업가와 신흥 중산 계급의 이익을 대변한다. 공청단파는 조화 사회 건설을 슬로건으로 내걸고 농민, 농민공, 도농의 빈곤층 등 취약 계층에 관심을 기울인다.

시진핑과 리커창의 주요 관심 분야와 정책 방향이 현저히 다르다는 것을 국제 비즈니스 세계는 잘 알고 있다. 시진핑은 경제적 효율의 제고, 지속적이고 빠른 GDP 성장, 시장 개방 확대 등에 중점을 두고 중국 경제가 한 발짝 더 세계 경제권으로 진입·융합하는 정책을 선호한다. 시진핑은 동부 연해 지역의 부유 계층에도 각별히 신경을 쓴다.

반면 리커창은 취약 계층과 곤경에 처한 실업 계층의 생활을 중시한다. 그는 도시와 농촌을 아우르는 사회 안전망 구축의 중요성을 인식해 기본 의료 서비스 제공에서 시작해 기본 의료 보장 시스템 구축에 착수했다. 리커창은 더 많은 사람들이 집을 구매할 수 있도록 서민형 주택 건설 정책의 확대를 추진했다. 지역 발전에 관해서 리커창은 인구 밀집 지역으로 알려진 동북의 오랜 공업 기지를 부흥시키는 사업에 관심을 기울였다. 리커창은 빈부 격차 축소를 경제 효율성 향상보다 중요하게 생각했다.

두 파벌을 비교하면, 태자당이 경제 운영 능력에서 약간 우위에 있다. 이는 중국이 2010년부터 거시 경제 부문에서 발생하는 거센 외부의 도전에 대처하는 데 아주 중요하다. 공청단파는 조직력과 홍보력이 뛰어나다. 이는 경기 침체가 야기한 심각한 사회적 문제를 처리하고 해결하는 과정에서 중요한 역할을 할 것이다.

중국 지도부는 두 파벌의 견제와 균형이 모든 것을 희생해 GDP 고속 성장만을 추구하는 정책을 약화시키며 경제적 효율을 높이면서 사회적 평등도 같이 고려하는 중용 정책을 펼칠 것을 기대하고 있다.

《외교계간》은 또 다음과 같이 지적했다.

중국 최고 지도부 내에서 이루어지는 이러한 권력의 견제와 교체 시스템은 최고 지도부에게 활력을 불어넣어 특정 파벌에게 과도하게 권력이 집중되는 것을 방지한다. 차세대 지도자들은 개인적 특징과 자질, 정치 경력 등에서 차이가 크지만 경쟁 구도 속에서 두 파벌은 집권당으로서 권력을 유지하기 위해 공존하는 방안을 모색해야 한다. 분명히 이들은 모두 사회 안정을 원하고 중국이 국제 무대에서 강력한 힘을 과시하길 희망한다. 이는 두 파벌의 공통된 염원이다.

중국에 1인 독재 체제가 이미 깊게 뿌리내린 점을 감안해 중공 내부에서는 '1개 정당, 2개 파벌'의 전략을 실천하기 시작했다. 이는 중공과 국민에게 모두 대단히 선진적인 전략으로 환영을 받고 있고, 이것은 태자당 출신의 시진핑을 국가주석으로, 공청단파 출신 리커창을 총리로 하는 리·커 체제 출범의 배경에도 영향을 끼쳤을 것이라 추정된다.

안방까지 들이닥친 세계 금융 위기는, 사실상 중국 지도부에 정책

중국공산당 구조

당총서기
시진핑

정치국 상무위원(7명, 서열순)
시진핑 리커창 장더장 위정성 류윈산
왕치산 장가오리

정치국위원(25명, 가나순)
궈진룽 류옌둥 류윈산 류치바오 리위안차오 리잔수 리젠궈
리커창 마카이 멍젠주 쉬치량 시진핑 쑨정차이 쑨춘란 왕양 왕치산
왕후닝 위정성 자오러지 장가오리 장더장 장춘셴 판창룽 한정 후춘화

중앙위원회 위원(205명)
가우후청 궈성쿤 두칭린 루진궁 루하오 류펑 리빈 리훙중 링지화 선웨웨 쑤수린
쑹슈옌 양제츠 왕광야 왕둥밍 왕루린 왕안순 왕이 우아이잉 자오훙주 장바오순 장치웨이
저우창 전철수 한창푸 등 후보위원(171명)

중공 제18차 전국대표대회 대표(2270명)

중공 당원 8260만 명(2011년 기준)

중점을 수출 주도형 경제 성장에서 내수 촉진으로 전환할 것을 촉구하고 있다. 2008년 가을, 과감한 토지 개혁 정책이 실시되었는데, 농민에게 좀 더 많은 권리와 동력을 부여해 토지의 하도급과 거래를 촉진하려는 방안이었다. 이 정책은 농민 소득을 증가시키고 경제적 격차를 줄이며 지속 가능한 도시화를 추진해 궁극적으로 한 세기가 넘게 지속된 도시와 농촌의 이원화 상태에 종지부를 찍는 것을 목적으로 한다.

이 토지 개혁과 2008년 11월에 선포한 6000억 달러 수준의 경기 부양 계획은 주로 철도와 농촌 인프라 건설에 자금을 투입했다. 이는 내

수를 극대화해 경제 위기를 극복하는 데 큰 힘을 실어줄 것으로 전망한다.

중국의 새로운 토지 개혁 정책은 후진타오의 의중과 공청단파가 중심이 된 평민파의 영향력을 광범위하게 반영했다. 쾌자당 중심의 엘리트파도 새로운 경기 부양책에 찬성표를 던져 외형상으론 두 파벌의 정책 공조가 이루어 진 듯하다. 하지만《외교계간》은 "중극의 새로운 엘리트 간의 정치 게임은 실패로 이어질 가능성이 높다"라고 지적했다. 이어서 "예를 들어 중국의 경제 사정이 더 악화될 경우 어떠한 일이 발생할 것인가? 이는 최고 지도부의 파벌 투쟁이나 통제력 상실로 이어질 수 있다. 심지어 한 치의 양보도 없는 대결 국면을 초래하거나 완전한 결별을 불러올 수도 있다"라고 분석했다.

만약 외부의 압력에 직면한 위안화 절상이나 경기 부양책 실시와 같은 시급하게 해결해야 할 경제 문제가 발생하면, 시진핑과 리커창은 의견 차이가 계속 있을 것이다. 그리고 그 정도가 갈수록 심각해질 가능성도 배제할 수 없다.

현재 중국 지도자들 사이에서는 직면한 많은 난제를 늘고 치열한 논쟁이 벌어지고 있다. 여기에는 자원 재배치, 공공 의료 보장 체계 구축, 금융 체제 개혁, 에너지 안전 확보, 정치 질서 유지와 소수 민족과의 긴장 완화 등을 포함한다. 이러한 상황에서 중국 지도부의 의견 일치를 통한 효율적 국정 관리는 갈수록 어려워지고 있다.

중국은 30여 년의 개혁·개방에 힘입어 생산력이 크게 높아졌고 GDP는 세계 상위권으로 도약했다. 그러나 정치, 도덕 분야의 개혁이 지체되어 공정 분배, 민주 정치, 사회 정의, 도덕성 등 선진 사회가 요구하는 가치들이 뒷전으로 밀려나면서 사회 발전의 심각한 걸림돌이 되고 있다. 산적한 현안 문제 해결을 위해 중공 최고 지도부들 간의 긴밀한 공조가 필요하지만 지도부들의 정치적 배경이 상이하고 당내 파벌 투쟁의 뿌리가 깊어 시·리 체제의 순항에 세계가 주목하고 있다.

대륙의 새로운 조율사 등장

중국 총리의
새로운 이미지 부각

리커창은 중국 농촌의 최하층에서 명문 북경대를 거쳐 중공 중앙 최고 지도부에 입성하기까지 온갖 풍상고초를 겪었다. 그는 스스로의 힘으로 진로를 개척했고 국가 대사를 처리하면서 세상을 다스리는 훌륭한 관리의 모습을 아낌없이 보여주었다. 리커창은 국면 전반을 보는 안목과 정책을 결정하는 능력을 끊임없이 향상시켰고 풍부한 정치 경험과 행정 노하우를 축적했다. 지인들이 평가하는 리커창은 소박하고 친절하지만 긴급 상황에는 신속하고 대담하게 일을 처리하는 사람이다. '어떤 상황에서도 인민을 최우선시 한다'는 리커창이 줄곧 실천해온 집권 이념이다. 현재 리커창은 중국 총리의 이미지를 새롭게 세워나가고 있다.

리펑李鵬 전 총리부터 중국 총리는 경제를 주관하는 지도자라는 이미지가 강했다. 특히 경제 차르經濟沙皇라고 불린 주룽지가 총리가 되면서 중국 총리는 경제만 주관하는 듯한 느낌을 주기도 했다. 원자바오는 온화한 통치 스타일을 선보였지만 경제 총리라는 이미지에서 탈피하지 못했다. 중국 총리에게 경제통이라는 이미지가 형성된 원인은 개혁·개방 30여 년간 중국 정부는 총리의 지도하에 추진한 경제 발전을 추진했기 때문이다. 2013년 3월, 리커창이 신임 총리로 당선된 후 경제학을 전공한 리커창 앞에 놓인 과제는 더 이상 경제 문제만은 아닐 것이다.

중국 정부 고위급 관리의 업무 분담은 서양식 사고방식으로는 납득하기 힘들다. 전임 중국 총리는 모두 이공계 출신으로 수리, 전기, 지질 등을 전공했고 해당 분야에서 다년간 일했다. 이들은 총리를 맡으면서 경제 총리로 불렸다. 서양에서는 이들이 진짜 경제통인지, 경제 전반을 조율할 수 있는 능력이 있는지 회의를 품었다. 오늘날에도 수많은 서구 학자들은 아직도 "리펑은 경제를 잘 몰랐지만 주룽지는 경제 기적을 일으켰다"라고 평가한다. 원자바오의 경우, 그의 지도하에서 중국이 세계 경제 위기의 대충격을 모면했다는 평가도 있지만 중국 경제의 거시적 통제 과정에서 시행착오를 반복했다는 혹평도 있다. 원자바오는 시민들이 가장 불만을 품은 부동산의 상승을 초래했고 중국 경제 전환의 시기에 능동적으로 대처하지 못했다는 비판을 받았다.

리커창은 경제학 이론에 상당히 밝다. 그가 정계로 진출하지 않았다면 뛰어난 경제학자가 되었을 것이라는 평가도 있다. 한 해외 언론은 경제에 문외한인 것이 리커창의 치명적인 약점이라고 보도한 적이 있다. 이렇게 결론을 내린 근거가 무엇인지 알 수는 없다. 하지만 많은 매체는 리커창이 경제학을 전공했기 때문에 총리로 발탁되었다고 분석한다.

2012년 4월 25일 벨기에 브뤼셀 자유대 정치학 고수이며 브뤼셀 당대 중국 연구소장인 구스타브 그라브는 중국 신화통신과 인터뷰에서 리커창을 언급하면서 "2년 전 중국·유럽 전략 파트너 관계 세미나에서 리커창을 만났다. 그는 매우 실사구시적인 지도자였다"라고 평했다. 홍콩의 한 매체는 "리커창은 1950년대 이후 출생한, 대학 교육을 제대로 받은 세대이며 경제학 박사"라고 소개하면서 "후진타오는 처음부터 리커창을 경제 총리로 키웠다"라고 보도했다. 홍콩 매체의 보도에 따르면, 진정으로 능력 있는 경제 전문가를 총리로 선출하는 것은 중국 정계 각 계파의 공통된 인식이기 때문에 리커창은 일찍감치 두각을 나타내었고 마침내 총리가 되었다는 것이다. 중공 고위층에 따르면, 리커창은 중국 경제를 전반적으로 파악하고 발전 방식을 전환하기 위한 중장기 전략을 수립했는데 과거의 지도부는 이를 수행하지 못했다고 한다.

철혈 총리 주룽지가 보인다 | 리커창은 내성적이고 조용하다는 과거의 평가에만 의존하면 안 된다. 사실 리커창은 확고한 개혁파다. 그는 개혁·개방을 심화시킬 선두 주자가 될 가능성이 있다. 특히 그는 국무원을 장악한 후 1년 내에 경제 발전 방식에 혁신의 칼을 들이댈 것이다.

리커창과 오랫동안 함께 일한 적이 있는 한 퇴직 인사에 따르면, 리커창의 경제 개혁 방식은 주룽지 전 총리와 흡사하다. 두 사람 모두가 경제통이고 패기가 넘치며 생각이 깊다. 중국 경제는 주룽지의 조율 하에 1997년 아시아 금융 위기를 성공적으로 극복했다. 또한 전국적으로 저효율 국유 기업이 대량으로 도산 위기에 처하자 개혁을 단행해 국유 기업을 회생시켰다. 비록 당시 단행한 개혁은 현재에도 논란 거리지만 주룽지의 지도하에 중국 경제가 처음으로 대전환에 성공한 것은 의심할 여지가 없다.

현재 중국은 내수가 부진하고 투자가 하락세를 보이며 수출이 감소하고 빈부 격차가 벌어지는 등 문제가 심각하다. 경제 위기라 할 수 있다. 주룽지 전 총리가 직면한 위기에 못지않다. 이는 새로 출범한 중국 최고 지도부가 우선적으로 해결해야 할 과제다. 전 세계적인 경제 침체와 국유 기업만 발전하는 불균형 성장이 초래한 불공평과 저효율이 위기의 핵심이다.

경제 발전 방식의 전환은 일각도 지체할 수 없는 지경에 이르렀다. 앞으로 몇 년간, 중국 경제는 성장의 질과 효율 향상에 중점을 두어야 한다. 경제의 질과 효율을 향상시키는 것은 결코 쉽지 않다. 경제의 활력소가 되어야 할 민영 기업은 국내 자원의 상당 부분을 점유한 국유 기업에 억눌려 숨도 제대로 쉬지 못하고 있다. 리커창 역시 이러한 경제 구조 이면에 숨은 이해 관계를 잘 알고 있으며 이미 공정한 경쟁 질서를 강조한 적이 있다. 세계은행은 "중국이 대형 국유 기업의 독과점 질서를 타파하지 못할 경우 위기에 직면할 것이다"라고 경고했다. 리커창은 이에 동감을 표하면서 지방 지도자들에게 "우리는 열린 생각으로 부처 이익을 타파하고 기층이 잠재력을 충분히 발휘하도록 힘써야 한다"라고 당부했다.

리커창 총리는 임기 동안에 새로운 경제 대조정을 추진할 것으로 예상된다. 리커창식 경제 개혁이 임박함에 따라 그가 주룽지 전 총리의 패기를 갖고 있는지, 대담하고 세심하게 중국 경제의 제2차 대전환을 추진할지 세계가 주목하고 있다.

총리는
경제학 교수가 아니다 중국은 30여 년의 개혁·개방을 거쳐 생산력
이 크게 높아졌고 GDP는 세계 상위권으로
진입했다. 중국은 이미 사회주의 초급 단계에 도달했다고 할 수 있다.
하지만 경제 개혁이 한 방향으로만 진행되고 생산력만 중시하다 보니
분배가 악화되었다. 정치, 도덕 분야의 개혁이 지체되어 공정 분배,
민주 정치, 사회 정의, 도덕성 등 사회주의 초기 단계에서 요구하는
가치가 모두 뒷전으로 밀려났다. 이러한 차원에서 볼 때, 리커창에게
부여된 과제는 경제 발전 방식의 전환보다 훨씬 엄중하다.

　중국 경제의 2차 전환을 실현하기 위해 리커창에게 필요한 것은 단
순한 경제 정책이 아니다. 리커창이 정책을 결정, 집행할 때 필요한
것은 표면상 경제 지식이지만 실제로 정치력이 필요하다. 경제 개혁
을 단행하기 위해 먼저 정책 결정자의 정치적 결심이 선행되어야 한
다. 경제 발전과 함께 리커창이 감당해야 할 사명은 분배를 실시해 국
가와 사회를 균형 있게 관리하는 것이다. 한 평론가는 "중국 총리는
최고 지도자와 협조해 국가 제반 사업의 발전을 추진해 국가의 진정
한 CEO(최고경영자)가 되어야 한다. 민생 안정과 전반적인 국가 발전
이야말로 시대가 중국 총리에게 요구하는 사명이다"라고 지적했다.

　지난 5년간 부총리로 일하며 리커창은 경제 외에도 주택, 의료, 식
품, 의약품 등 중요한 분야를 담당했다. 2011년 리커창은 최초로 산업
화, 정보화, 도시화, 농업 현대화라는 '신4화新四化'를 제안했다. 중국
은 여전히 농업 인구가 과잉 상태라 산업화로 이를 해결해야 한다. 공

업은 정보화를 통해 생산성을 향상시켜야 세계 무대에서 경쟁할 수 있다. 도시는 산업화로 농촌에서 유입되는 농민공을 시민으로 받아들여야 한다. 농업은 '배불리 먹는 것'에서 '품질 만족'으로 전환하고 샤오캉小康 사회(의식주 걱정 없는 풍요로운 사회-역자 주)에서 부유한 사회로 나아가는 소비자의 수요에 발맞춰야 한다.

'신4화'든 경제 체제 변혁이든 모두 이미 단순한 경제 발전 범주를 벗어났다. 경제통은 리커창에게 가산점으로 작용할 수 있다. 하지만 중국 총리의 활동 무대는 정치, 문화, 사회, 교육, 환경 등 보다 다양한 영역으로 확대되기 시작했다. 경제학 박사 출신인 리커창은 법학과 정치학도 공부했다. 이는 리커창이 중국 사회를 개조하는 데 도움이 될 것이다.

관영 언론에 따르면, 오래 전부터 리커창은 공공 위생, 기후 변화, 그린 에너지 등 전임 총리들이 경시한 문제에 관심을 기울이기 시작했다. 이는 그가 넓은 시야를 갖고 있음을 보여준다.

상해항 방문(2013)

2
리커창의 적토마,
개혁

하남성과 요령성 당서기를 거쳐 중국 총리에 오르기까지 리커창의 정치 행보를 꿰뚫고 있는 기조는 한결같다. 압축하면 '개혁'. "개혁이 중국의 최대 보너스다. 오로지 개혁만이 중국의 성장 엔진이다. 개혁하지 않는 자는 편하게 살지 몰라도 역사적인 책임을 져야 한다." 리커창은 개혁 과정에서 생기는 사회적 진통과 걸림돌에 구애받지 않고 중국 사회 전체가 개혁 실천의 전선에 서기를 호소했다. 리커창은 고루한 회의 주재 방식부터 깨뜨렸다. 원고만 달랑 들고 회의에 들락거리는 관료들의 행태에 철퇴를 가하며 전문적 지식 없이 틀에 박힌 대로 일하며 인민과 동떨어진 융통성 없는 관료들이 더 이상 발붙이기 어려운 환경을 만들었다. 부총리 시절, 국가 곡물 창고 문제와 관련해 국가 보조금 편취를 노리는 관료들의 불법 행위가 성행하자 리커창은 무려 10만 명에 달하는 조사원을 동원해 대대적 점검에 나섰다.

리커창은 '시장과 사회가 역할을 잘 발휘하는 영역은 과감하게 시장과 사회에게 넘겨주어야 한다'라는 신념으로 정부의 관섭과 통제를 줄여나가는 개혁을 단행했다. 또한 성장 일변도의 경제 정책에 가려진 폐단을 지적하고 내수 진작과 분배 정의를 거론하며 '도시화와 농촌 현대화' 개혁을 통해 중국 경제의 체질 강화를 도모할 것을 천명했다.

역대 3중전회와 개혁 정책

1978년 11기 3중전회	마오쩌둥 사망 후 덩샤오핑 주도로 개혁·개방 정책 도입
1984년 12기 3중전회	사회주의 시장 경제 체제 구축 확정, 도시에서 중점적으로 경제 체제 개혁 추진
1988년 13기 3중전회	시장 경제 심화 위해 가격과 임금 개혁 방안 채택
1993년 14기 3중전회	덩샤오핑 남순강화 후 시장 경제 구체화, 현대 기업 제도 도입
1998년 15기 3중전회	신농촌 건설 통한 농업 현대화, 농업을 복합경영체제로 전환
2003년 16기 3중전회	중국 WTO 가입 후 시장 경제 체제 완비, 사유 경제 인정
2008년 17기 3중전회	농촌 개혁 발전 방안 채택, 농업 종합 생산 능력 제고

"앞으로 수십 년간 중국의 가장 큰 발전 잠재력은 도시화에 있다.
13억 인구의 현대화와 10억 인구의 도시화는 인류 역사상 전례 없는 일이다.
중국 정부가 이를 잘 추진한다면 인민에게 큰 혜택을 안겨줄 뿐만 아니라
세계에 대해서도 큰 공헌을 하게 될 것이다."
_리커창(김용 세계은행장과 접견 중에서)

개혁이 알파요 오메가

개혁은 중국의
최대 보너스다

시·리 체제의 순항에는 첨예한 파벌 투쟁의
암초가 잠복되어 있긴 하지만, 시진핑과 리

커창 모두 중국의 선진 사회 도약을 위해선 사회 전반의 강도 높은 개
혁이 시급하다는 것에는 인식을 같이 하고 있다.

시진핑과 리커창은 4대 시련과 4대 위험을 공개즈으로 털어놓은 적
이 있다. 여기서 4대 시련이란 집권 시련, 개혁·개방 시련, 시장 경제
시련과 외부 환경 시련을 말하며, 4대 위험이란 정신 해이 위험, 능력
부족 위험, 대중 이탈 위험과 소극적 부패 척결 위험을 말한다. 두 사
람은 모두 개혁을 강조해 '개혁'이 중공 18대 이후 가장 뜨거운 이슈

로 부상하기도 했다. '개혁하지 않으면 멸망할 뿐이다', '개혁하지 않으면 나라도 당도 망한다'는 말이 일반 대중이 아닌 관영 매체와 국가 지도자에서 나오는 것은 이제 특별한 일이 아니다.

18대 폐막 후 일주일 동안, 개혁은 중공의 새로운 지도부와 관영 매체가 가장 많이 언급하는 키워드가 되었고 중남해中南海(북경에 있는 주요 정부 기관 소재지−역자 주)가 외부로 보내는 메시지가 되었다. 특히 "개혁은 중국의 최대 보너스다"라는 리커창의 발언은 시·리 체제가 개혁의 성과를 상당 부분 인민에게 배당할 것이라는 의미로 해석된다.

2012년 11월 21일, 18대 폐막 6일 후 중남해에 위치한 국무원 제1회의실에서는 중국의 11개 개혁 시행 성급 행정구 지도자들이 참석한 전국종합보완개혁 시행 사업 좌담회가 열렸다. 5일 전에 열린 18기 1중전회에서 중공 중앙정치국 상무위원으로 다시 당선된 리커창 국무원 부총리가 소집한 회의였다. 일부 소식통은 이번 회의의 내용과 주제를 "18대 이후 중남해가 외부에 보낸 개혁의 메시지"라고 해석했다.

국가발전개혁위원회國家發展和改革委員會(경제와 사회 발전 정책에 대한 종합적인 연구를 통해 경제 체제 개혁 등에 대한 거시적 조정을 지도하는 기능을 수행하는 국무원의 직속위원회 중 하나다─역자 주)와 일부 지방 지도자의 보고를 받은 후, 리커창은 "당의 18대 보고서는 2020년에 전면적으로 샤오캉 사회를 건설해야 한다고 제시했다. 우리는 무엇에 근거해 전진할 것인가? 중국의 힘은 다름 아닌 개혁·개방에서 온다"라고 지적했다.

리커창은 인구 효과가 이미 소멸했다는 견해에 동의하지 않았다. 리커창은 2030년에 중국의 노동 인구는 9억 명에 달하고 임금도 대폭 상승할 것이라는 예측에 동의했다. 리커창은 회의 참석자에게 "그렇다면 우리가 활용할 수 있는 보너스는 무엇일까요? 그것은 바로 개혁입니다"라고 자문자답했다.

개혁이야말로 최대의 보너스입니다. 우리는 GDP 성장만을 추구하는 것이 아닙니다. 앞으로 성장률은 두 자리 수를 유지하기 힘듭니다. 하지만 계속해서 성장률을 7퍼센트로 유지하면 2020년에 샤오캉 사회를 건설할 수 있습니다. 이를 실현하려면 무엇에 근거해야 할까요? 개혁에 근거해야 합니다. 개혁은 사상을 개방하고 관념을 바꾸는 것일 뿐만 아니라 보다 많은 분야에서 기존의 이익 구조를 타파하고 기대 이익을 조절하는 것입니다. 개혁을 단행하기 위해서는 정치적 용기와 담력 그리고 체계적인 지식을 필요로 합니다.

리커창은 "개혁은 최고층이 설계해야 하고 기층을 존중하는 창조적 정신이 있어야 한다"라고 강조했다. 이어서 그는 "개혁·개방 30년을 통해 중국은 이미 풍부한 경험을 축적했다. 하지만 중국은 13억 인구에 방대한 영토를 갖고 있고 국정이 매우 복잡하다. 이 때문에 최고층만의 힘으로는 개혁이 어렵다. 개혁·개방의 출발점은 인민을 존중하는 창조적 정신이다. 우리는 창조적 정신을 발현해야 한다"라고 설명했다. 여기서 우리는 리커창의 굳건한 개혁 의지를 엿볼 수 있다.

| '개혁, 개혁, 개혁' | 리커창의 18대 보고와 시정 강령에서 우리는 개혁에 대한 그의 굳은 의지를 엿볼 수 있다. |

과거 중앙 정부에 비해, 그가 추진하는 개혁의 강도와 깊이는 보기 드물게 강하고 깊다. 리커창의 연설을 두 글자로 압축한다면 그것은 바로 '개혁'이며 네 글자로 압축한다면 '개혁, 개혁'이며 여섯 글자로 압축하면 '개혁, 개혁, 개혁'이다.

리커창은 개혁의 방향과 방법도 정확하게 인식하고 있다. 1992년 덩샤오핑鄧小平이 발표했던 남순강화南巡講話(덩샤오핑이 천안문 사태 후 중국 지도부의 보수적 분위기를 타파하기 위해 상해, 심수, 주해 등 남방경제특구를 순시하면서 개혁·개방을 촉구한 일련의 연설—역자 주)의 봄바람이 다시 불어오는 듯한 느낌이다.

개혁 방향에 대해 리커창은 "시장의 자원 배분 기능을 강화하고 역할을 잘 발휘하는 영역은 과감하게 시장과 사회에게 넘겨주어야 한다"라고 지적했다.

리커창이 제시한 개혁 방향은 매우 중요하다. 그는 "시장의 자원 배분 기능을 강화한다"라고 명확하게 밝혔다. 따라서 현재 지지부진한 경제 개혁 의제를 다시 꺼내어 논의해야 한다. 그중에는 적어도 다음과 같은 것들이 포함된다.

농지 재산권 실현

영국의 경제학자인 로널드 코스Ronald H. Coase는 "재산권의 확정은 시장 거래의 필수 전제이다"라고 말했다. 재산권을 명확하게 확정하지 않으면, 거래가 활성화되지 않고 시장은 자원 배분 기능을 발휘할 수 없게 된다. 농지 재산권 실현은 토지 도급권을 확정해 농민에게 부여하는 것에 그치지 않고 토지의 사용, 양도 등 제반 권리를 농민에게 부여해야 한다. 최근 토지 징발 관련 분쟁이 대거 발생하고 있다. 이유는 경제가 고속 성장하고 도시가 크게 확대되는 과정에서 많은 농지가 공·상업 용지로 변경되면서 막대한 이익이 발생했지만 농민들은 토지 양도권이 없어 손에 쥐는 것이 거의 없기 때문이다.

국유 기업의 대량 매각

매각 수입은 국고에 넣거나 사회 보험금을 상환하거나 인민에게 분배해도 좋다. 국유 기업은 매각하는 것이 좋다. 국유 기업이 줄면 정부라는 심판은 그라운드에 설 필요가 없다. 시장은 보다 공정하고 합리적인 경쟁 터로 변해 사회의 부가 대폭 증가할 것이다.

위안화 환율 메커니즘 개혁

지난 10년간 중국은 수출품의 가격 우위를 지지하기 위해 위안화 환율을 안정시키는 데 초점을 맞췄다. 그 결과, 수출 산업은 큰 혜택을 입었지만 대가는 국내의 수많은 인민들이 치러야 했다. 위안화 환율을 안정적으로 유지하기 위해 정부는 화폐를 대량 발행해 인플레를 유발했기 때문이다.

발전개혁위원회의 전결권 대폭 축소

발전계획위원회는 전결권이 너무 많아 '작은 국무원'으로 불린다. 지방에서 프로젝트를 추진하려면 발전개혁위원회의 승인을 거쳐야 한다. 그 결과 수많은 프로젝트가 지연되거나 취소되어 경제 발전에 걸림돌이 되었다. 2012년 5월, 리춘훙李春洪 광동성廣東省 발전개혁위원회 주임은 포럼에서 "프로젝트 6건을 조사한 결과, 규정된 절차대로 한다면 심사 비준 절차를 모두 밟는 데 총 310일이 걸린다. 기업이 이를 따르다가는 사업 기회는 물 건너간다. 심사 비준 절차를 대폭 축소해야 한다"라고 지적했다.

가격 통제 완화

개혁·개방의 역사는 이미 30년을 넘었고 시장 경제 도입은 어느덧 20년을 넘었지만 중국에는 아직도 가격 통제가 엄존하고 있다. 이는 자원 배분을 크게 왜곡하고 자원 절약과 생산력 발전에 걸림돌로 작용한다. 예를 들어 수도 요금, 전력 요금, 디젤유 가격, 설 기차표 가격, 병원 진료비, 택시 요금 등을 정부가 통제하고 있다.

다른 것은 제쳐두더라도 병원 진료비를 통제해 사회에 매우 큰 손해를 끼치고 있다. 정부가 병원 진료비를 인위적으로 매우 낮게 책정하자 병원은 약을 판매하거나 불필요한 검사를 강요하는 방법으로 손실을 벌충하고 있다. 그 결과 많은 환자들이 필요 없는 약을 구매하거나 불필요한 검사를 받았다. 의사는 자존심에 상처를 입었고 환자들은 의사를 불신하게 되었다.

위의 다섯 가지 개혁은 매우 중요하다. 정부는 최대한 시장에서 벗어나 간섭과 통제를 줄여야 한다. 이것은 바로 '시장과 사회가 역할을 잘 발휘하는 영역은 과감하게 시장과 사회에게 넘겨주어야 한다'는 리커창의 주장과 일맥상통한다.

개혁 방법에서도 리커창의 주장은 실질적이고 정확하다. 리커창은

"개혁은 권력 최고층이 설계하되 기층의 창조적 정신을 존중해야 한다"라고 주장했다. 여기서 방점은 '기층의 창조적 정신 존중'에 찍혀 있다. 리커창은 "땅덩어리가 방대한 중국에서 선행선시先行先試(먼저 실행하고 실험한다—역자 주)하지 않으면 개혁을 철저하게 실현할 수 없다. 이는 30년간의 개혁 과정에서 얻은 교훈이다. 선행선시는 당연히 탐구를 필요로 한다. 탐구 과정에서 지뢰를 제거하고 난관을 헤쳐나가야 한다. 난관에 봉착할 경우 적시에 조정하고 착오를 시정하는 메커니즘이 있어야 한다"라고 지적했다.

여기에는 세 가지 중요한 함의가 있다.

첫째, 중앙 정부는 권력을 하부에 과감하게 이양해 지방 정부가 개혁을 광범위하게 추진하도록 해야 한다. 사실 중국에 깊은 영향을 미친 개혁은 모두 작은 지방에서 시작되었다. 농촌 토지 도급제는 소강촌小崗村에서 시작되었고 대외 개방을 통해 외자를 유치한 개혁은 심천深圳에서 시작되었다.

현재 일부 지방에서는 수많은 개혁 의제를 시범적으로 실시하고 있다. 성도成都의 도농 통합, 온주溫州의 금융 개혁 등을 예로 들 수 있다. 이러한 지역에서 유익한 아이디어를 얻어야 한다. 하지만 이러한 개혁과 시범 실시만으로는 턱없이 부족하다. 보다 많은 분야에서 개혁을 실시하고 보다 많은 지방에서 시범 실시를 해야 한다. 이는 중앙 정부의 대담한 권력 이양을 필요로 한다.

둘째, 민간의 지혜와 지방의 경험을 존중하고 적극 반영해야 한다. 1962년에 덩샤오핑은 "어떤 생산 관계가 가장 좋은지 판단하기 위해 다음과 같은 태도를 취해야 한다. 쉽고 빠르게 농업 생산을 복구, 발전시킬 수 있는 방법이 있다면 그 방식을 택한다. 인민들이 특정 방식을 선호하면 그 방식을 택한다. 그 방식이 불법이라면 합법화한다"라고 지적했다.

현재 우리의 발목을 잡는 문제에 대해 민간에서는 이미 해결 방법을 잘 알고 있다. 우리가 이러한 민간의 경험과 지혜를 활용할 뿐만 아니라 이러한 경험과 지혜가 지속적으로 생겨나고 자동적으로 확산되게 할 수 있느냐가 문제의 핵심이다. 토지 양도금을 추납해야 하는 주택이 가장 전형적인 예이다. 모두 도시의 부동산이 지나치게 비싸다고 말하지 않는가? 해결 방법은 매우 간단하다. 주택의 건설과 분양에 농민을 참여시키면 된다. 이렇게 하면 품질 좋고, 재산권 보유 기한도 길며, 가격도 적당한 주택을 건설할 수 있다. 우리가 이러한 경험을 잘 활용하면 도시의 부동산 가격은 반드시 떨어질 것이다.

셋째, 경쟁을 촉진하고 개혁 리스크를 분산한다. 개혁에는 위험이 따르기 마련이다. 우리가 일부 지방에서 선행선시를 허용하면 위험은 대폭 감소한다. 설령 오류를 범한다 할지라도 전국으로 파급되지 않는다. 또한 적시에 착오를 시정할 수 있다.

지방의 창의성 존중은 지방의 자유로운 경쟁을 의미한다. 장우창張五常, 장웨이잉張維迎 등 일부 경제학자들은 경제 발전에 대한 지역 경쟁의 공헌을 높이 평가했다. 확실히 수많은 지방 정부는 경제 발전을 위해 앞다투어 개방을 확대하고 행정 풍토와 사업 환경을 개선했다. 이는 중국의 경제 발전 과정에서 이미 중요한 역할을 발휘했다. 우리는 지역 경쟁의 우위와 역할을 한층 더 강화해야 한다.

사실 이는 미국의 연방제와 비슷하다. 지역별로 경제 정책을 독립적으로 집행할 수 있게 하면 한 지방에서 어떤 정책이 실패하더라도 다른 지역은 이를 참고해 더 나은 정책을 개발할 수 있다. 이렇게 되면 사회와 경제의 발전은 더욱 빨라질 것이다.

리커창이 지방의 창조적 정신을 존중해야 한다고 주장하면서 중국은 이러한 방향으로 한걸음씩 나아가고 있다.

원고를 버리고 인민의 입으로 말하라

관료가 두려워하는 지도자 | 리커창이 개혁의 신호탄을 쏘아 올리자 적지 않은 관리들이 두려움에 벌벌 떨었다. 리커창은 정책 개혁에 그치지 않고 인적 개혁을 단호하게 추진했다. 리커창의 개혁은 자신부터 시작했다. 일례로, 회의 주재 방식부터 기존의 형식을 깨뜨렸다. 공무원들이 회의에 참석해 원고를 그대로 읽는 것은 일종의 관례라고 할 수 있다. 하지만 국무원 회의에 자주 참석하는 지방 지도자들은 리커창이 주관하는 회의에서는 읽고만으로는 어림도 없다는 사실을 잘 알고 있다. 회의 참석자는 자신의 업무를 상세하게 파악해야만 리커창이 수시로 제기하는 질문에 답변할 수 있다. 이 점만 보더라도 리커창은 전임 지도자들과 확연히 다르다. 원고를 읽지 않는다는 것은 리커창식 개혁의 시작이라 하겠다. 이로 인해 적지 않은 관원들이 두려움에 떨어야 했다.

이른바 '원고 사건'은 2012년 11월 21일에 발생했다. 중공 18대 폐막 6일 후에 열린 회의에서 리커창은 '원고대로 읽지 말라'고 요구해

주위를 놀라게 했다. 회의에서 호남성의 한 지도자가 장주담長株潭(장사長沙, 주주株洲, 상담湘潭 3개 시의 약칭–역자 주) 도시군의 자원 절약형, 친환경성 사회 건설 종합 개혁 시범구를 소개했다. 발언이 시작된 지 2분도 채 안 되어 리커창은 그의 말을 자르며 "당신의 연설문 원고는 제가 이미 봤습니다. 보고서에서 공업 용수를 많이 쓰는 업체에게 계단식 수도 요금과 누적 가격 인상제를 실시한다고 했는데 가격 인상의 누적 인상률은 얼마입니까? 기업이 감당할 수 있는 능력은 어느 정도이며 기업은 어떤 반응입니까?"라고 질문했다. 발언자가 리커창의 질문 의도를 이해하지 못해 어쩔 줄 몰라하자 그는 "에너지와 자원이 경제 발전의 발목을 잡고 있습니다. 장주담 도시군은 중부 지역에 위치해 있고 중화학 공업 기지입니다. 공업용 전기와 수도에 대한 계단식 가격제를 성공적으로 정착시킨다면 전국적으로 의미 있는 사례가 될 수 있습니다. 지방에 돌아간 후, 현지 공업 기업에 계단식 전기 요금과 수도 요금을 적용한 결과를 분석하기 바랍니다. 국가발전개혁위원회에서도 이를 조사하고 연구해야 합니다"라고 지시했다.

호남성의 지도자는 멋쩍게 보고를 마쳤다. 이어서 성도시成都市 지도자가 나섰다. 리커창은 전국 통합 도농 종합개혁 시범구인 성도시에 관해 일련의 질문을 던졌다. "천서川西 평원에 위치한 성도시는 국가의 중요한 곡창입니다. 통합 도농 종합개혁을 실행하면 양식 생산량에 어떤 영향을 줍니까? 최근 양식 생산량은 얼마입니까? 해마다 생산량을 증가시킬 수 있습니까? 경작지 면적은 얼마입니까? 호적 인구에 따라 계산할 경우, 도시화율은 어느 수준입니까?" 정곡을 찌르는 리커창의 속사포 질문에 성도시 지도자는 감탄을 금치 못했다. 그는 리커창이 참석한 회의에서는 원고만 읽어서는 절대 안 된다는 것을 절실히 깨달았다.

리커창은 "제가 사전에 여러분의 원고를 모두 읽어보았기 때문에 여기서 굳이 다시 읽을 필요가 없습니다. 좌담회인 만큼 구체적인 문제점과 개혁 추진 과정에 필요한 사항을 토론하는 것이 바람직하다고 생각합니다"라고 밝혔다. 이어 그는 정부의 직능 전환과 사회 개혁 추진에 관해 상해시 담당자에게 질문했다. 리커창은 행정 구역의 제한을 타파해 발전을 이룩한 요령성을 언급하면서 요령성과 무순시撫順市의 지도자에게 꼬치꼬치 따져 물었다. 두 사람은 답변하느라 진땀을 흘렸다.

오랫동안 국무원에서 근무한 한 공무원은 '전과 다르게 회의 분위기가 참신했다'고 밝혔다. 리커창은 보고를 청취하면서 질문을 했다. 그의 질문은 전문성이 높아 지방 관리들은 준비한 원고에서 적당한 답을 찾을 수 없었다. 일부 관리들은 리커창이 질문만 하면 불안에 떨었다. 이 공무원은 "준비한 원고만 읽는 관리는 장래가 어둡다"라고 말했다.

일부 관리들이 불안해하는 데는 여러 가지 이유가 있다. 우선 경제학 박사인 리커창은 중국의 저명한 경제학자인 리이닝厲以寧 교수의 애제자다. 그는 다년간 지방과 중앙에서 경제를 주관한 경험이 있어 중국의 경제와 사회를 손금 보듯 꿰뚫고 있다. 리커창의 질문은 구체적이어서 적지 않은 관리들이 능력의 한계를 느끼며 대답을 잘하지 못했다.

둘째, 회의에서 매우 중요하고 난해한 사안을 많이 언급해 정답을 찾기 어려웠다. 일부 관리들은 답변을 매끄럽게 못하거나 말실수로 정치 생명에 해가 될까 두려워 자신의 생각을 제대로 말하지 못하는 경우도 있었다.

마지막으로, 회의 형식이 주입식에서 토론식으로 변했다. 모양새만 갖추면 되는 회의에 익숙한 관리들은 리커창이 펼친 전문가적 논리에 적응하기 힘들었다. 이들은 회의 전에 관련 내용을 제대로 파악하지 않았기 때문이다.

회의에서 지도자의 독주는 중국의 관행이라 할 수 있다. 지도자의 연설은 사전에 원고로 작성해 배포하기 때문에 설명할 필요도 없다. 회의 참석자들은 생각할 필요도 연구·조사할 필요도 없는 청중에 불과했다. 마음이 콩밭에 가 있든 지그시 눈을 감고 잠을 자든 상관없이 회의에 참석하기만 하면 그만이었다. 이는 지도자와 관리들을 나태하게 했고 심지어 인민까지 나태하게 만들었다. 이로 인해 회의장 내에서 지시한 사항과 회의장 밖에서 집행하는 사항이 다르고 이론은 정확하나 실천은 어긋나는 현상이 나타났다. 관리들은 융통성 없이 틀에 박힌 대로 일하고 생각이 고루하며 현재 상황에 만족해 진취적인 기풍이 부족했다. 이는 표면적으로는 회의 분위기 문제이지만 실제로는 업무 태도의 문제이다. 지도자들이 인민의 의견을 무시하고 항상 멋대로 권력을 휘두른 결과이기도 하다.

지도자의 전문성이 강화되고 민주적이고 개방적인 업무 풍토로 변화하면서 융통성 없이 틀에 박힌 대로 일해온 관리들은 정계에 더 이상 발붙이기 어려워졌다.

석유는 국가를, 식량은 인류를 장악한다

<table>
<tr><td>10만 명을 동원해
전국 곡창 재고 장악</td><td>리커창의 개혁은 관료들의 부정부패 척결 의
지에서도 고스란히 묻어난다.</td></tr>
</table>

2009년 4월 초, 리커창은 국무원 산하 10개 부처의 10만 명에 달하는 검사 요원을 동원해 3개월에 걸쳐 전국 곡물 창고 재고를 대대적으로 점검했다. 특히 곡물 창고의 전수 매각 상황을 조사했다. 이번 대점검의 사령탑으로 직접 나선 리커창 부총리는 '일부 곡물 창고에 존재하는 장부 오류, 적자 등을 전면적으로 점검하며 모든 곡물 창고의 장부와 양식을 확인하고 철저하게 점검해야 한다'라고 강조했다. 런정샤오任正曉 국가양식국 부국장은 "규정을 위반한 전수 매각 곡물 창고와 재고를 허위로 보고한 행위를 철저하게 조사해야 한다"라고 지적했다.

세계 금융 위기의 도래와 중국 식량 판매 시장의 불안정 등의 배경 하에서 식량 재고를 전면 파악하고 적정 식량을 확보하기 위해 실시한 식량 창고 대점검은 전국적인 범위로는 1961년과 2001년에 이어 세 번째였다.

《제일재경일보第一財經日報》는 런정샤오 부국장의 말을 인용해 "이번 점검은 국유 식량 기업의 재고 조사에 중점을 두었다. 국유 식량 기업은 식량의 구입·판매에 중요한 역할을 하며 국가의 식량 안전을 책임지고 있다. 국무원 소속 10개 부처는 요원 10만 명을 동원, 3월 25일 전의 데이터를 기준으로 전면 조사한다. 동시에 무작위 추출 검사, 중점 검사, 기습 검사, 교차 검사, 비밀 검사 등 다양한 방식으로

중국의 한 곡물 창고. 국가 곡물 창고 문제와 관련해 국가 보조금 편취를 노리는 관료들의 불법 행위가 성행하자 리커창은 무려 10만 명에 달하는 조사원을 동원해 대대적인 점검에 나섰다. 그는 국가 곡물 창고의 투명한 관리가 사회 안정과 국가 경제 발전의 기본임을 강조했다. 관료들의 부정부패 척결이 리커창이 생각하는 개혁의 중요한 과제임을 알 수 있다.

이루어진다"라고 보도했다.

식량을 구입하면 국가적 차원의 수당이 붙기 때문에 정부의 일부 곡물 창고는 헐값에 사서 고가로 판매하는 수법으로 곡물 창고의 전수 매각 상황을 초래했다. 식량 재고를 과장 보고하 국가의 보조금을 편취하기도 했다.

2008년 5월, 흑룡강성黑龍江省 부금시富錦市 구령 곡물 창고의 식량 부족과 대대적 허위 보고 사실이 밝혀진 적이 있다. 이번 곡물 창고 대점검 결과 식량 부족이 확실하고 상식적으로 불가능한 적자가 대량 존재하는 것으로 밝혀졌다. 이 곡창은 관리자에서 중량 측정자, 하역원, 경비원, 임시 직원에 이르기까지 모두 공공의 재산을 훔쳐가는 데 선수들이었던 것이다. 이들이 초래한 국가 손실은 놀랍게도 수억 위안에 달했다. 이에 앞서 안휘성 마안산시馬鞍山市오· 저주시滁州市의 4개 곡물 창고도 적자라는 사실이 드러났다.

런정샤오 부국장은 일부 곡물 창고가 정부의 승인 없이 사사로이 정책 식량을 판매·유용하거나 은행 대출이나 수당을 벌기 위해 재고를 허위로 보고했다는 사실을 인정하면서 "불법 행위는 하나도 빼놓지 않고 드러나는 즉시 가차 없이 처리할 것이다"라고 밝혔다.

공영 매체는 논평에서 "식량 재고에 문제가 있는 것이 틀림없다. 문제의 경중은 대점검의 결과에 달려 있다. 지금 우리가 현실을 바로 보기만 하면 소 잃고 외양간 고치는 것도 결코 두려운 일은 아니다. 진정으로 두려워해야 할 것은 큰 문제가 존재함에도 찾아내지 못하고 문제를 바로 보지 못해 보완 조치를 취하지 않는 것이다"라고 지적했다.

중국 '교잡벼雜交稻(잡종 교배로 탄생한 우량 벼품종—역자 주)의 아버지'

로 불리는 위안룽핑袁隆平은 2008년 양회(경제 정책의 방향을 정하는 중국 최대의 행사. 전국인민대표대회全國人民代表大會와 중국인민정치협상회의 中國人民政治協商會議의 줄임말—역자 주)에서 "내가 들은 바에 의하면 국가 곡물 창고에 허위로 보고하는 사례가 존재한다. 적어도 두 개 지방의 곡창이 비어 있다"라고 폭로하기도 했다.

곡물 창고는 국가에서 보조금을 받으므로 허위 보고로 보조금을 부정 수령할 수 있다. 또한 빈 곡물 창고는 다른 용도로 사용할 수 있어 사익을 꾀하는 도구로 전락하고 있다. 중국도 곡물 창고에 관련해 여러가지 점검 방안을 내놓았지만 불가피하게 이런저런 허점을 노출하고 있다. 위안룽핑은 지방의 곡물 창고에 식량이 얼마나 있는지 국가적 차원에서 점검할 것을 권고했다.

일부 곡물 창고는 국가의 이자와 보관료를 편취하기 위해 보관량을 과장 보고하는 수법을 사용하고 있고 실제 비어 있는 창고에 대해서는 침묵을 지키고 있다. 게다가 상급 기관에서 보낸 감독과의 결탁으로 무사히 넘어갈 수 있어 더 큰 문제다. 따라서 2009년 곡물 창고 대점검에서는 결탁을 막기 위해 타 지역 검사 요원을 파견해 '혼합 검사팀'을 결성했다. 검사 요원은 자기 지역이나 자기 기업의 검사에 참여할 수 없다. 기율검사 감시인, 언론사 기자 등을 검사팀에 포함시켜 추적 감독도 실시했다.

엄격하게 감독해야만 정확한 실정을 파악할 수 있다. 조사를 통해 단속에 걸린 적이 있는 부금시 곡창이 좋은 예이다. 부금시 곡창은 흑룡강성의 21개 곡물 창고 중의 하나로 부정 행위가 집단적으로 자행되었다. 4만 1570톤에 달하는 국가 비축 양식과 보호 가격 양식을 허위로 작성해 구매, 판매했고 국가의 정책 보조금 33万만 우안을 편취했고 농업발전은행에서 3967만 위안에 달하는 거금을 대출받았다.

국민은 식량을 생존의 기본으로 여긴다. 국가를 불문하고 모두 식량 확보를 가장 중요한 문제로 인식하고 있다. 특히 중국처럼 13억 인구를 갖고 있는 대국은 식량 공급을 외국에 의존해서는 안 되는데, 식량 수입량의 미세한 변화가 국제 식량 가격의 파동으로 이어질 수 있기 때문이다. 이 중대한 문제를 잘 해결하지 못하면 긴심을 잃고 사회를 안정시킬 수 없다. 경제 발전은 더 말할 나위도 없다.

"식량 전쟁이 이미 발발했다." 이는 중국인민대 교수이며 식량 문제 전문가인 저우리周立 교수의 말이다. 긴박감이 감도는 일촉즉발의 냉전 시대에서 민생의 기본에 속하는 식량 문제는 극가 간 대결 도구로 이용되었다. 국가의 기간인 식량을 어찌 신중하게 다루지 않을 수 있는가? 식량은 이미 하나의 무기가 되었다는 사실을 어찌 인식하지 못할 수 있는가? 키신저Henry A. Kissinger 전 미국 국무부장관은 "석유를 장악하면 모든 국가를 장악할 수 있고, 식량을 장악하면 인류를 장악할 수 있다"고 했다. 이것이 바로 리커창이 10만 대군을 인솔해 전국의 곡물 창고 재고를 대대적으로 점검한 이유일지도 모른다.

인민의 행복은 수치가 아니다

허울뿐인 경제 번영에 | 리커창의 개혁 담론은 주로 정책의 최종 집행
칼을 대다 | 자이자 실천자인 상해, 안휘, 하남, 청해南海,

신강新疆, 하북 등 중국의 대표적인 지방 정부 지도자를 겨냥했다. 리커창은 이들에게 "발전의 가장 큰 잠재력은 도시화에 있다. 개혁이라는 최대의 보너스를 통해서 잠재력을 현실화할 수 있다"라고 말했다.

보도에 따르면, 리커창은 오래 전부터 중국의 GDP 통계에 회의를 품었다고 한다. 위키리크스Wikileaks가 공개한 북경 주재 미국 대사관의 '07BEIJING1760'호 비밀 전보에 따르면, 전국 양회 소집 기간인 2007년 3월 12일, 당시 요령성 당서기 리커창은 미국 대사관에서 미국 대사와 함께 저녁을 먹었다. 그는 요령성의 경제 상황을 언급하면서 "중국의 GDP 수치는 조작되기 때문에 믿을 수가 없다"라고 밝혔다. 리커창은 요령성의 경제를 평가하면서 전력 소모, 철도 화물 운송량, 대출금의 3개 데이터에 중점을 두었다. 그는 이를 통해 상대적으로 정확한 경제 성장 수치를 얻을 수 있었다. 리커창은 "다른 데이터 특히, GDP 통계는 참고용에 불과합니다"라고 웃으며 말했다.

지난 수십 년간 중국의 GDP는 고속 성장을 거듭했지만 인민의 소득 점유율은 사실상 해마다 떨어지고 있다. 절대 다수의 인민들은 알아보기 힘든 GDP 수치보다는 자신의 소득이 얼마나 증가했느냐에 관심을 기울인다.

현재 중국은 내수 부진, 투자 저하, 수출 감소, 빈부 격차 확대 등 경제 문제가 심각하다. 리커창은 회의에서 "중국 경제 발전 방식의 전환은 일각도 지체할 수 없다. 지금은 경제 성장의 질과 효율을 향상시키는 데 집중해야 한다"라고 강조했다.

경제의 질과 효율성 향상은 말하기는 쉽지만 실천은 어렵다. 중국이든 서구든 민영 기업은 모두 가장 활력 있는 경제 주체로 인정받고 있으며 사회의 취업난을 상당 부분 해결해주고 있다. 하지만 중국에서 민영 기업의 발전은 오랫동안 국유 기업의 견제를 받았다. 스윙도어彈簧門(민영 기업이 어떤 영역에 진출했을 때 비시장적 요인으로 퇴출되는 현상−역자 주), 과중한 세금, 대출난 등은 줄곧 민영 기업의 발목을 잡았다. 따라서 경제 활성화를 위해서는 국유 기업에 메스를 들이대 민영 기업과 국유 기업이 공정하게 경쟁할 수 있는 무대를 마련해주어야 한다.

이를 잘 아는 리커창은 공정 경쟁의 중요성을 공개적으로 강조했다. 그는 "투자 프로젝트의 심사·비준 절차를 간소화하고 일부 프로젝트는 지방 자체적으로 결정할 수 있게 해야 한다. 입찰 사항을 공개하고 민영 자본도 유치해야 한다"라고 말하며 "현저 민영 자본에 대한 제약은 여전히 많다. 이러한 스윙도어를 제거하그 유리문玻璃門(민영 기업이 어떤 분야에 진출할 때 눈에 띄는 장애물은 없지만 실제로는 각종 제약으로 진출할 수 없는 현상−역자 주)을 깨부순다면 투자는 크게 늘 것이다"라고 지적했다.

리커창의 동창들은 그의 개혁이 성과를 이룩할 것으로 보고 있다. 한 동창은 언론과의 인터뷰에서 "리커창은 최소한 국유 기업의 지배력을 대폭 약화시킬 것이다"라고 예측하며 "동시다 인과 마찬가지로 리커창은 이상주의적 성향이 강하고 사상이 개방적이다. 그는 중국의 변화를 갈망한다"라고 덧붙였다.

리커창은 재정 개혁에 독특한 견해를 갖고 있다. 그는 "재정 세무 개혁은 전반적인 서비스업의 발전과 중서부 지역 발전 등과 관계가 있다. 일부 핵심 부분을 장악하고 작은 것으로 대세에 영향을 미치게 해야 한다"라고 주장했다. 리커창은 2013년 재정 세무 개혁의 중점은 "영업세를 부가 가치세로 전환하는 것이다"라고 밝혔다. 그는 "영업세를 부가 가치세로 전환하면 세무 체제를 전환할 수 있을 뿐만 아니라 경제 구조를 조정하고 서비스업 발전을 촉진하며, 취업 기회를 늘리고 소기업의 부담을 줄일 수 있다"라고 지적했다.

재정 세무 개혁에서, 리커창은 지방의 적극성을 끌어내는 데 주력했다. 그는 "단일 세목의 재정 세무 개혁은 경영 원가를 줄일 수 있지만 중앙과 지방 간에 배분 문제가 존재하기 때문에 지방의 주체 세목을 육성하고, 지방 정부의 수금을 감소시키면서 토지 재정에 과다하게 의존하지 말아야 한다"라고 지적했다. 리커창은 '지방 정부의 적극성을 고무하고 중앙 정부가 더 많은 조율 능력을 갖게 할 것'을 재정부와 세무 부처에 요구했다.

리커창은 중국의 향후 개혁 방향과 절차를 제시했다. 이러한 방향과 절차는 30여 년간의 개혁·개방의 경험과 부합하며 일반적인 경제학 원리와도 일치한다. 리커창의 개혁 담론에 사람들은 흥분했다. 인민들은 이러한 담론이 말에 그치지 않고 실행되어 중국 사회와 인민에게 행복을 가져다주기를 바라고 있다.

개혁의 물꼬는 인민에게 흐른다

8억 중국 농민의
해방을 꿈꾸다

세계 2대 경제 대국의 국정 총괄자로서 리커창은 인민의 부푼 기대 속에 개혁의 신호탄을 쏘아 올렸다. 외부에서는 그가 중국 사회의 전환을 주도할 수 있을지 큰 관심을 쏟고 있다. 중공 최고 지도부와 리커창의 주장에서 볼 수 있듯 전망은 매우 낙관적이다. 리커창은 김용 세계은행장을 접견하면서 "앞으로 수십 년간 중국의 가장 큰 발전 잠재력은 도시화에 있다. 13억 인구의 현대화와 10억 인구의 도시화는 인류 역사상 전례 없는 일이다. 중국 정부가 이를 잘 추진한다면 인민에게 큰 혜택을 안겨줄 뿐만 아니라 세계에 대해서도 큰 공헌을 하게 될 것이다"라고 밝혔다.

2004년에서 2012년까지 9년간 중국은 '3농' 사업에 집중했다. 중공 18대와 새로운 지도부는 여전히 3농을 중시했다. 시진핑이 편성을 주관한 중공 18대 보고서에는 '농민, 농촌, 농업 문제를 잘 해결하는 것은 당 사업의 핵심이다', '가정을 안정시키고, 가정에 혜택을 주며, 농민을 부유하게 하는 정책을 강화해 광범위한 농민들이 평등하게 현대화에 참여하고 현대화의 성과를 공유하게 해야 한다', '인프라 건설과 사회 발전은 농촌에 토대를 두어야 한다' 등의 내용을 포함했다. 그밖에 문화, 교육, 취업, 건강, 생태, 중공 당 조직 등에서도 농민, 농촌, 농업에 치중할 것이라고 밝혔다.

3농의 핵심은 농민이다. 개혁·개방 이후 인민의 생활은 경제 발전에 힘입어 크게 개선되었다. 하지만 3농 문제가 점차 부각되었다. 농민 소득은 낮고 수입 증대가 힘들며, 도·농 간 빈부 격차가 크고 농민이 권리를 보장받지 못하는 것이 3농 문제의 골자다.

갈수록 심각해지는 3농 문제에 대해, 후진타오는 과학적 발전관을 제시했다. 그는 원자바오와 손잡고 신농촌 건설을 추진했으며 농업세를 폐지하고 농민에게 직접 보조금을 지급했다. 의무 교육을 받는 농촌 학생들의 등록금을 면제하고 의료 개혁과 농민공 권익 보호 방안 등을 수립했다. 이는 후진타오·원자바오가 추진해 비교적 뚜렷한 효과를 거둔 정책이다.

3농 문제의 해결에 대해, 18대 보고와 시진핑과 리커창이 발표한 연설과 지시를 통해 알 수 있다시피 유력한 해결책은 도시화와 농업 현대화다.

도시화는 중공 18대 보고 중에서 일곱 번이나 언급되었고 '전면적으로 샤오캉 사회를 건설하는 방법' 중 하나로 격상되었으며 경제 발전 방식의 전환을 실현하는 유력한 수단이 되었다. 17대 보고에서 도시화는 '지역의 조화로운 발전을 추진하고 국토 개발 구조를 최적화한다'라는 문장에서 한 번 나왔을 뿐이다.

시·리 체제가 출범하고 한 달 후에 소집된 중앙경제사업회의에서 중공의 향후 10년의 경제적 구상이 처음으로 제시되었다. 회의에서는 적극적이고 온당하게 도시화를 추진하고 도시화의 질 향상에 중점을 두기로 결정했다.

중공 18대 보고는 도시화를 제시하면서 '농업 현대화'라는 개념도 제시했다. 18대 보고는 "중국적인 신형 산업화, 정보화, 도시화, 농업 현대화를 견지해야 한다. 도시화와 농업 현대화의 상호 조율을 추진하고 산업화, 정보화, 도시화, 농업 현대화의 동시 발전을 촉진해야 한다"라고 지적했다. 농업 현대화는 이미 사회주의 시장 경제 체제를 완성하는 중요한 수단이 되었다. 2013년 1월 15일, 리커창은 "농업 현대화는 전반적인 경제, 사회 발전의 근본 기반이자 중요한 버팀목이다. 농업 현대화를 위한 조건을 만들고 시장을 제공하며 도시화와 농업 현대화의 상부상조를 실현해야 한다"라고 말했다.

리커창은 중국의 농촌과 농민을 해방시키려는 걸까? 그가 10년간의 총리 임기 내에 이를 완성하는 것은 역부족이다. 하지만 전략과 절차를 잘 설계하기만 해도 성공했다고 말할 수 있다. 그러면 리커창은 중국 역대 총리의 평판을 이어갈 수 있으며 역사적인 인물로 기록될 수 있다. 10억 인구의 대이동은 인류 역사에서도 전례 없는 일이기 때문이다.

사실 리커창은 도시화를 1980년대 중반부터 구상하기 시작했다. 리커창과 그의 지도 교수인 리이닝이 공동 집필한 《번영으로 나아가는 전략적 선택走向繁榮的戰略選擇》에서 "중국 농촌은 산업화 과정에서 뒷전으로 밀렸다. 도·농 격차는 계속 확대되고 있다. 만약 이러한 산업화 방식이 공업 발전이란 측면에서 성공적이라고 한다면 농촌 경제의 변혁과 국민 경제의 전반적인 개조라는 측면에서는 실패라고 할 수 있다"라고 썼다.

리커창은 정계에서 승진 가도를 달리면서 전통적 농업 대국인 중국을 어떻게 도시화할 것인지 깊이 연구했다. 그는 자신의 도시화 구상을 실현할 수 있는 기회를 찾았다. 리커창은 먼저 국제 협력을 통해 중국의 도시화를 추진했다. 2012년 5월 3일, 중국과 유럽은 벨기에의 수도 브뤼셀에서 중국·유럽 연합 도시화 파트너십을 위한 그위급 회의를 열었다. 리커창은 회의에서 유럽 연합의 국가들에게 중국의 도시화 계획과 경로를 소개하면서 유럽 연합 지도자와 함께 중국·유럽 연합 도시화 파트너십 결성을 선포했다. 파트너십의 결성은 도시의 지속 가

산서성의 기업 시찰(2011). 리커창은 18대 보고에서 도시화와 농업 현대화의 상호 조율을 추진하고 산업화, 정보화, 도시화, 농업 현대화의 동시 발전을 촉진해야 한다고 주장했다. 또한 최근 그는 여러 차례 신형 도시화를 언급하고 있는데, 이는 거대한 투자와 소비 수요를 낳아 내수를 촉진하는 전략적 착안점이 될 것이다.

능한 발전 등에서 서로 교류와 협력을 중점적으로 추진하게 된다.

그 후 리커창은 한 좌담회에서 5월의 유럽 방문을 회고하면서 "유럽에 갔을 때 유럽 국가들은 이런 저런 문제로 고심하고 있었습니다. 하지만 내가 중국의 도시화 전망을 설명하자 그들은 중국에서 사업할 기회가 생겼다며 흥분을 감추지 못했다. 만약 유럽 국가들에게 중국이 어떤 산업을 발전시킨다는 등의 이야기만 했다면 그들은 중국을 경쟁 상대로 보고 반덤핑을 통해 중국을 억제하려고 했을 것이다"라고 말했다.

2012년 9월 이후 리커창은 원자바오를 대신해 총리직을 수행하기 시작했다. 9월 7일 리커창은 성·부급 지도 간부 도시화 건설 세미나에서 자신의 도시화 구상을 더욱 자세히 설명했다. 이때부터 리커창은 자신의 도시화 전략을 직접 실천하기 시작했으며 점점 자신의 포부를 적극적으로 펼쳐나갔다.

리커창은 "도시화는 현대화의 필요 조건이자 기본 요건이다"라고 주장했다. 중국의 경작지는 전 세계 경작지의 9퍼센트밖에 안 된다. 세계 인구의 20퍼센트에 달하는 방대한 인구를 먹여 살리려면 산업화와 도시화를 추진해야 한다. 산업화·도시화를 추진하는 과정에서 식량 부족, 에너지 고갈, 환경 파괴 같은 부작용이 일어날 수 있지만 이는 불가피하다. 중국은 오로지 산업화, 도시화, 농업 현대화의 '3화'가 조화롭게 발전하는 길로 나아갈 수밖에 없다.

2011년 중국의 도시화율은 50퍼센트를 겨우 넘어섰다. 여기에는 도시에 거주한 지 겨우 반년이 조금 넘은 주민도 포함되었다. 호적 인구를 기준으로 하면 중국의 도시화율은 35퍼센트에 불과하다. 세계 평균인 52퍼센트에 크게 뒤쳐져 있다. 이러한 격차가 바로 리커창이 생각하는 발전 공간이다.

최근 리커창은 여러 차례 신형 도시화를 언급했다. 도시화는 현재 중국의 최대 구조 조정이자 내수 원천이며 개혁 보너스이다. 중국은 도시화율이 1퍼센트 높아질 때마다 시장 수요를 약 7조 위안 창출한다. 따라서 도시화는 거대한 투자와 소비 수요를 낳고 내수를 촉진하는 전략적 착안점이 될 것이다.

중공은 오랫동안 도시화를 연구했고 이미 완벽한 이론 체계를 구축했으며 일부 지역에서는 이미 시행을 하고 있다. 그런데 최근 왜 특별히 도시화를 강조할까? 중국 관영 매체에 따르면 도시화를 가장 많이 언급하는 지도자는 리커창이다. 또한 18대 보고에서도 도시화를 강조했는데, 이는 리커창의 집권 구상과 밀접한 관련이 있다.

리커창이 중국 관영 매체를 통해 신형 도시화를 처음 언급한 것은 그가 국무원 부총리로 부임한 지 1년 반 만인 2009년 8월이다. 2009년 《구시求是》라는 잡지는 "평온하고 빠르게 경제 발전을 유지하자"라는 제목으로 리커창의 글을 톱 기사로 게재했다. 리커창은 이 글의 "도시와 농촌의 발전을 통일적으로 계획한다"는 단락에서 도시화를 언급했다. 내용이나 범위는 17대 정신과 대체로 일치했지만 그는 "신형 산업화와 신형 도시화를 조화롭게 추진하고 내수 확대의 새로운 공간을 개척해야 한다"는 구절에서 신형 도시화를 처음 제기한 것이다.

《구시》2010년 11호는 "경제 구조 조정과 지속 가능한 발전 촉진에 관한 몇 가지 문제"라는 제목으로 리커창의 글을 톱 기사로 내보냈다.

리커창은 이 글에서 처음으로 경제 구조 조정과 경제 발전 방식 전환에 관한 자신의 구상을 체계적으로 밝혔다. 그는 "최대의 내수는 도시화이고 가장 강한 내수 잠재력은 도시화에 있다"라고 분명하게 주장했다.

《구시》 2012년 4호에 기고한 "개혁·개방 과정에서 내수 확대 전략을 심도있게 실시하자"는 제목의 글을 통해 리커창은 "내수 확대의 최대 잠재력은 도시화에 있다"는 주장을 재천명했다.

여기서 우리는 리커창의 기본 구상을 정리할 수 있다. 즉 중국 경제는 반드시 구조 조정과 발전 방식의 전환을 실현해야 하고 경제 구조 조정의 핵심은 내수 확대이며 내수 확대의 최대 잠재력은 도시화에 있다는 것이다. 리커창은 "도시화는 단순한 도시 인구의 증가와 도시 면적의 확대가 아니다. 산업 구조, 취업 방식, 거즈 환경, 사회 보장 등을 모두 도시화하는 것이다. 적극적으로 도시화를 추진하고, 도시화의 질을 향상시키고, 도시군의 규모와 분포를 과학적으로 계획하고, 대도시와 소도시 간의 합리적 역할 분담, 기능 보완, 집약 발전을 촉진해야 한다. 농민공과 그 가족에게 기본 공공서비스를 제공하고 농민들은 시민이 되어야 한다"라고 지적했다.

사실상 중앙 정부의 선도하에 지방에서도 잇따라 초보적인 도시화 실험을 시작했다. 특히 하북, 신강, 강서江西 등 중서부 지역은 지역 특색에 따라 자체적으로 의미 있는 실험을 진행했다. 또한 2007년 성도·중경 총괄 도시와 농촌 종합 부대 개혁에서도 비교적 풍부한 경험을 축적했다.

중공은 농민 문제를 대대로 중시했다. 그중에서도 세 가지 문제가 핵심이다. 첫째, 어떻게 농민을 동원하고 해방시킬 것인가, 둘째, 어떻게 토지를 효율적으로 이용할 것인가, 셋째, 현대화 생산을 어떻게 실현할 것인가이다. 리커창의 자신감 넘치는 모습은 보긴 좋지만 이 문제를 해결하는 것은 결코 쉽지도 간단하지도 않다. 하지만 새로운 최고 지도부는 이를 해결할 수 있으리라는 희망을 품고 있다. 3농 문제는 향후 10년간 중국의 정치 무대에서 중요한 위치를 차지할 것이다.

스티브 잡스가 필요하다

과학기술 혁신의 주창자 2012년 2월 16일부터 17일까지, 리커창은 상해에서 제조 업체와 과학 연구 기관을 방문했다. 그리고 주민 거주지와 기층 병원을 찾아 개혁과 민생을 조사·연구하고 간부와 인민의 의견에 귀를 기울였다.

리커창은 장흥도長興島에 위치한 중국선박중공그룹CSIC 강남 조선 기지를 방문해 세계 선박·해운 시장의 최신 동향을 알아본 후, "동부 연해 지역은 경제 발전 수준과 수출 지향형 산업의 수준이 비교적 높다. 복잡하고 냉엄한 국내외 환경에 대비해 경제 구조를 조정하고 발전 방식을 전환할 필요성이 보다 절박해졌다"라고 언급했다.

최근 상해에서 현대적 서비스 업체의 고속 성장이 화제를 낳고 있다. 리커창은 대형 상품 거래 기업에 전자 플랫폼과 정보 자문 서비스를 제공하는 역무그룹易貿集團을 방문했다. 기업 운영 서비스 패턴과 향후 계획에 대해 보고받고 리커창은 다음과 같이 지적했다.

서비스업은 다른 산업의 발전을 촉진해 생산력과 경제 발전 수준을 향상시킬 수 있다. 하지만 서비스업은 여전히 중국 경제의 걸림돌이다. 서비스업 특히, 현대적 서비스업을 발전시키는 것은 경제 성장의 중요한 영역이 되고 과학기술 혁신을 지탱할 것이다. 좀 더 발달한 지역과 대도시에서 서비스업 발전을 촉진해야 한다. 앞으로 서비스업 위주로 산업 구조를 재편해 3차 산업이 공동 발전하는 새로운 환경을 조성해야 한다.

최근 많은 과학 연구 기관과 기업은 과학기술 혁신을 통해 경쟁력이 크게 향상되었다. 리커창이 상해핵공정연구설계원을 방문했을 때, 설계원 직원은 "우리는 국제 수준에 맞추어 장비 설계, 제조와 설치 등에서 수많은 기술적 난관을 돌파해 중국 에너지 사업 발전을 뒷받침하고 있다"라고 소개했다.

상해동기복사광원프로젝트는 미시적 세계를 비추주는 '신기한 빛'으로 평가받는 중국의 다학과多学科 선진 연구와 하이테크 개발 응용에 선진적인 실험 플랫폼을 제공하고 있다. 리커창은 이 프로젝트의 핵심 설비를 꼼꼼하게 살피고 다음과 같이 지적했다.

혁신은 기업이 생존하고 발전하며 장기간 번영할 수 있는 생명선이며 내수 확대, 산업 업그레이드, 경제 발전 방식의 전환을 실현하는 중요한 추동력이다. 도시화가 내수 확대의 최대 잠재력이라고 한다면 혁신은 경제 발전의 최대 활력소다. 혁신을 추진하면 탁월하고 강력한 발전을 이룰 수 있다. 앞으로 기술, 제품, 관리와 메커니즘을 혁신하고 유효 공급의 증가와 시장 수요의 육성을 결부시켜야 성공할 수 있다. 상해는 과학기술, 관리와 인재 등에서 경쟁력이 있고 혁신 추진의 토대를 갖추고 있다. 상해는 혁신 전환의 발걸음을 재촉해 새로운 도약을 실현해야 한다.

2012년 3월 4일 오후, 리커창은 전국정협(중국인민정치협상회의 전국위원회–역자 주) 11기 5차 회의 무당파 사회과학조 공동 토론에 참가해 스티브 잡스 애플 전 CEO를 거론하며 혁신을 고무했다. 그는 1시간 반 동안 정협위원들의 발언을 듣고 기록하며 때때로 질문을 하기도 했다. 그중에서 과학기술 혁신은 리커창의 가장 큰 관심사였다. 리커창은 "제가 '잡스의 평전'을 읽었는데 재미있는 것은 잡스가 과학기술을 연구했지만 가장 좋아하는 분야는 예술이었다는 점이다"라고 말했다.

북경우전대 멍뤄밍孟洛明 교수가 "현재로서는 과학기술 혁신과 경제 발전 방식 전환과의 관련성 지표가 부족하다"라고 말하자 리커창은 실례를 들 수 있는지 물었다. 멍뤄밍 교수는 "관건은 지식 재산권의 대외 의존도에 있다. 현재 60퍼센트 이상이 해외에 의존하고 있다. 중국은 특허량은 많지만 95퍼센트가 무용지물이다. 무용지물 특허를 따기 위해 국가는 인력, 재력, 물력을 허비하고 있다"라고 말했다.

리커창은 "나는 오늘 회의장에 들어서서 제일 먼저 위안룽핑 선생을 보았다. 그의 연구팀은 이미 100무畝(중국의 토지 면적 단위, 약 670 제곱미터에 해당–역자 주)에서 920킬로그램을 생산한다. 이는 하나의 기적이라 할 수 있다. 제가 그분을 위안 선생이라 부르는 것은 학교 내에서 권위와 덕망이 높은 교사를 선생이라 부르기 때문이다"라고 말했다. 이어서 리커창은 "과학기술 혁신과 인문 정신, 인문 이념은 분리할 수 없다. 애플의 컴퓨터, 아이폰, 아이패드, 아이팟은 세계 시장을 석권했다. 특히 젊은층은 애플에 열광하고 있다"라고 설명했다. 이처럼 리커창은 동서의 혁신 사례를 거론하며 개혁을 설파했다.

산둥성 제녕시 가상현의 수해 현장(2010)

3
파죽지세의 원동력,
민생 정치

리커창은 개혁의 보너스는 오롯이 인민에게 돌아가야 한다고 역설해 사회적 호응을 얻어냈다. 리커창의 개혁 청사진과 사회 경제 정책의 중심에는 '민생'이 자리하고 있다.

리커창은 청년 시절, 문혁 발발로 학업을 중단하고 '지식 청년은 농촌으로 가서 가난한 농민에게 재교육받으라'는 공산당 정책에 따라 '봉양'으로 하방된다. 기근으로 수만 명이 아사하고 죽지 않기 위해 인육을 먹는 참상이 벌어졌던 '봉양'에서 리커창은 인민들의 비참한 삶을 생생하게 체험한다. '민생 안정'을 최우선으로 하는 리커창의 정치 철학에는 '봉양'의 8년 생활이 지대한 영향을 끼쳤을 것이라 추측된다.

하남성 부임 시절, 여러 친서민 정책을 실행했지만 관료들의 반기에 큰 성과를 보이지 못하자 관료들이 변해야 인민이 산다는 것을 절감하고 '3강 교육'과 '관료들의 지방 체험 상례화 제도'를 시행한다. 요령성에서는 빈민들을 위해 판자촌 개조 사업을 펼쳐 120만 명을 위한 새 거주지를 마련했다. 중앙 정계에 진출한 리커창은 세계 경제 시장의 위축으로 과거처럼 중국의 급속 성장을 기대하기 어려워지자 내수 확대가 새로운 돌파구이며, 이를 위해선 민생 안정이 필수적임을 강조하여 차세대 총리의 입지를 다졌다. 리커창이 57세의 젊은 나이에 중국 총리에 등극할 수 있었던 것은 지방 업무 시절부터 역점을 두고 시행한 여러 민생 안정 정책의 성공에 힘입은 바 크다.

중공 역대 지도부의 정치 이념

1세대	2세대	3세대	4세대	5세대
마오쩌둥 (1949~1976)	덩샤오핑 (1976~1990)	장쩌민 (1990~2003)	후진타오 (2003~2013)	시진핑 (2013~)
농민을 기반으로 사회주의 혁명 완성 (마오쩌둥 사상)	실용주의적 중국 특색의 사회주의 건설 (덩샤오핑 사상)	노동자·농민은 물론 자본가와 지식인의 이익도 대변 (3개 대표론)	지속 가능한 발전과 조화르운 사회 건설	개혁 추진으로 불평등 해소하고 민주화 진전

"이번 대규모의 판자촌 개조 사업은 개발은행에서 대출받은
60억 위안과 중앙 정부의 지원금 12.28억 위안 등 자본금 200억 위안을
모아 해결할 수 있었다. 여기에는 리커창의 힘이 컸다."
_리지아(요령성 부성장)

"주택은 민생의 근본이다. 올해 안으로 보장형 주택
1000만 가구를 건설해야 한다. 이는 부동산을 안정시켜 주택난을 해소하고,
조화사회의 건설을 추진하며, 내수 확대와 경제 성장 방식 전환에 중요한
의의를 갖는다. 소득 분배 구조를 조정하는 중요한 조치이기도 하다."
_리커창(전국 보장형 주택 공정사업회의에서 행한 연설 중에서)

황제의 고을, 그러나 인육을 먹는 비참한 인민

**3년 대기근으로
봉양에서 9만 명 사망** | 1974년 3월 '지식 청년은 농촌으로 가서 가난
한 농민에게 재교육받으라'는 공산당의 구호

아래 붉은 기가 펄럭이고 징과 북 소리가 크게 울리는 가운데 청년 리
커창은 학우들과 함께 봉양현鳳陽縣 대묘공사大廟公社 동릉대대東陵大隊
로 향했다. 봉양은 안휘성 동북부, 회하淮河(양자강과 황하강 사이에 있
는 큰 강—역자 주) 중류 남쪽 기슭에 자리 잡고 있다. 이곳은 명 태조 주
원장朱元璋의 고향이다.

근대의 원, 명, 청 세 왕조에서 명조의 개국 황제만 한족이었다. 이
한족 황제는 황족이나 호족, 권세가 출신이 아니다. 비천한 신분으로

출생한 그는 실은 거지였다.

주원장은 황제가 된 후 봉양을 수도로 삼으려 했다. 전하는 말에 의하면, 어느 날 그는 대신들과 함께 수도의 위치를 정하기 위해 봉양에서 풍수를 보다가 동쪽으로 화살을 날려 떨어지는 곳을 수도로 삼기로 결정했다. 그런데 화살이 그만 남경南京까지 날아가버렸다. 정말 믿을 수 없는 일이었는데, 주원장의 부하가 쏜 화살을 마침 그곳의 독수리가 부리로 물어서 남경까지 날아가 화살을 떨어뜨렸다는 것이다. 이런 것을 하늘의 뜻이라고 하던가! 하지만 주원장은 봉양에 각별한 애정을 가지고 있었다. 명 개국 공신 91명 중에서 본적이 봉양인 사람이 41명이나 된다. 이곳에는 지금도 주원장이 세운 황성과 황릉 그리고 주원장이 소년 시절에 중으로 있었던 흥룡사興龍寺 등 고적이 남아 있다.

1960년 초 큰 흉년으로 봉양 농민들이 밥을 빌어 먹으면서 불렀던 〈봉양화고鳳陽花鼓〉를 모르는 사람은 아마 중국 전역에 아무도 없을 것이다.

봉양을 말해요, 봉양을 말해요.
봉양은 본래 좋은 곳이죠.
주원장 황제가 난 뒤로는
10년에 9년은 흉년이라오.
부잣집에서는 소와 양을 팔고,
가난한 집에서는 아들을 판다오.
종 집에는 아들이 없으니

허리에 북 차고 사방으로 떠돈다오.

　봉양은 인구가 40만이 채 안 되는데도 3년 대기근 동안에 9만 명이
나 아사했다. 아사자는 전체 인구의 4분의 1이나 되었다. 새로 편찬한
《봉양현지》에 따르면, 1961년에 현 전체 인구는 1957년에 비해 8만
9113명이 줄었다. 감소한 인구는 1951년 총 인구의 23.41퍼센트에
달했다.
　신화통신 기자 장완수張萬舒는 이렇게 썼다.

　1960년은 기후가 좋았지만, 생산력이 심각하게 손상도 었고 논밭의 황폐화
　로 많은 사람들이 외지로 나가거나 사망했다. 정원定遠, 봉양, 가산嘉山 세
　현의 1961년의 통계에 따르면 인구가 40여 만 명이나 줄었다. 봉양 심강촌
　沁崗村의 경우 촌락 전체가 34호로 모두 175명 살았는데 도망갈 사람은 도
　망가고 죽을 사람은 죽어서 10호에 39명밖에 남지 않았다.

　안휘성 농촌공작부 부부장이자 봉양 공작조 조장을 지낸 천전야의
봉양 문제에 대한 1961년 2월 1일자 보고에 따르면 당시 상황은 이러
했다.

　1959년과 1960년 두 해에 총 6만 245명이 굶어 죽었다. 이는 농촌 인구의
　17.7퍼센트를 차지한다. 그중에 무점武店공사의 경우 본래 인구는 5만 3759
　명이었는데 아사자는 1만 4285명으로 26.6퍼센트에 이르렀다. 이 공사의
　반정半井대대는 원래 4100명이었는데, 39.7퍼센트인 1627명이 굶어 죽었

다. 대묘공사 하황장夏黃莊은 본래 70명이었는데 68.6퍼센트인 48명이 죽었다. 전체 현에서 주민 사망으로 8,404호가 사라졌다. 총 호수의 3.4퍼센트가 사라진 것이다. 죽거나 도망을 가서 텅 빈 마을이 27개 촌에 달했다. 무점 인민공사 봉회准대대 이취장李嘴莊의 경우 20호 중에서 4호가 사라졌다. 소계하小溪河공사는 전체 인구의 26.9퍼센트에 달하는 1만 4072명이 죽었다. 송집宋集공사는 원래 4743명이었으나 24.2퍼센트인 1139명이 굶어 죽었다. 대묘공사 하황장은 원래 70명이었으나 68.6퍼센트인 48명이 굶어 죽었다.

전체 현에서 2404호가 거주민 사망으로 없어졌다. 이는 총 호수의 3.4퍼센트에 달한다. 주민이 굶어 죽거나 외부로 빠져나가서 사람의 그림자가 완전히 사라진 마을이 27개였다. 소하계공사는 21개 마을이 굶어 죽거나 도망가 완전히 텅 비었다. 현의 실험소학교 교장 왕환예王煥業의 집은 식구 12명이 모두 죽었고, 조점曹店공사 화평和平대대 북산하北山下소대의 차오이러曹宜樂의 집은 34명 중에 30명이 죽었다. 소계하공사 장당長塘대대 조장자趙莊子에 사는 장웨이푸張玉璞의 부친도 이때 죽었다. 부친은 이틀 동안이나 품안에 아직 죽지 않은 딸을 안고 있었다. 어떤 집은 부부가 하루 저녁에 동시에 한 침대 위에서 죽었다. 사망자를 땅에 묻지도 못한 지방도 있었다. 사망자가 대량 발생했기 때문이다. 많은 노인이 자신을 부양하는 자식을 잃었고 아이들은 고아가 되었다.

1961년 1월, 봉양현은 상황을 시정하기 위해 5급 간부 확대회의를 소집했다. 참가자들은 '할 말은 다 해' 문제를 드러내라는 요구를 받았다. 회의의 분위기는 엄숙했고 참석자들은 매우 침울한 표정이었다. 회의 발언자들의 90퍼센트는 집안에 사망자가 있어서 통곡하고 눈물을 흘리며 발언을 했다. 1961년 1월의 〈중공 봉양현위 5급 간부 확대회의 간략 보고〉를 인용해 보자.

총보공사総铺公社 녹당鹿塘대대 장와張窪소대 사원社员 대표 왕팅화王庭華가 현장 송자오인宋兆銀에게 물었다.

"1958년 당신은 우리를 관구官溝 저수지로 데리고 가서 수로를 파게 했는데, 밥도 주지 않고 잠도 안 재우고 닷새나 밤낮을 가리지 않고 일하게 했소. 누가 이를 견딜 수 있겠소? 작년(1959)에 우리 마을에서는 일이백 명이 죽어나갔는데, 현장인 당신이 이를 알고나 있는 거요?"

총포공사 국광國光대대 사원 대표가 말했다.

"현위의 관료주의가 너무 심해서 사람이 죽어도 감히 보고드 못했다. 우리 마을은 300여 명인데 87명이나 죽었다. 말을 하려 해도 너무 가슴이 아프다!"

은간股間공사 봉양산대대 점가佔家소대 지부 서기 우산란武善蘭은 "1960년 봄에 현위에서는 사람들에게 먹으라고 말린 고구마를 주었는데, 이미 변질되어서 맛이 쓰고 냄새가 고약했다. 사람들은 한약을 마시는 것 같다고 했다. 그 결과 부종병이 심해져서 4월에는 단 열흘 만에 27명이나 죽었다"라고 밝혔다.

천슈에멍陳學夢은 "올해(1960) 봄 생활이 곤란해 단 한 끼를 해결하려 해도 풀을 캐서 먹지 않으면 안 될 정도였다. 왕가호王家湖에는 87호가 있었는데, 어른들은 거의 모두 죽고 현재 각 가구에는 아비와 어미를 잃은 고아들뿐이다."

수성壽城대대 대표 왕지아펑王家鳳은 "우리 집안은 작년에 20명 중 10명이 죽었다. 네 살 난 아이는 어느 날 엄마에게 '나를 보내줘. 며칠만 지나면 나도 굶어 죽을 거야!'라고 했다"고 전했다.

회의에 참석한 대표들은 계속해서 처참하기 이를 데 없는 사실을 증언했다. 대계하大溪河대대 정산鄭山 생산대의 사원 창지에츠이常介翠는 어머니가 먹지 못해 병이 나자 생산조장 화花모를 찾아가 양식을 요구했다. 화모는 "당신 어머니가 먹을 양식이 필요하다고? 모두 다 굶어 죽게 된 판에 먹을 게 어디 있어? 당신 어미를 묻어버리면 되잖아"라고 했다. 창지에츠이가 그럴 수 없다고 하자 화모는 "그렇다면 집에서 죽게 해. 죽으면 그냥 집에 묻어 버려"라고 했다. 창지에츠이는 다른 방법이 없어서 아직 숨이 끊어지지 않은 어머니를 땅에 묻었다."

인민의 절규,
인육 사건
| 1959년부터 1960년까지 전 현에서 인육을 먹는 사건이 적잖게 발생했다. 그중 총 63건이 기록으로 남아 있다. 대묘공사 오일五一대대 천장잉陳章英과 그녀의 남편 자오시전趙夕珍은 여덟 살 난 친자식을 목 졸라 삶아 먹었다. 무점공사 중반정中拌井대대 왕난잉王蘭英은 시신을 집으로 주워와서 먹었을 뿐 아니라, 인육을 돼지고기라고 속여 두 근을 남에게 팔았다고 한다.

무점과 조점 등에서 인육을 먹는 사건이 여러 차례 발생했다. 탕시우치唐秀棋는 "어느 날 밤 나는 회의에서 돌아오다가 탕용딩唐永丁이 집에서 사람 뼈를 도끼로 패서 솥에 넣고 삶아 먹는 것을 보았어. 탕

용딩은 이미 자기는 몇 사람을 그렇게 먹었다고 말하더군. 지금 마을 아이들은 모두 탕용딩을 '사람 먹은 원숭이'라고 불러"라고 말했다.

1961년 8월 9일밤, 트랙터 차고의 왕王 차고장은 정풍회의에서 이렇게 말했다. "1959년 나는 판교板橋공사 절당浙塘더대에서 인민공사 일을 맡고 있었다. 사람이 죽었다고 보고할 때면 먹을 것이 없어서 죽었다고 감히 말하지 못했다. 위생 상태가 좋지 않아 죽었다고 허위로 보고했다. 부현장 지원시앙李文祥은 '한 여자가 죽은 아이를 먹었다'는 신고를 받자 공작대를 파견해 밤에 그녀를 체포해 공안국으로 끌고 가게 하며 '저 여자가 사회주의를 파괴했다'고 말했다. 그는 판교에서 돌아오다가 한 무덤 위에 시체 6, 7구가 쌓여 있는 것을 보았다."

인육 사건에 대해 봉양현위 서기 자위수趙玉書는 적절한 조치를 취하지 않았을 뿐만 아니라 진상이 드러날까 전전긍긍했다. 그는 '정치 파괴 사건'이라는 명목으로 모든 사건을 은폐했다. 관련자를 비밀리에 체포하고 가두어 죽게 하는 방식으로 흔적을 지워버렸다. 현 전체에서 비밀리에 체포된 사람은 63명에 달했고, 감옥 안에서 죽은 사람은 33명이나 되었다.

인육 사건이 발생한 봉양현 대묘공사가 바로 리커창이 부임한 곳이다. 리커창과 지식 청년들이 막 농촌으로 들어왔을 때 그들이 기거할 집이 없었다. 그들은 몇몇씩 한 조를 이루어 각각 분산 배치되었는데 당나귀를 키우던 오두막에 배치된 청년들도 있었다. 당시 지식 청년들은 매일 일정량의 쌀을 배급받아 밥을 지어 먹었다. 양식은 늘 부족했고 기름은 떨어지는 일이 비일비재했다.

도시에서 온 리커창은 이 외지고 가난한 곳에서 온갖 고생을 다 겪

안휘성 합비시 소요진逍遙津 공원에서 친구들과 함께(1976). 리커창은 1976년 5월 공산당에 입당했는데, 이때 그는 철없는 학생에서 농민들과 친절하게 이야기를 나누고 농민과 농업을 이해하는 지식 청년으로 변한 자신을 발견했다고 한다.

었다. 현지 풍토에 적응하지 못해 온몸의 피부가 문드러지기도 했다.

한 공식 기록에 의하면, 이런 힘든 여건에서도 리커창은 끝까지 참고 견디며 농사 일을 했고 1년 내내 '인민을 위해 봉사한다'라는 글이 새겨진 가방과 휴대 식량을 들고 들녘에 나가 일했다.

노동 강도는 높았지만 식량은 턱없이 부족했다. 생산대의 노동 배치 기간에 리커창은 자신의 지식을 실천에 옮겼다. 농민들을 이끌어 과학적 농경을 실천하고, 우량 벼 품종을 널리 보급해 농민들의 폭넓은 지지를 얻었다. 덕분에 그는 공사 공산당위원회윌회로부터 인정을 받았다.

리커창은 1976년 5월 공산당에 입당했다. 이때 그는 '게으르고 오곡을 분별하지 못하는' 철없는 학생에서 농민들과 친즐하게 이야기를 나누고 농민과 농업을 이해하는 지식 청년으로 변한 자신을 발견했다.

기근으로 수만 명이 아사하고 죽지 않기 위해 인육을 먹는 참상이 벌어졌던 '봉양'의 생활은 '민생 안정'을 최우선으로 하는 리커창의 정치 철학에 지대한 영향을 끼쳤을 것이라 추측된다.

책상을 버려야 인민이 산다

서민 정책 실현,
그러나 외면하는 관리들

봉양에서 지식 청년 활동을 마치고 북경대 법학과에 입학한 리커창은 공청단에 들어가 자신의 재능을 펼쳤다. 성공적인 공청단 업무에 힘입어 리커창은 1997년, 중공 제15차 전국대표대회에서 중앙위원으로 선출되었다.

1998년 6월에는 하남성 부서기로 임명되었고, 부성장과 성장대리를 거쳐 반년 후에는 성장으로 승진했다. 하남은 중화 문명의 발원지이며 중국에서 인구가 가장 많은 성으로 세상에 알려졌지만 근대에 들어서면서 전쟁과 재난, 정치 운동의 피해로 환경, 자원, 정치 방면에서 많이 뒤처져 있었다.

하남성 성장 취임 연설에서 리커창은 하남의 경제 성장을 위해선 인민의 생활 안정이 우선되어야 한다고 밝히며, 농촌과 빈곤층의 삶에 실질적 도움이 되는 정책을 실현할 것을 약속했다.

그러나 리커창이 너무 젊은 데다 후덕했기 때문일까? 아니면 이 지역의 풍토가 원래 고리타분하고 사고 방식이 경직되었기 때문일까? 일부 공무원과 시·현의 책임자들은 리커창의 친서민 정책에 반기를 들기 시작했다.

1998년 말에 리커창은 농업용 전기 요금 인하에 나섰다. 도시보다 비싼 전기료를 우선 0.647위안으로 낮추고 2000년에는 0.479위안으로, 2002년에 다시 0.46위안으로 인하해 도시와 같은 수준을 유지한다는 계획이었다. 하지만 1999년 그는 하남 북부를 시찰하면서 농촌 전기 요금이 싸지긴 했지만 기존의 0.91위안에서 0.81위안으로 떨어졌을 뿐 계획한 대로 시행되지 않고 있음을 발견했다. 전기가 농민 가정으로 들어가는 단계마다 이득을 취하는 자들 때문이었다. 농촌의 전기를 둘러싼 비리는 여전했다.

2000년 초 리커창은 〈하남성 도시 주요 공업 제품 및 생활 용수 상한제(시범시행)河南省城市主要工業産品及生活用水定額〉를 발표하고 3년 안에 물 부족 지역에 거주하는 220만 명의 식수 문제를 해결할 것을 주문했다.

하남성 부임 시절 리커창의 연설문 일부이다.

비록 경제 발전에서 눈에 띄는 성취를 이뤘지만 우리 성에는 아직도 200만 명이 식수 문제로 고통을 받고 있습니다. 3년 내에 이 문제를 반드시 해결해야 합니다. 우리는 대중의 요구를 먼저 생각하고 식수 프로젝트와 같이 국민이 원하는, 국민이 필요로 하는, 국민에게 혜택을 줄 수 있는 일을 해야 합니다. 국민은 우리에게 실질적인 혜택을 요구합니다. 국민을 위해 일하고, 국민이 원하는 일을 하는 것이 우리의 가장 중요한 직무입니다. 국민의 신뢰를 얻어야만 우리 정치도 좋은 평가를 받을 수 있습니다.

식수 프로젝트는 민중의 생존과 생명을 위한 사업입니다. 당연히 국민 부담을 생각해 돈을 적게 들여야 합니다. 취약 계층에게는 부담을 감면해야 합니다. 그렇다고 혜택을 못 받게 해서는 안 됩니다. 취약 계층에게도 당의 배려를 실감할 수 있도록 해야 합니다. 프로젝트에 필요한 자금의 일부는 정부가 지원하고 일부는 은행 대출과 사회 모금, 시민 부담 등의 방식으로 추진할 것입니다. 특히 정부는 취약 계층의 사정을 꼭 염두에 두고 다른 부분에서 돈을 적게 쓰는 한이 있더라도 그들의 생활고를 해결해야 합니다.

이번 정책은 수리 부서의 타당성 평가를 통과해 성 내 82개 업종의 293개 분야에 적용되었다. 만약 한도를 초과해 물을 사용하면 벌금을 30퍼센트에서 3배까지 부과했다. 하지만 실제로 규정을 따르는 사람은 별로 없었다. 농촌은 여전히 물 부족으로 허덕이고 있었기 때문이다. 반면, 도시의 물 낭비는 심각했다. 사용 한도를 초과해 물을 사용한 업체들은 벌금을 무는 대신 담당 공무원에게 뒷돈을 주어 오히려 부정부패를 조장한 격이 되었다.

2001년 3월 22일, 리커창은 농촌 세제에 개혁을 단행한다. 그동안 농민을 상대로 징수한 총괄비와 농촌 교육 기금 등 행정 사업세, 도축세(2002년 기준 2억 1000만 위안)를 전면 폐지하고 농업세와 농업 특산세를 하향 조정했다. 또한 매년 5월 말까지 그해 징수할 농업세와 국가 임무를 공시해 모든 사람이 볼 수 있도록 했다. 이번 감세로 농민들의 부담이 많이 줄었지만, 그만큼 지방에 보유하는 세금도 줄었다. 재정 균형을 위해 불필요한 농촌 공무원과 근무 인원을 줄여야 하는 상황이 되었다.

하남 2145개 향鄕·진鎭의 공무원은 110만 명이다. 지역마다 500명이 넘는 인원을 국가 재정으로 먹여 살려야 하는 실정이었다. 인원 감축이 그렇게 쉬운 일이 아닌 만큼 지방에서는 상급 기관의 눈을 피해 최대한 인원을 적게 줄였다. 이는 다시 고스란히 농민의 부담으로 돌아갔다.

윗물부터 바꾼다–
3강 교육

관료들의 변화 없이는 인민을 위한 정책의 성과를 기대하기 어렵다는 것을 깨달은 리커창은 주변의 회의적인 태도에 아랑곳하지 않고 '3강三講(당원들에게 학습, 정치, 정기를 강조하는 정풍 운동–역자 주) 교육'과 '공무원 지방 파견' 정책을 강행했다.

1999년 3월 26일부터 30일까지 후진타오 국가주석은 하남을 시찰하기로 했다. 리커창에게 힘을 실어주고 3강 교육의 적기를 만들어 리커창의 긍정적 이미지 만들기에 도움을 주려는 독적이었다.

후진타오 주석의 지시에 따라 1999년 4월 초부터 6월 말까지 하남성은 고위급 간부를 상대로 3강을 집중 교육하기 시작했다. 교육이 끝난 후 신화통신의 '국내동향' 코너에서 먼저 하남성의 3강 교육을 집중 보도했다. 얼마 지나지 않아《인민일보人民日報》도 자세하게 인터뷰를 진행했다. 다음은 기사의 일부를 발췌한 내용이다.

하남성의 고위급 간부를 대상으로 진행한 이번 3강 교육은 진취적인 사상을 불러일으키고 학습 열기를 고조시키는 데 크게 성공했다. 자신을 알고 타인의 의견을 경청하는 겸허한 마음가짐을 갖는 데 도움이 되었으며 합리적인 조정과 개혁을 진행하고 성과를 공고히 하는 성실한 태도를 강조했다. 3강 교육 과정에서 전반적으로 정풍 기조를 고수하고 엄격한 기준을 세워 앞으로 성 내 3강 교육을 위한 본보기를 보여주었다.

3강 교육 중에 하남성 공산당위원회원회는 시종일관 이론 학습, 인식 제고와 사상 통일을 강조했으며 이론을 통해 배운 내용을 실천할 것을 당부했다. 9일에 걸친 1차 교육에서는 먼저 성급 고위직을 상대로 폐쇄식 교육을 진행했다. 60만 자가 넘는 교육 자료를 배포해 반드시 숙지할 것을 요구했다. 간부들에게 학습 계획을 짜고 필기하게 했다. 출석을 엄격히 관리했고 발표도 시켰다. 비서와 운전기사를 대동하지 못하게 했고 교육 기간 중에 회견과 출장을 제한했으며 특별한 상황이 아니면 결석하지 못하게 했다.

엄격한 규율하에서 참석자들은 자발적으로 규정을 지키고 열심히 강의를 들었다. 긴급 사안은 교육이 끝난 저녁 시간을 이용해 처리했다. 많은 간부들은 저녁 늦게까지 공부했다. 특히 그중 8명은 몸이 불편했지만 끝까지 교육 과정을 이수했다. 자습을 위주로 공부하면서 개인 지도와 스터디 그룹을 통해 배운 내용을 자기 것으로 만들었다.

'스스로를 알고 타인의 의견에 경청하는' 단계에서는 5만 5000자에 달하는 학습 자료 14편을 선정해 내실을 다지도록 했다.

3강 교육 초기에 일부 참가자들은 교육이 형식에 그칠 것이라는 의심의 눈초리를 보내며 발표와 토론에 적극 임하지 않았다. 이러한 상황에서 성 당서기 마중천馬忠臣은 5차례나 원고를 외워서 직접 발표했고 공산당위원회 위원회와 다른 사람에 대해 적극적으로 의견을 제시할 것을 호소했다. 공산당위원회원회 부서기이며 성장인 리커창도 지방으로 내려가 공무원들의 의견을 수렴했다. 중앙에서도 순시 팀을 파견해 200여 차례 면담을 했다. 성 공산당위원회원회에서는 좌담회를 114회 열고 4개 조사 팀을 파견해 각 방면의 의견에 귀 기울였으며 설문지 1700여 부를 배포해 18개 분야에 거쳐 2612항목의 의견을 모았다.

성 공산당위원회원회가 열린 마음으로 3강 교육을 실시한 덕분에 공무원들과 소통이 원활해지고 서로에 대한 이해도 깊어졌다. 참가자들은 기존의 반신반의하던 태도를 버리고 겸허하게 지적과 비평을 받아들이기 시작했다. 각자 갖고 있던 생각과 의견을 주저 없이 말해 시민들과 유대도 한층 강화되었다.

성 공산당위원회원회는 성급 고위직에 대한 감독을 공무원들에게 맡겼다. 성급 4대 관리 층에 대한 분석 자료와 30부에 달하는 개인 분석 자료를 성과 지방 공산당위원회원회, 인민대표대회, 정부, 정치협상회의, 하남성 주요 중앙 기관, 대기업, 대학교 등의 책임자에게 보내 평가받게 했다. 그리고 만약 3분의 1 이상에게서 불만족 평가를 받으면 다음 단계의 교육을 받을 수 없었다. 이러한 민주적 평가 결과 대상자의 90퍼센트 이상이 만족하다는 평가를 받았다.

조정과 개혁의 관건은 실행 여부였다. 3강 교육 초기 혀남성 공산당위원회위원회가 배포한 3강 교육 방안에는 "시종일관 조정과 개혁을 견지하고 민중의 의견에 귀 기울인다. 특히 이슈가 되는 문제에 대해서는 최대한 빨리 해결하도록 노력해야 한다"고 명시되어 있다.

교육 기간에 하남성 공산당위원회위원회는 네 차례나 슨무위원회를 소집하고 조정과 개혁 문제에 대해 심도 있게 연구했다. "이슈가 되는 문제는 최대한 빨리 해결하고 시간이 필요한 문제는 목차를 만들어 순차적으로 해결해야 한다. 당의 노선과 방침의 이해 및 집행, 민주주의 집중제 원칙, 인재 채용, 업무 태도, 청렴 유지 등 5개 부분에 대해 집중적인 조정과 개혁을 진행할 것"이라고 정리했다.

평가자들은 간부를 선발하고 관리하는 과정에서 발생한 형식주의, 과장 보고, 지나치게 많은 회의, 낮은 업무 효율 등을 문제 삼았다. 성 공산당위원회위원회와 성 정부는 이러한 문제점을 인식하고 〈업무 태도 개선 및 업무 효율 제고에 관한 의견關于進一步轉變工作作风提高工作效率的意見〉을 작성, 발표해 고위급 공무원의 업무 태도를 다시 한 번 점검했다. 또한 간부들의 청렴도와 자기 관리에 관해 제기된 문제에는, '당풍염정黨風廉政 건설 책임제 심사 방법'과 '당풍염정 건설 책임제 심사 방법 위탄에 대한 책임 추궁 방법'을 제정하고 깨끗한 정치를 만들기 위해 노력했다.

3강 교육이 일단락한 후 공산당위원회위원회에서는 지속적으로 정책실시 여부를 주시했다. '조정과 개혁 실시에 관한 책임제'의 요구 사항에 근거해 성 고위층 8명은 각자 맡은 분야에서 좌담회를 열어 갈은 사람의 의견을 수렴한 후 연구와 토론을 반복해 개혁안을 보완했다. 현재 성 공산당위원회원회와 성 정부는 12개 분야의 규정을 발표해 실행에 옮길 예정이다.

하남성에서 진행한 이번 교육이 시작부터 끝까지 엄격하게 진행된 가장 중요한 이유는 관련 간부들이 엄격하게 규율을 준수하고 솔선수범했기 때문이었다. 중앙의 엄격한 관리와 지도도 한몫했다. 3강 교육의 전 과정에서 성 당서기 마중천은 앞장서서 이론을 학습하고 참석자들과 함께 허심탄회하게 이야기를 나누어 공감대를 형성했다. 부서기 리커창은 회의 자료를 열심히 학습하고 참석자들의 의견을 귀담아들으며 막중한 정치적 책임감으로 이번 교육에 임했다. 성 고위층은 모범을 보여주었고 기준을 수립했다.

| 반기를 든 관료들이 발을 벗고 나서다 | 3강 교육의 성공에 고무된 리커창은 관료들이 책상을 떠나 농촌 현장으로 직접 달려가 |

인민들의 고충을 해결해야 한다고 역설하며, 간부의 지방 체험을 상례화하는 제도를 만들었다.

2002년 1월, 신화통신과 《인민일보》의 1면에는 하남성 각 시·현 간부 4만 3000여 명이 농촌으로 전격 파견되었다는 기사가 실렸다. 이번 지방 파견은 원래 리커창이 2000년 중공 하남성 상무위원회회의에서 제안한 아이디어다. 당시 회의에서 리커창은 '3개 대표 사상[공산당은 선진 생산력(자본가), 선진 문화 발전(지식인), 광대한 인민(노동자·농민)의 근본 이익을 대표해야 한다는 장쩌민江澤民 국가주석의 이론—역자 주]'을 실행하기 위해서는 간부들의 업무 태도부터 바로잡아야 한다고 주장했다.

성·시·현·향급 공무원 중에서 간부를 선발해 농촌에 상주하면서 업무를 보게 하자는 이 제안은 회의에서 만장일치로 통과되었다. 회의가 끝난 후 리커창과 당서기 천구이위안陳桂元은 각자 시를 한 곳씩 맡기로 했다. 특히 자신이 맡은 시에 속한 현 중에서 한 곳을 선택해 현지에 가서 3강 보고를 했고 정기적으로 시찰하는 등 문제 해결을 위해 발 벗고 나섰다. 이러한 모습을 보고 성 상무위원회 상무위원과 부성장도 자발적으로 각자 시를 한 곳씩 맡았다.

기사에 따르면 2001년 봄, 하남성의 각 시·현 간부들은 행낭을 짊어지고 농촌으로 내려갔다. 이번 파견은 장기 출장 형식으로 간부들은 현지에서 생활하며 지방 업무를 익혔다. 청장급(한국의 실장급에 해당—역자 주) 115명, 처장급 1190명, 과장급 1만 8207명으로 구성된 이번 팀은 하남성 공산당위원회원회가 업무 태도를 개선하기 위해 취한 파격적인 행보로 중국 전역의 주목을 받았다.

그렇다면 농촌 파견이 과연 농촌 경제와 사회 발전에 실질적인 변화를 가져왔을까?

4만 명이 넘는 간부들은 대부분 경제적으로 낙후한 500개 향·진과 1만 개 마을에 직접 투입되었다. 그동안 현지 정부와 주민들이 애타게 해결을 바라던 긴급한 난제들이 드디어 하나둘 해결되기 시작했다.

공무원들은 우선 농민이 가장 관심을 많이 갖고 있는 문제부터 손대기 시작했다. 교량을 보수하고 도로를 부설하고 물을 끌어들이고 전기를 가설하는 등, 농민의 생산·생활 조건을 빠르게 개선해 실질적인 혜택을 받게 했다

농촌 상주팀은 1년 동안 현지에서 도로 1만 2000여 킬로미터와 교

량 5581개를 건설했고 낙후한 전기망 1만 5800여 미터를 개조하거나 증설했다. 학교 건물 1만 5169채를 수리해 학생 1만 1000여 명이 학교에서 다시 공부할 수 있게 해 농민들의 환영을 받았다.

농촌에 파견된 공무원 대다수는 이런 파격적 인사로 느낀 점이 남다르다고 말했다. 오랜 기간 책상 앞에서만 일한 공무원들이 직접 짐을 챙겨 농촌으로 들어와 1년간 단체로 숙식하며 근무하는 것은, 지금까지 그들의 경력 중에서 처음 있는 진정한 의미의 기층 민중 체험이라고 할 수 있었다.

현장에서 자신의 눈과 귀로 직접 보고 들으면서 농민의 고충을 헤아리게 된 공무원들은 체험과 실천 속에서 더욱 성장했다. 농촌에 파견된 공무원 중에서 817명은 농촌 상주 기간에 공산당에 입당했고 20명은 청장급으로, 1098명은 처장·과장급으로 승진한 것이 이를 증명한다.

하남성 성장 리커창은 "이번 공무원 농촌 파견의 목적은 간부를 교육할 뿐만 아니라 농민에게 실질적인 혜택을 주기 위해서이다. 특히 촌 당지부위원회와 자치위원회가 유기적인 조화를 통해 촌민의 마음에 영원히 남을 상주 팀을 만들어야 한다. 이는 성 공산당위원회원회가 이번 인사에 거는 기대이기도 하다"라고 강조했다.

농촌 상주 팀은 법적 절차에 따라 촌당지부 2371개와 촌 위원회 2236개에 대해 구조 조정을 단행했고 당원 1만 1901명과 입당 의사가 있는 농민 6만 8647명을 확보했다. 이번 구조 조정을 통해 촌 간부의 사상 체계를 바로잡고 당의 응집력과 호소력을 강화했다.

보고서는 또 하남성 각급 간부들의 지방 파견을 자세히 소개하는 한편 '당풍염정 건설 책임제에 관한 규정'도 언급해 눈길을 끌었다.

성 당서기 천구이위안과 성장 리커창은 이번 업무에 각별한 관심을 가지고 당풍염정 건설 책임제 인솔 팀의 조장과 부조장을 맡았다.

간부를 선발하고 임용하면서 하남성은 최대한 엄격하고 민주적인 자세를 견지했다. 투명성을 높여 시민에게 알 권리를 보장했을 뿐만 아니라 선택권과 감독권도 부여했다. 여러 분야에서 다양한 의견을 수렴해 '임기 전 공시 제도'와 '인원 채용 책임 추궁제'를 실시했다. 편법 선거, 뇌물 수수, 청탁, 매관매직 같은 행위를 엄격하게 단속했다. 부정행위를 저지른 자는 법적 절차에 따라 임용 자격을 박탈했으며 이를 반면교사로 삼아 당풍을 바로잡았다.

하남성은 부청장급 인사에서 편법 선거 의혹이 있는 간부 3명을 제적하는 등 강도 높게 처벌했다. 2001년에는 17개 시 간부 436명을 단체 면담하고 이취임식을 간소화해 큰 호평을 받았다. 시민들의 불만이 집중된, 권력 계층의 고질병인 관료주의는 구조 조정을 통해 바로잡았다. 권력을 남용해 '먹고, 마시고, 뇌물을 요구하는' 특권층의 부패 행위를 근절했다. 기업에게 벌금을 마음대로 부과하고 불필요한 감사를 진행한 부서의 책임자에게 행정 처분을 내렸다. 행정 심사 제도를 개혁해 정부 부처의 업무 효율도 높였다. 총 2706개 항목의 심사 제도를 재조정해 67.2퍼센트에 달하는 1819개 항목을 폐지했다.

사실, 이러한 대대적인 개혁을 단행하기에 앞서 리커창은 북경에 있는 공산당 원로 쑹핑宋平을 친히 찾아가 가르침을 청했다. 쑹핑은 리커창의 개혁안을 전적으로 지지하는 인물이다. 쑹핑은 1990년 중국 전역에서 '농촌 사회주의 교육 운동'을 선도했다. 하지만 당시의 실력자인 덩샤오핑의 반대에 부딪혀 운동은 좌절되었다. 그가 주장한

운동과 일맥상통한 개혁안을 리커창이 들고나온 것이다. 쑹핑에게는
무척 반가운 일이었다. 앞서 성급 간부를 상대로 진행했던 3강 교육
과 비교해 농촌 체험 운동은 성과가 훨씬 좋았다.

판자촌을 날려 지렛대로 삼다

판자촌 개조,
가장 눈부신 성과

2004년 말 리커창은 요령성 당서기로 자리를
옮기게 된다. 요령성에는 온 힘을 쏟아부을
가치가 있는 프로젝트가 그를 기다리고 있었다. 그것은 바로 판자촌
棚戶村 개조 사업이었다. 이 프로젝트는 후진타오와 원자바오가 정권
을 잡은 후 추진하는 조화로운 사회和諧社会의 이념과 일치하기도 했
고 달성하면 실적이 바로 인민의 눈에 보여 여론의 호평을 얻을 수도
있었다.

요령성에 부임한 후 리커창은 "아르키메데스가 '내게 충분히 긴 지
렛대와 서 있을 수 있는 장소만 있다면 지구를 들어올릴 수 있다'라고
했듯이 내게 중앙 정부와 전 국민의 지지가 있다면 요령성을 반드시
진흥시킬 것이다"라고 발언한 적이 있다. 판자촌 개조가 그에게는 지
렛대인 셈이다. 리커창은 관영 방송 CCTV의 사회자 왕샤오야王小丫
와 인터뷰하면서도 이 지렛대를 강조했다.

왕샤오야: 저소득층의 문제를 어떻게 해결할 것인가?

리커창: 주거 문제를 해결해야 한다. 우리는 판자촌을 대규모로 개조했다.

판자촌이란 본래 광부들의 임시 주거지였으나 지금은 빈민가로 바뀌었다. 리커창은 국가 개발은행에서 500억 위안을 대출받아 빈민 120만 명을 위해 거주지를 새로 건립하기로 했다.

2007년 1월 요령성은 해외 언론을 초청해 현지 판자촌 개조 프로젝트를 살펴보게 했다. 지방 책임자들은 "리커창이 부임한 지 2년 만에 요령성을 오랫동안 괴롭혀온 판자촌 문제를 해결했다"라며 칭찬을 아끼지 않았다. 리커창이 부임한 지 12일째 되던 날 영하 20도의 추위를 무릅쓰고 부순의 판자촌을 시찰했다는 후문도 들렸다.

판자촌이 오랫동안 지속된 문제라면 왜 지금까지 방치했을까? 전임 당서기는 왜 해결하지 못했을까? 아니면 해결하려는 의지가 없었던 건 아닐까?

본계시本溪市 부시장 장디엔춘張殿純은 언론 인터부에서 "리커창은 중앙에서 근무한 경력을 바탕으로 중앙 정부와 각 위원회의 지원은 물론 개발은행에서 대출도 받을 수 있었다. 이는 판자촌 개조 사업에 큰 힘이 되었다"라고 솔직하게 밝혔다.

요령의 판자촌 개조 사업은 1995년에 시작했지만 국가 지원이 매년 3억 위안에 그쳤다. 요령성 리지아孛佳 부성장도 "이번 대규모의 판자촌 개조 사업은 개발은행에서 대출받은 60억 위안과 중앙 정부의 지원금 12.28억 위안 등 자본금 200억 위안을 모아 해결할 수 있었다. 여기에는 리커창의 힘이 컸다"라고 인정했다.

2006년 설 전날 밤, 인민대표대회 위원장 우방궈吳邦國와 총리 원자바오는 잇따라 요령을 시찰했다. 이에 대해 신화통신은 "이번 설에 원자바오 총리가 북경에서 중공 중앙위원회와 국무원의 설 단배식에 참가한 후 곧바로 전국 최초로 판자촌 개조를 실행한 요령성 부순시를 방문했다"라고 보도했다. 원자바오가 지난 3년 사이에 시찰에 나선 일은 단 한 번에 불과했다. 요령은 그의 두 번째 시찰지였다. 소문에 의하면 후진타오도 길림에서 열린 동계 아시안 게임에 참석한 길에 비밀리에 요령에 들려 리커창을 따로 불러 함께 시찰을 했다고 한다. 후진타오도 판자촌을 방문해 요령 판자촌 개조 프로젝트에 긍정적인 반응을 보였다고 한다. 설 전에 《인민일보》, 신화통신, CCTV, 《광명일보》 등 관영 매체는 요령 판자촌 개조 사업에 대해서 당나라 시인 두보杜甫의 시구 "어떻게 하면 수많은 집을 지어 세상의 가난한 자 얼굴을 활짝 펴게 할 수 있을까安得广厦千万间, 大庇天下寒士俱欢颜"를 인용하며 민심공정民心工程으로 치켜세우기도 했다. 중공의 정책 입안자도 여러 가지 방법으로 리커창에게 날개를 달아주었다.

2006년에는 리콴유李光耀 전 싱가포르 총리가 요령을 방문했고 롄잔連戰 대만 국민당 명예 주석도 4일간 일정으로 요령을 시찰했다. 롄잔 명예 주석은 리커창이 하남성에서 쌓은 정치적 업적에 대해 관심을 보였다. 반면 리커창은 앞으로 추진할 해안 경제 클러스터, 5점 1선五点一线(요령성의 대외 개방 전략–역자 주)에 대해 역설했다. 5점 1선은 대련大连, 단동丹东을 포함한 5개 항구를 연결하는 프로젝트로 외부 인사들은 과감한 개혁이라는 평가를 내렸다. 몇 년 동안 리커창은 대련을 중심으로 개방 경제의 발전을 중요시하며 금주만錦州湾 개발에도 힘을 썼다. 이를 통해 요령의 빈곤 지역을 성장시키려는 계획이었다.

2007년 초 신화통신 산하의 《요망동방주간瞭望東方週刊》은 몇 천자에 달하는 "요령에 대한 새로운 관찰遼寧新觀察"이라는 제목의 글을 실어 최근 3년간 요령성의 경제와 국민 생활의 변화를 심층 보도했다. 리커창이 제기한 5점 1선 프로젝트와 판자촌 개조에 대해서도 긍정적인 평가를 내렸다.

병원 문턱은 중국의 고질병

새로운 의료 보험
시스템 구축

하남성과 요령성의 치적을 인정받아 리커창은 가장 젊은 나이로 서열 7위의 상무위원으로 선출되며 중앙 정계에 진출했다. 그리고 황쥐 전 부총리의 서거로 공석이 된 국무원 상무 부총리직을 승계했다. 지방 업무 시절과 다름없이 리커창은 인민의 생활을 안정화시키는 데 총력을 기울였다.

의료 보험은 중국 인민들이 가장 관심을 쏟는 민생 문제라고 할 수 있다. 현재 중국 의료 보험 제도는 문제가 너무 많다. 리커창은 의료 체제를 개혁해야 한다고 판단해 부총리가 된 후에도 줄곧 전 국민 의료 보험 시스템을 완성하는 데 주력했다. 2003년부터 중국 정부는 의료 위생에 꾸준히 투자를 늘렸지만 병원에서 진단받는 일은 여전히 어렵고 치료비도 비싸 인민의 기대에 부응하지 못했다. 중국의 의료 보험 체제의 문제가 무엇인지 알려면 먼저 중국 의료 보험 개혁의 과정과 역사를 알아야 한다.

건국 이래 중국의 기관이나 사업 단위는 국비 의료 제도를 실시했고 기업은 노동 보험 의료 제도를 실시했다. 하지만 사회주의 시장 경제 체제의 확립과 국유 기업 개혁의 심화로 이 제도의 폐단이 날로 늘어났다. 우선 의료비 증가율이 GDP 증가율을 초과했다. 국가의 생산력이 소비 수준을 따라가지 못했다는 말이다. 게다가 이러한 의료 제도는 기업 간의 부담 격차를 크게 했다. 신흥 산업 부문은 나이 많은 근로자의 비중이 낮아 의료비가 적었지만 오래된 기업은 의료비 부담이 컸다. 개인도 무상 의료 제도로 '진단은 한 사람이 받고 약은 온 가족이 먹고', '작은 병을 큰 병으로 진단받고', '아프지도 않은데 병이 있다고 진단받는' 폐단이 생겼다. 목적은 국가와 기업을 상대로 의료비를 타내기 위해서인데 이는 국가의 의료비 부담을 가중시켰다.

날로 늘어나는 의료비 때문에 국무원은 1994년에 의료 보험 개혁안을 제정하고 1998년에는 '도시 근로자 기본 의료 보험 제도에 관한 국무원 결정'을 시행했다. 개혁의 기본 방향은 '낮은 수준, 넓은 분포, 쌍방 부담, 통장 결합'이었다. '쌍방 부담'은 기본 보험을 직장과 근로자가 공동 부담하는 것을 말하고 '통장 결합'은 보장 기금에서 사회적 통일 계획과 개인 계좌를 결합하는 것을 말한다. 40여 년간 실행한 국비 의료 제도와 노동 보험 의료 제도는 이로써 막을 내렸다. 2000년 말 기준으로, 중국은 도시 근로자의 기본 의료 보험 제도를 확립했다. 이 제도의 대상자는 5000만 명에 달했다.

2002년 4월, 합이빈哈爾濱(하얼빈)에서 열린 사회보장사업회의는 "전국 각 지역에서 도시 근로자 의료 보험 제도의 개혁을 가속화하고, 근로자의 기본 의료 요구를 착실히 보장하며, 의료 보험 대상자가 90퍼센트를 넘는 통합 지역을 가동해, 금년에 8000만 명을 포괄하는 목표를 완성하라"고 요구했다. 중국 의료 보험 제도 개혁은 괄목할 만한 성과를 거두었다. 2012년 6월 말까지 전국 지구급 이상 통합 지역

349개 중에서 88퍼센트인 307개 지역에서 실행되고 있고, 총 5026만 명을 포괄해 전체 의료 보험 가입자의 30퍼센트를 차지했다.

새로운 의료 보험 제도는 가장 기본적인 의료 보험만 제공할 뿐, 모든 의료비를 부담하지 않는다. 이 때문에 수십 년간 무상 의료를 받은 사람들은 자기 호주머니를 털어야 하는 잔혹한 현실을 받아들이기 힘들어 과거의 의료 제도에 미련이 남았다. 개인 계좌의 경우, 개인은 반드시 월수입의 2퍼센트를 내야 한다. 나머지는 직장이 부담한다. 그중 30퍼센트 이내는 개인 계좌로 이체하는데 층액의 1.8퍼센트를 차지하며 개인 월 소득의 38퍼센트 이내의 수준이다. 당시 북경시 근로자의 연평균 급여는 1만 위안 안팎이었으니 중간 계층의 근로자 계좌에는 1년간 이체된 보험료가 300위안이 채 안 되었다. 사회적 통일 계획은 괜찮았지만 큰 병에 걸리기라도 하면 계좌에 이체된 보험료만으로 병을 치료하기에는 턱없이 부족했다. 이 때문에 아파도 병원 가길 주저하다 건강을 해치는 사람이 많았다.

새 제도는 어린이를 보험 수급자에서 제외했다. 과거의 노동 보험 의료와 국비 의료 제도는 어린이의 의료비를 부모가 일하는 직장에서 공동 부담했다.

새 의료 제도는 질병 예방 등에도 준비가 부족했다. 과거에는 질병 예방을 중시해 직장에서 정기적으로 신체 검사를 실시했고 전문적인 의무실과 아동 방역소가 있었다. 그러나 새 의료 보험 제도에서 이를 이용하려면 개인 계좌에 있는 돈을 써야 했다. 이는 병의 조기 발견과 치료를 어렵게 해 병을 키우는 결과를 초래했다. '예방은 중대 질병을 통제하는 가장 유력한 방법'이라는 외국의 기본 방침과는 상이하다.

2010년 3월 16일, 리커창은 국무원 의약위생체제개혁심화영도소조 제6차 전체회의를 소집해 전 국민 기본 의료 보험의 추진을 강조했다. 2010년 말까지 의료 보험 대상자를 늘리고, 도시의 비공유제 경제 조직 종사자, 대학생, 자유 취업자, 농민공도 의료 보험에 가입할 수 있도록 하며, 신농합新農合(신형 농촌 합작 의료 - 역자 주) 참가율을 90퍼센트 이상으로 유지하라고 요구했다. 도시민 의료 보험과 신농합 정부 보조금 1년 표준은 1인당 120위안으로 정했다.

2년 후인 2012년 7월 19일, 리커창은 국무원 의약위생체제개혁심화영도소조 제11차 전체회의를 소집했다. 회의에서 리커창은 "중대 질병의 보장 수준을 높이고, '이약보의以藥補醫(의사가 병을 진단한 후 약을 처방할 때 처방하는 약값에 따라 급여를 받는 제도. 의사는 자신의 수입을 위해 환자에게 불필요한 약이나 비싼 약을 처방해 치료도 잘 안 되고 의료비만 올라가는 폐단을 초래했다 - 역자 주)'를 폐지하며, 공립 병원의 새로운 운영 메커니즘을 만들고 의료 개혁을 계속 추진해야 한다"라고 강조했다.

그렇다면 지금까지 실행한 의료 개혁은 어떤 결과를 낳았을까? 사례를 들어 분석해보자.

2010년 초 운남성 신평현新平縣 양무진揚武鎭에 사는 농민 천융陳勇(52세)은 병원에서 만성 신장 질환이라는 판정을 받았다. 천융은 치료비를 마련하기 위해 집을 팔았다. 스무 살을 갓 넘긴 그의 아들은 돈을 벌기 위해 직업고등학교를 중퇴하고 도시로 떠나야 했다.

천융은 "앰뷸런스가 한 번 오면 돼지 한 마리는 헛 키운 거나 다름없다. 병에 걸리고 난 뒤 한 달에 최대 여덟 번 투석해야 하는데 1회

투석 비용이 6700위안씩 든다. 정부에서 의료비를 분담하지 않았다면 아마 온 가족이 망했을지도 모른다"라고 말했다.

2011년 천융은 투석비의 80퍼센트를 신농합에서 받았다. 자기 부담금은 100위안밖에 안 되었다. 천융은 의료 개혁의 혜택을 입었다고 할 수 있다.

우리는 국무원 의약위생체제개혁판공실에서 2012년 6월 25일에 공포한 〈의약위생체제개혁 3년간의 성과 총화 보고〉를 통해 개혁의 성과를 분석할 수 있다. 보고서는 새로운 의료 개혁은 공통적으로 다섯 가지 중대 개혁 사항을 추진했고 예상대로 3년(2009~2011)의 의료 개혁의 제반 임무를 완성했다고 지적했다.

통계에 따르면, 2011년 말을 기준으로 기본 의료 보험 참여 비율은 95퍼센트를 넘어섰고 3가지 기본 의료 보험에 가입한 사람은 13억 명을 넘어 3년 전 대비 1.72억 명이 증가했다. 그중에서 천융처럼 신농합의료보험에 가입한 농민은 8.23억 명으로 3년 전에 비해 1700만 명 증가했다. 중국의 국민 의료 보험은 세계 최대의 기본 의료 보험 네트워크를 구축했다.

중국의 의료 개혁은 이익 구조의 조정이기 때문에 사회 전 분야의 개혁이라고도 할 수 있다. 이 때문에 2008년 12월 국무원은 의약위생체제개혁영도소조를 설립하고 산하에 20개의 부처를 두어 전국 의료 개혁 업무를 통일적으로 조직·조정했다.

2009년 4월 의료 개혁의 지도 사상, 총체적 목표, 단계별 목표를 명확히 하기 위해 중공 중앙과 국무원은 〈의약위생체제개혁 심화에 관한 의견〉과 〈의약위생체제개혁의 단기 중점실행방안(2009~2011)〉을

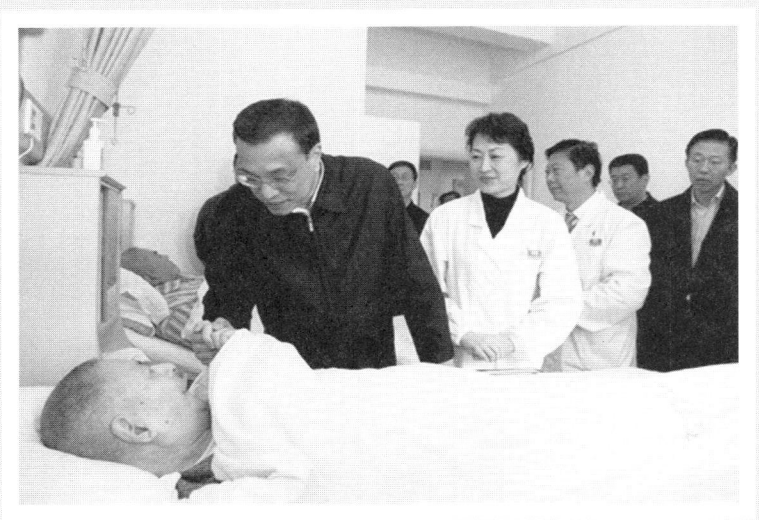

상해 사회건강센터 방문(2012). 의료 보험은 중국 인민들이 가장 관심을 쏟는 민생 문제다. 리커창은 의료 체제 개혁을 위해 부총리가 된 후에도 줄곧 전 국민 의료 보험 시스템을 완성하는 데 주력했다. 특히 중대 질환 보험과 응급 구조 등 제도 완비와 의료 복지를 강조하고 있다.

반포했다.

비싼 치료비 문제를 해결하기 위해 중국은 국가 기본 약물 제도와 기층 운영의 새로운 메커니즘 수립에 착수해, 기층 의료·위생 기구의 종합 개혁을 추진하고, 적자생존의 인사 시스템을 가동해 기층 의료 위생 기구에 수십 년간 존재한 이약보의의 폐단을 없애고 약값 부담을 대폭 줄였다.

진료받기 어려운 문제를 겨냥해, 중앙 정부는 농촌에 430억 위안을 투자해 현급 병원 2233곳, 중심 향진 위생원 6200여 개, 츤 위생실 2.5만 개 건설을 지원했다. 도시에서는 41.5억 위안을 투입해 위생서비스센터 2382개를 건설했다.

이 밖에 기층 의료·위생 기구의 서비스를 향상시키기 위해 전과 의사全科醫生(다방면의 진료를 할 수 있는 의사. 가정 의사라고도 하며 가정의 모든 구성원을 종합적으로 치료할 수 있다 – 역자 주) 위주로 인재풀 건설에 박차를 가했다. 현재 중국에서는 전과 의사 양성 특별 기획을 가동했다. 이미 기지 127개를 건설했고 3만 6000명에 달하는 기층 기구 재직자를 전과 의사로 전환하는 교육을 실시했다. 이 밖에 중서부 지역 향진鄕鎭 위생원은 정향定向(교육을 거쳐 원래 일자리로 들어가는 것 – 역자 주) 의학생 1만여 명을 모집했다.

의료 개혁을 통해 인민에게 혜택을 주려면 자금이 많이 필요했다. 2009~2011년, 전국 의료비 누적 재정 지출액은 1조 5166억 위안을 기록했다. 그중에서 중앙이 지출한 금액은 4506억 위안이다. 정부 자금의 대량 유입으로 인민은 큰 혜택을 입었다. 중국의 도시민 의료 보험과 신농합 정부 보조금 표준은 2008년의 1인당 연 80위안에서 2012

년에 240위안으로 증가했다. 도시민 의료 보험과 신농합 정책 범위 내 입원 치료비 분담 비율도 2008년의 각 54퍼센트, 48퍼센트에서 2011년에는 70퍼센트대로 상승했다.

현재 의료 개혁이 초기 성과는 확실히 거두었지만, 개혁이 급물살을 타면서 이익 구조가 크게 바뀌고 구조적 모순이 집중적으로 드러나면서 개혁은 점차 깊은 수렁에 빠지기 시작했다. 리커창이 직면한 과제는 점점 해결하기 어렵고 힘들어질 것이 불 보듯 뻔하다.

2010년부터 리커창은 의료체제개혁회의에서 개혁에 관해 많은 사항을 구체적으로 지적했다. 전국적 범위에서 전과 의사를 중심으로 하는 기층 의료·위생진을 건설해 3년 내에 전과 의사를 6만 명 양성하고 의사 파견, 교육자 협조, 위탁 관리 실행, 쌍향전진雙向轉診(작은 병은 지역 위생서비스센터로 가고 큰 병은 병원으로 가는 것 – 역자 주) 등 다양한 방식을 취해 3급 병원 900곳과 현급 병원 2000곳이 장기적으로 협력 관계를 유지하며 공립 병원을 개혁하고, 16개 도시의 시범 사업을 잘 실시해 인민들이 병을 치료받기 어려운 문제를 점차 해결하기 위한 대책을 강구했다.

의료 개혁에 관한 리커창의 주장은 세 가지로 요약할 수 있다. 우선, '개혁은 최대의 보너스이다'라는 개념하에 많은 인민들이 혜택을 받게 하는 것이다. 개혁은 필연적으로 기존의 이익 구조와 충돌하지만 그 이익은 결과적으로 인민에게 돌아가야 한다는 것이다.

다음으로 개혁 보너스의 지급은 체제 혁신과 메커니즘 수립에 의거해야 한다. 의료 개혁을 강화하는 과정에서 체제 혁신을 통해 이익 구조를 합리적으로 조절해 인민들이 실제적인 혜택을 받고, 의료 종사자들이 힘을 얻어 의료 기구에 활력을 불어넣을 수 있는 메커니즘을 수립해야 한다.

　마지막으로 개혁은 점진적이고 누적적으로 이루어지지 한 번에 성공할 수 없다. 13억 인구 대국이 의료 개혁을 추진할 때는 반드시 통일적인 계획을 수립해 순차적으로 실시해야 한다.

　회의에서 리커창은 "중대 질환 보험大病保險과 의료 응급 구조 등 제도를 완비해야 하며 돈이 없어 치료받지 못하는 일이 발생해서는 안 된다"라고 거듭 강조했다. 이어서 그는 "개혁의 최대 성과를 많은 인민이 받을 수 있도록 해야 한다"라고 말하며 "행정 구역의 지역성을 타파하며, 의료 자원의 유기적인 결합을 추진하고, 합리적인 등급별 진료 패턴을 구축하며 보다 효율적으로 인민을 위해 봉사해야 한다"라고 덧붙였다.

울고 넘는 인민의 제일 악산惡山

서민들의 삶을 위한
보장형 주택

의료 개혁 외에도 리커창의 골머리를 앓게 한 것은 주택 문제다. 오늘날 중국에서 수많은 인민이 직면한 민생 문제 중 '새로운 3대 산'에서 1위를 차지한 것이 바로 높은 부동산 가격에 따른 주택난이다.

　주택난은 중국이 주택 개혁을 실행하는 과정에서, 특히 최근 20년간 시장 자유화 개혁을 주도한 관리·학자·상인으로 구성된 이익 집단이 국정과 민생을 외면한 채 '일부가 먼저 부자가 되자'와 '전국적으로 광범하게 서민의 기본 주택 복지를 삭감하자'는 정책을 추진하면서 나타난 필연적 결과이다. 현재 중국은 관리와 상인이 결탁, 직권을 이용한 뇌물 수수, 기만적인 정책 수행, 부정부패로 인한 재산 축적 등과 같은 경제 발전 과정에서 나타나는 문제가 심각한 수준이다. 중국 정부는 오랫동안 '부적절한 정치를 했으며' 심지어 '덕망을 잃었다'고 말할 수도 있다. 사실 중국의 각급 정부는 현재 중국 사회의 주택난을 초래한 장본인이다.

오늘날 중국은 전 인민이 국가와 민족의 운명을 다시 선택해야 하는 시기로 접어들었다. 현재 주택난 해결은 국가 권력과 사회의 안정, 인민의 행복과 직접 관련된 문제이다. 특히 최고 지도자들에게는 일각도 지체할 수 없는 중대 과제이다.

최근 중국 정부는 보장형 주택保障性住房 건설에 힘을 쏟고 있다. 보장형 주택은 점차 사회 각계각층이 주목하는 이슈가 되었다. 12·5계획에서는 5년 내에 보장형 주택 3600만 가구를 건설한다는 목표를 제시했다. 12·5계획(중국은 1953년부터 5년 단위로 국가 계획을 수립한다. 12·5계획 기간은 2011년에서 2015년이다 - 역자 주)이 끝날 무렵이면 전국의 도시 면적에서 보장형 주택이 차지하는 면적은 20퍼센트에 달할 것으로 본다.

그렇다면 보장형 주택이란 대체 무엇인가? 어떤 사람들이 보장형 주택에 거주할 수 있는가?

국제 관례

세계 각국의 주택은 대부분 공동 주택과 단독 주택으로 나눌 수 있다. 공동 주택은 정부가 투자해 지은 보장형 주택이고 단독 주택은 정부의 지원 없이 개인이 짓거나 시장화된 분양 주택이다. 일본에는 공영 주택이라 불리는 보장형 주택이 있는데 저가 주택과 비슷하다. 입주자는 그 어떤 재산권도 소유하지 못한다. 공단 주택이라는 것도 있는데 정부에서 일부 자금을 지원하며 입주자는 재산권을 일부 소유할 수 있다. '조옥組屋'이라고 부르는 싱가포르의 보장형 주택은 임대와 판매 모두 가능하다.

중국식 정의

사회 보장형 주택은 일반적으로 국가 정책과 법률에 따라 건설 표준과 판매 가격 혹은 임대 가격을 제한한, 사회 보장 역할을 하는 주택을 가리킨다. 보장형 주택은 분양 주택과 대응하는 개념인데 정부가 주택난을 겪는 저소득층 가정에 판매가나 임대가를 제한해 제공하는 주택이다. 보통 저가 임대 주택, 경제 실용 주택과 정책성 임대 주택으로 구성된다.

2011년부터 중국은 보장형 주택을 서둘러 건설했다. 보장 형식은 저가 임대 주택을 포함한 공동 임대 주택, 경제 실용 주택을 포함한 정책성 재산권 소유 주택, 판자집 개조 주택 등 실둘 주택 보장을 위주로 하고 임대료 보조를 결합했다. 2016년까지 전국적으로 보장형 주택 3600만 가구를 지을 계획인데 이는 지난 10년간 건설한 물량보다 2배 많다. 또한 붕괴 위험성이 있는 농촌 주택을 매년 150만 가구 이상 개조한다. 이렇게 대규모로 보장형 주택을 건설하면 12·5계획이 끝날 무렵에 전체 도시의 보장형 주택 면적은 총 거주 면적의 20퍼센트 이상으로 높아지고 저소득층의 주택난은 기본적으로 해결된다.

비록 중앙 정부가 보장형 주택을 적극 건설하고 있지만 여전히 문제는 많다. 지방 정부가 보장형 주택의 건설만 중시하고 관리는 소홀히 하는 바람에 다음과 같은 여섯 가지 문제가 나타났다.

① 설계의 낙후성

일부 보장형 주택은 도심과 멀리 떨어진 곳에 있고 부대시설이 미흡해 완공 후에도 입주하지 못하거나 입주하더라도 생활이 아주 불편하다. 또한 보장형 주택은 내부 구조가 사람 살기에 불편하다.

② 품질 저하

일부 보장형 주택은 설계, 시공, 품질 검사 등에서 관리 소홀로 불량 자재를 사용해 건물 안전성에 문제가 있다.

③ 관리 허점

가족 관계와 개인 주택 소유 여부, 수입 등 입주자에 대한 정보가 부족해 입주자 선정에 어려움이 크다. 일부 지역에서는 공무원들이 보장형 주택 입주자를 심사할 때 서류를 날조하거나 입주 희망자와 결탁하는 등 불법 행위를 공공연하게 자행한다. 일부 주민은 수입이 크게 증가해 자격이 없는데도 여전히 보장형 주택에서 거주해 인민의 불만을 산다.

④ 자금 부족

건설 자금, 토지 징발비, 철거 이주비 등 재정 부담이 비교적 크다. 2011년 일부 지방에서는 건설 자금을 조달하는 데 어려움을 겪었다. 특히 중서부 지역은 자금난이 심각했다. 제때에 토지 징발과 철거를 끝내지 못해 주택 건설이 크게 지연되는 경우도 발생했다.

⑤ 정책 미비

중국에서 보장형 주택의 건설과 관리는 아직도 탐색 단계에 머물러 있다. 구체적 정책, 보장 범위, 보장 방식 등은 아직도 건설을 진행하면서 개선·완비하는 단계이다. 과거와 현재의 정책이 서로 잘 맞물리지 않는 문제도 존재한다.

⑥ 법제 미흡

현행 주택 보장 정책은 모두 규범화한 문서 형식으로 발표해 일정한 효력을 갖고 있지만 법적 구속력은 없다. 2005년에 '도시 저소득 가정 저가 임대 주택 신청, 심사 결정 및 퇴출 관리 방안'을 발표했지만 법률적 구속력이 없어 통제 효과가 미미했다.

다른 나라의 사례를 보면, 많은 국가에서 입법을 통해 엄격한 입주·퇴거 규정을 제정하고 효율적으로 관리·감독하 주택이라는 공공 자원을 공정하게 분배했다.

입법 차원에서 보장형 주택 관리 체계를 수립해야 주택 보장 사업이 정상적으로 운영·발전해 공정한 사회를 만들 수 있다.

보장형 주택에 관해 리커창의 목표는 투명하고 공평하며 공정한 분배의 확보이다. 2012년 2월 리커창은 보장형 주택 공평 분배 좌담회에서 다음과 같이 지적했다.

보장형 주택을 공평하게 분배하기 위해 첫째, 면적이 작고 품질 좋은 보장형 주택을 제공하고, 판자집 개조를 가속화해 저소득 계층의 기본 수요를 보장하고, 신규 취업 노동자와 외지 노동자에게 안정된 거주지를 제공해야 한다. 둘째, 공정한 절차를 확보해야 한다. 입주 허가, 심사 결정, 순번 대기, 분배, 퇴거 등 절차를 엄격히 규범화하며, 신청자와 기 입주자의 소득, 주택, 재산 등을 전면적으로 심사하고, 자격을 갖춘 모든 주민에게 주택의 신청, 대기, 배정에 참여할 수 있는 기회를 제공해야 한다. 착오 시정 시스템을 완비하고 허점을 보완해 무자격 신청자는 일찌감치 걸러내야 한다. 또한 모든 절차를 최대한 간소화해야 한다. 셋째, 과정을 공개해야 한다. 가격과 집 구조를 공개하고 인민과 언론의 전방위적인 감시, 감독을 받아 모든 업무를 투명하게 수행해야 한다.

이 밖에 리커창은 '품질종신책임제'를 제안하며 "보장형 주택에 하자가 발생하면 담당자에게 끝까지 책임을 추궁해야 한다. 보장형 주택 건설은 양심적인 프로젝트가 되어야 한다"라고 역설했다.

이렇게 리커창은 주택난을 해결하기 위해 심혈을 기울였다. 우리는 리커창이 전국 보장형 주택 공정사업회의에서 발표한 연설을 통해 그가 보장형 주택에 관해 얼마나 깊은 관심을 갖고 있는지 알 수 있다.

2016년까지 전국 3600만 가구 건설을 목표로 2011년부터 시작된 보장형 주택 건설은 지난 10년간 중국이 건설한 주택 수의 2배에 달한다. 이렇게 대규모로 보장형 주택을 건설하면 12·5계획이 끝날 무렵에 전체 도시의 보장형 주택 면적은 총 거주 면적의 20퍼센트 이상으로 높아지그 저소득층의 주택난은 기본적으로 해결된다.

주택은 민생의 근본이다. 올해 안으로 보장형 주택 1000만 가구를 건설해야 한다. 이는 부동산을 안정시켜 주택난을 해소하고, 조화사회의 건설을 추진하며, 내수 확대와 경제 성장 방식 전환에 중요한 의의를 갖는다. 소득 분배 구조를 조정하는 중요한 조치이기도 하다. 각 지방은 최대한 빠른 시일 내에 보장형 주택을 완공해 인민들이 입주할 수 있게 해야 한다(2011년 2월 24일 전국 보장형 주택 공정사업회의에서 행한 연설 중에서).

최근 전국의 검수 상황으로 볼 때, 보장형 주택의 품질은 전반적으로는 양호하다. 하지만 소수의 프로젝트에 크고 작은 문제점이 존재하는 것도 사실이다. 품질 문제가 발생할 경우 관련자를 엄벌에 처해야 한다. 품질을 위해서라면 시공 기한도 늦춰야 한다. 신축 공사나 현재 건설 중인 공사는 탐사, 설계, 경쟁 입찰, 재료 공급 등 전반에 걸쳐 품질을 엄격하게 관리해야 한다(2011년 7월 1일 전국 보장형 주택 공정사업회의에서 행한 연설 중에서).

하남성 성장으로 인민대회 회의 출석(2002)

4

가는 곳마다
곳간이 차다

리커창이 하남성 당서기 임기를 마치던 2004년 말, 하남의 경제 총량은 중서부 지역에서 1위였고, 전국에서도 선두권을 차지했다. 1인당 GDP는 1000달러를 넘어서 전국 순위는 1990년대 초의 28위에서 18위로 껑충 뛰어올랐다. 1997년과 비교하면 성내 공업 이익은 7배 가까이 늘었다. 곡물 생산·가공, 육류 가공, 전기 분해 아연 생산 능력이 눈에 띄게 향상되어 전국 1위를 기록했다. 하남성 국민 총생산GNP은 8000억 위안을 돌파해 1997년 이래 가장 큰 증가 폭을 기록했다.

리커창은 농산물 가공업의 현대화, 중원 도시 클러스터 정책 등을 통해 자신이 경제 업무를 수행하는 능력이 탁월함을 중국 사회에 각인시켰다. 요령성 당서기 시절에도 경제학 박사 출신다운 그의 행보는 이어졌다. 요령성에 부임하기 무섭게 리커창은 성내 주요 도시를 방문하여 요령성에 산재한 문제의 원인을 분석하고 신속하게 대책을 마련했다. 특히 요령성 발전의 걸림돌로 지적된 자금 문제를 개괄은행 소프트론을 활용하여 해결의 실마리를 마련했다. 리커창이 부임했던 하남과 요령성의 가시적 경제 성장은 그가 중앙 정계에 진출하는 교두보가 되었다. 상무 위원과 부총리 시절, 리커창은 자신의 존재를 대내외적으로 드러내지 않으면서 묵묵히 중국 경제의 문제점과 나아갈 방향을 분석하고 해결 방안을 강구했다.

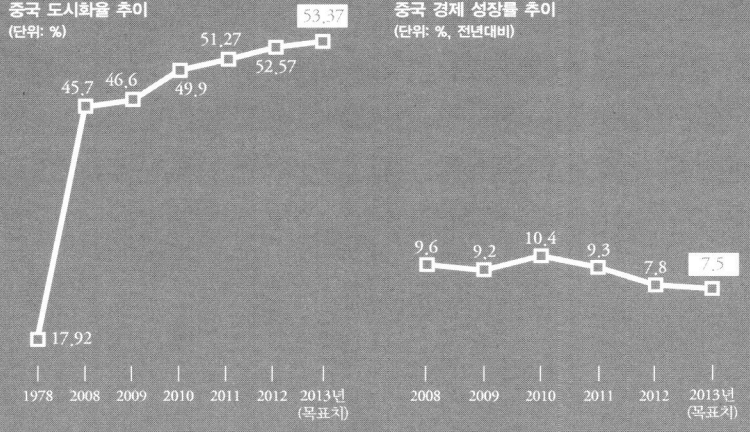

중국 도시화율 추이
(단위: %)

53.37
52.57
51.27
49.9
46.6
45.7
17.92

1978 2008 2009 2010 2011 2012 2013년
(목표치)

중국 경제 성장률 추이
(단위: %, 전년대비)

10.4
9.6 9.2 9.3
7.8 7.5

2008 2009 2010 2011 2012 2013년
(목표치)

"학자 스타일의 젊은 관리가 큰 성 하나를 관리한다는 것은 획기적인 일이다.……
젊고 지방 근무 경력이 부족한 젊은 관리에게 학습과 적응은 필수였다.
하지만 그를 이끌어줄 사람이 없었다."
_《샤오캉》

"항상 대중을 위해 일하고 연구하며 지방 경제와 사회 발전을 위해 고민하고 문제를
해결하기 위해 노력했다. 그는 정직하고 겸손하며 완벽을 추구하는 사람이다."
_리징티엔(중공 중앙 조직부 부부장)

"리커창에게 중국 거시 경제에 대한 이해와 조율은 마치 풀기 어려운
시험 문제와 같았다."
_후사오장(시사평론가)

하남의 사위, 조용히 때를 기다리다

**불안한
첫 시험 관문**

1998년 6월, 공청단 중앙위원회에서 15년을
일한 리커창은 하남으로 발령받아 지방에서
정치 인생을 시작하게 된다. 얽히고설킨 문제와 복잡다단한 인간관계
에 대해 누구보다 잘 알았기에 그는 가족을 북경에 남겨두고 혈혈단
신으로 정주鄭州로 향했다.

하남성의 한 관계자는 리커창이 하남에 막 부임했을 대를 이렇게
회상한다. "그때 많은 사람들이 하남의 사위가 하남을 다시 일으키기
위해 왔다고 했지요. 다들 긴장했습니다." 리커창의 장인은 산동성山
東省 옛 해방구에서 하남으로 파견된 간부이고 장모 역시 하남에서 근

무하고 있었다. 하지만 예상과 달리 새로 부임한 성장은 이렇다 할 큰 움직임이 없이 조용히 지냈다. 정주에 도착하자마자 리커창은 비서와 함께 성위원회 관사로 들어갔으며 가끔은 손수 밥도 지어 먹었다. 이후 그는 비서, 경호원과 함께 줄곧 성위원회 초대소에 머물렀다.

하남에 막 발을 디딘 리커창에 대해서 의견이 분분했다. 지방 근무 경력이 부족한 데다 아무리 의욕에 불타고, 새로운 사상을 갖고 있다 하더라도 하남같이 복잡한 지역을 정치하기에는 역부족이라는 것이었다. 심지어 하남은 리커창의 '실험용 밭'으로 얼마나 수확할지는 하늘에 달렸다는 말까지 생겨날 정도였다.

"리커창은 학생 같았어요. 스스로 고민하면서 열심히 배웠지요." 이미 퇴임한 하남 한 정계 인사의 말이다.

《샤오캉》잡지는 또 "학자 스타일의 젊은 관리가 큰 성 하나를 관리한다는 것은 획기적인 일이다" 그러나 "젊고 지방 근무 경력이 부족한 젊은 관리에게 학습과 적응은 필수였다. 하지만 그를 이끌어줄 사람이 없었다"라고 논평했다. 하남은 면적이 16만 7000제곱킬로미터에 달하는 농업 대성農業大省이고 인구는 전국 1위이다. 학습 능력이 뛰어난 리커창은 다시 하남에서 새로운 배움의 여정을 시작했다.

리커창이 하남성 성장으로 당선된 1998년 7월 하남성 당서기를 맡고 있던 마중천은 하남에서 오랫동안 근무해 하남을 손금 보듯 했다. 하지만 이미 연로해 리커창 부임 후 1년 만에 물러나다 보니 그에게 실질적인 도움을 주지 못했다. 2000년 10월 티베트 군구에서 제1서기를 맡고 있던 천구이위안이 당서기로 부임했다. 그는 민족 문제에 일가견이 있었지만 하남성처럼 복잡한 곳에 대한 이해는 부족했다.

리커창이 직면한 가장 큰 문제는 하남성의 경제 발전과 사회 문제였다. 북경대 경제학 박사 학위를 갖고 있지만 그는 여느 관리들처럼 신고식을 거하게 치르지 않았다. 그는 조용히 하남 각 지역을 돌면서 문제점을 찾기 시작했다. 리커창은 보여주기식 시찰은 하지 않았다. 새로운 지역에 갈 때마다 그 지역을 철저히 조사하고 공부한 뒤 지역 특성에 맞는 발전 방향을 제시하곤 했다. 주변 사람들은 그의 통찰력과 박학다식한 모습에 감동하기도 했다.

성위원회 부서기로 임명되고 한 달 후부터 리커창은 부성장과 성장 대리를 겸임하게 되었다. 리커창이 하남에 온 지 반년째 되던 1999년 2월 6일, 그는 하남성 제9차 인민대표대회 2차회의에서 882표 중 877표의 압도적인 득표수로 하남성 성장으로 당선되었다. 그의 취임 연설은 평범하고 소박했다. 연설문은 다음과 같다.

먼저 저를 믿어주신 인민대표들께 감사드립니다. 성장이라는 직책에 어깨가 무겁습니다. 이는 저에 대한 인민의 기대라고 생각합니다. 하남성에는 9300만 명의 인구가 살고 있으며 정부의 핵심 목표는 경제 발전입니다. 이번 대회에서 저는 어떻게 하남성을 발전시킬지에 대해 보고했습니다. 관건은 경제 성장입니다. 지금 상황은 경제에 유리한 부분도 있고 불리한 부분도 있습니다. 특히 부정적인 측면에 신경 써야 합니다. 초점을 경제 성장의 질적 내용과 효과에 맞추고 일정한 속도를 유지해야 합니다. 하지만 빨리만 간다고 해서 좋은 것은 아닙니다. 반드시 질적 내용과 효과에 신경 써야 합니다. 안정적인 발전을 통해 국민 소득을 증가시키고 도시·농촌의 생활의 질을 향상시켜야 하며 빈곤층의 삶에 변화를 주어야 합니다. 우리 성의 주민들이 샤오캉 사회 수준에 도달해 점차 부유해지고 발달 지역과 격차를 좁혀가도록 하겠습니다. 이는 우리 성 정부 나아가 각 지방 정부의 출발점과 목표이며 저의 가장 큰 염원이기도 합니다. 인민 정부는 인민이 원하는 일을 해야 하며 실질적인 도움을 주어야 합니다. 인민이 원하는 일이라면 정부는 발벗고 나서야 합니다. '정부업무 보고서'에 구체적인 실시방안이 나와 있습니다. 만약 내일 대회에서 정부업무 보고서가 통과된다면 저는 동료들과 함께 최선을 다해 일할 것입니다. 열심히 노력하면 인민들의 기대에 부응할 수 있고 목표를 실현할 수 있을 것이라고 믿습니다.

정치 신인 핵심을 찌르다 | 리커창은 억양이 온화하고 간단명료하게 문제의 핵심을 짚는 스타일이다. 다음은 리커창이 하남성 임기 중에 발표한 연설문의 일부를 정리한 것이다. 이를 통해 하남성 부임 시절, 리커창의 정치 소신과 정책 방향을 가늠할 수 있다.

부패 척결에 관해

부패 척결은 경제 발전에 유리한 환경을 조성하는 데 중요한 역할을 하며 우리 성의 경제 건설에도 직접적으로 영향을 미칩니다. 우리는 전반적인 국면을 염두에 두고 부패 척결의 중요성을 정확하게 인식해야 합니다. 지도부는 각자 책임 의식을 갖고 염정 건설廉政建設(깨끗한 정치를 말함-역자 주) 책임제를 실시해야 합니다. 부패 척결의 성패는 정확한 지도력에 있으며 그 책임은 각 부처의 최고 책임자가 져야 합니다. 성급 기관은 염정 건설에서 솔선수범해야 합니다. '학습,

정치, 바른 생각'을 주 내용으로 하는 당풍 교육과 염정 건설이라는 두 마리 토끼를 잡아야 합니다. 시 기관들도 현지 각 부처의 모범이 되어야 합니다.

지방 공무원은 청렴하고 업무에 충실해야 합니다. 원칙을 준수하고 정의를 지키며 효율적으로 일해야 합니다. 나라와 국민을 위해 봉사한다는 마음가짐으로 직무에 임해야 합니다. 성 정부는 염정 건설을 추진하는 동시에 업무 효율성 향상을 위해 노력해야 합니다. 업무는 중점을 명확히 하고 책임을 확실히 규정해야 합니다. 목표를 정하고 책임을 회피하지 않음으로써 시민이 만족하는 청렴한 정부가 되어야 합니다.

3란 문제에 관해

우선, 기업에게 불법 요금과 불법 벌금, 불법 부과금을 징수하는 3란三亂 행위를 바로잡아야 합니다. 기업의 부담을 즐여주는 것은 국가나 사회와 관련된 중요한 과제입니다. 결코 특정 부처나 부서만의 일이 아닙니다. 기업의 부담이 늘어나면 기업의 쇄신과 발전, 안정에 악영향을 끼칠 뿐 아니라 지방 정부의 재정 수입을 감소시킵니다. 제15차 당대표대회에서 제기한 국유 기업 3개년 개혁과 빈곤 극복이라는 목표에도 직접적으로 영향을 미칠 수 있습니다. 농민의 부담이 늘어나면 시장 개척과 농촌 소비 확대에 불리합니다. 능민의 의욕까지 저하시켜 농민과 당, 정부 간의 관계에 악영향을 미칩니다. 정부의 관련 부처는 정치적이고 전국적인 시각에서 3란 부담 경감의 중요성을 인식해야 합니다. 3강을 기준으로 삼고 국민에 대한 높은 책임 의식으로 무장해 국민 부담을 줄이는 데 힘써야 합니다.

그 다음으로, 기존 업무를 기반으로 기업에서 징수하는 비용을 전반적으로 재점검하고 중앙 정부의 결정에 의거, 폐지해야 할 사항은 반드시 폐지해야 합니다. 각 부처에서 폐지를 결정한 항목은 기업에 바로 적용해야 합니다. 이를 위반할 경우 가능한 모든 수단을 동원해 책임을 추궁할 것입니다. 부담 경감과 부조리를 관장하는 모든 부처는 불법 행위에 단호하게 맞서야 합니다. 성 정부의 규율과 중앙 정부의 결정을 위반하고 불법 비용을 요구하는 사건은 반드시 조사해 연루자들에게 끝까지 책임을 추궁할 것입니다. 특히 죄질이 무거운 경우 모든 조사 내용을 공개할 것입니다. 현재는 합법적이지만 기업에게 불합리한 사항이라고 다수가 건의할 경우 최대한 빨리 검토해 해결할 것입니다.

성 정부와 직속 부서는 모범을 보여야 합니다. 실현 가능한 제도를 제정해 지속적으로 비합리적 징수 항목을 폐지하고 최대한 빨리 실현 가능한 방안을 내놓아야 합니다. 효율적인 업무 수행을 통해 기업과 농민의 부담을 효과적으로 줄여야 합니다.

소비 수요에 관해

모든 방법을 동원해 소비를 확대시켜야 합니다. 관련 부처는 재정 수입을 늘리기 위해 각종 공과금을 올려 농민과 기업의 부담을 가중시키는 대신 주민의 소비를 진작할 수 있는 방법을 찾아야 합니다. 특히 주민의 소비 심리를 자극하는 방안을 모색해 지속적인 경제 성장을 도모해야 합니다. 새로운 경제 성장 동력도 발굴해야 합니다. 제품의 구조 조정을 통해 소비자의 기호에 맞는 제품을 공급해야 합니다. 2차 부동산 시장房産二级市场(새로 건설한 부동산을 분양하거나 임대하는 시장을 말함. 반면, 1차 부동산 시장은 국가 소유 토지 교역 시장을 말함─역자 주)을 조건부로 개방해 부동산 매매 활성화로 건축업, 건축 자재업, 가전업, 가구업의 발전을 도모해야 합니다. 농촌의 소도시 건설 속도를 높여 농촌의 소비 수준을 높여야 합니다. 모든 방법과 수단을 동원해 시장, 특히 농촌 시장을 개척해야 합니다. 현재 우리 성 자체 상품의 시장 점유율은 고작 25퍼센트에 불과합니다. 우리는 소비자의 수요에 맞는 상품을 발굴할 의무가 있습니다.

시장 개척과 소비 증가를 도모할 수 있는 리더십을 강화해야 합니다. 과거의 경제 활동은 생산 촉진 위주였습니다. 현재는 시장이 국민 경제 운영의 극히 중요한 축이 되었고 소비는 국민 경제 성장을 제어하거나 리드하는 중요한 요소로 자리매김했습니다. 그러나 현재 우리가 실행하는 구조 조정은 시장이 주도하기 때문에 정부는 시장 개척과 소비 증가를 도모할 수 있는 리더십을 강화해야 합니다. 관련 부처뿐만 아니라 정부의 모든 담당자는 이 문제를 깊이 인식해야 합니다. 리더십을 강화해 모두 사람이 같이 노력할 수 있도록 이끌어야 합니다. 우리 모두 시장 개척과 소비 수요 증가라는 탁월한 성과를 이루어 냅시다.

사회 보장 제도에 관해

사회 보장 업무에서 각급 정부는 3가지 목표를 달성해야 합니다. 우선 업무를 정확히 이해해야 합니다. 사회 보장은 사회의 개혁, 발전,

하남성 원양현 농촌 주민들과 함께(2003). 리커창이 하남성 성장에 취임할 당시 하남은 매년 풍년이 들어 곡물 비축량이 많이 늘었지만 품질까지 우수하다고 말할 수 없었다. 그는 취임 연설에서 품질에 주력할 것을 부탁하며, 농산물 생산은 농산물의 기술적 가치를 높이고 국내외 시장에서 인지도가 높은 브랜드를 창출해 시장 경쟁력과 종합적인 효과와 이익을 향상시켜야 한다고 했다.

하남농업대 학생, 교직원과 담화(2004). 성의 경제 발전을 위해 우수한 전문 인재와 수천수만의 근로자의 중요성을 인식한 리커창은 시민의 자질을 향상시키는 기초 교육을 개혁과 발전의 기본 목표로 삼았다.

안정과 직결된 중대한 사안으로 국유 기업의 3년 과제 달성에도 영향을 미칩니다. 특히 최근 국유 기업 개혁의 심화와 사회주의 시장 경제 체제가 점차 구축되면서 사회 보장 업무의 지위와 역할이 더욱 부각되고 있습니다. 각 부처의 책임자는 사회 보장 업무의 중요성과 긴박함을 정확히 인식해 업무를 정확하고 효율적으로 처리해야 합니다.

사회 보장은 아주 중요하므로 각 부처는 리더십을 발휘해야 합니다. 사회 보장은 정치적 함의를 띠고 있기도 하고 경제와 관련되기도 합니다. 한 지역의 경제 성장은 국민의 생활 수준이 얼마나 향상되었는지를 기준으로 평가되기 때문입니다. 특히 우리 성의 경우 주민의 기본 생활 수준을 보장하고 향상시키는 것이 무엇보다 중요합니다.

사회 보장 업무의 방향과 목표는 이제 정해졌습니다. 중요한 것은 성 공산당위원회원회와 성 정부의 정책을 올바르게 시행하는 것입니다. 각급 정부와 관련 부처는 책임 있는 자세로 부족한 분야를 정확히 조사하고 지금보다 더 세심하게 업무를 집행해 국유 기업 정리 실업자의 최저 생활비와 기업 정년 퇴직자들의 노후 보험금이 제때 지급되도록 해야 합니다.

구조 조정에 관해

각급 정부와 관련 부처는 관련 정책을 연구·제정해 방향을 정확하게 제시하고 적극 협조해야 합니다. 구조 조정을 위한 환경을 조성하고 구조 조정을 촉진할 수 있도록 지원을 강화해야 합니다. 기업은 시장 경쟁의 주체이자 구조 조정의 주체입니다. 시장 정보를 정확하게 파악해야만 시장 수요에 근거해 제품의 구조 조정 방향을 설정할 수 있습니다. 하남 공업 기업의 경우 원자재와 1차 가공 제품의 구조 조정에 주력해 파생 상품을 적극 개발해야 합니다. 정밀 가공으로 제품 체인을 확대하고 과학기술을 통해 부가 가치를 높여야 합니다. 우리 성에는 우수한 기술을 보유한 기업들이 있습니다. 노력만 한다면 충분히 수입품을 대체하는 상품을 생산할 수 있습니다. 수입 대체 상품을 개발하면 시장을 확실하게 장악할 수 있습니다. 품질에 자신이 있다면, 성공 가능성은 그만큼 커집니다.

농업 구조 조정도 시장을 기준으로 해야 합니다. 농산물의 양적 증가도 중요하지만 질적 증가, 즉 가치 상승에도 신경을 써야 합니다. 최근 우리 성은 매년 풍년이 들어 곡물 비축량이 많이 늘었지만 품질까지 우수하다고 말할 수 없습니다. 우리 성의 곡물 정밀 가공 기업은 다른 성에서 품질이 우수한 곡물을 구입해 가공하는 실정입니다. 이런 현실에서는 농업의 효율성은 떨어지고 농민의 수확 증대에도 한계가 있습니다. 그러므로 농업의 구조 조정은 반드시 시장 수요를 기준으로 해야 합니다. 특히 품질에 주력해야 합니다. 농산물 생산은 농산물의 기술적 가치를 높이고 국내외 시장에서 인지도가 높은 브랜드를 창출해 시장 경쟁력과 종합적인 효과와 이익을 향상시켜야 합니다.

환경 보호에 관해

하남의 실정에 맞고, 하남의 경제와 사회 발전에 도움이 되는 지속 가능한 환경 보호 계획을 제정하고 보완해야 합니다. 수립한 정책은 전면적으로 시행하고 핵심 지역과 분야를 지정해 환경 보호 사업을 추진해야 합니다. 시장 메커니즘을 통해 이 사업이 보다 효율적으로 실시되도록 추진해야 합니다. 각 부처의 책임자는 환경 보호에 관심을 갖고 해당 지역의 사업을 책임져야 합니다. 특히 일부 지역에서 발생한 환경 사고를 반면교사로 삼아 다시는 동일한 문제가 발생하지 않도록 경각심을 높여야 합니다. 잠재해 있는 환경 문제는 강도 높은 조사를 통해 철저히 해결해야 합니다.

기초 교육에 관해

주지하다시피 우리 성은 인구 대성이자 교육 대성입니다. 인구 과다가 주는 부담감에서 벗어나 인력 자원을 효율적으로 활용하는 것이 우리 앞에 놓인 가장 큰 임무입니다. 개혁·개방 이후, 우리 성의 기초 교육은 눈부신 성과를 거두었지만, 지나치게 많은 인구로 경제 발전이 지체되고 있습니다. 기초 교육 발전과 선진 교육을 희망하는 대중의 열망을 충족하기에는 우리는 아직 갈 길이 멉니다. 기초 교육은 전체 교육 중에서 아주 중요한 위치를 차지합니다. 기초 교육의 성공 여부는 새로운 사회가 요청하는 수천수만의 근로자를 양성하는 것과 우리 성의 예비 인적 자원의 전반적인 자질 향상 그리고 고등교육으로의 인재 배출과도 밀접한 관련이 있습니다. 중화 민족의 위대함을 재현하고, 과학으로 하남을 발전시킨다는 전략에서 볼 때 우리는 마땅히 기초 교육의 중요성과 절박함을 인식해야 합니다. 기초 교육을 전체 교육 사업의 최우선 순위에 놓아 인민에게 기초 교육을 확실히 보장해야 합니다.

2002년 1월부터 농촌의 초중학교 교사 월급을 현급 정부에서 통일적으로 지급합니다. 기존의 향(진) 재정 수입 중에서 초중학교 교직원에게 지급한 월급을 현급 재정 기관이 집행하고 교직원 '월급전용계좌'를 개설할 것입니다. 형편이 어려운 지역에는 중앙과 성 재정부서가 보조금을 지원하겠습니다. 각 지역은 준비를 철저히 해 새로운 월급 체계가 빠른 시일 내에 정착되도록 협조해야 합니다. '배부르게 먹어야 건설도 가능하다一要吃飯, 二要建設'라는 원칙을 엄격히 준수하겠습니다. 지출 구조를 개선해 최소한 월급이 체납되지 않도록 해야 합니다. 정부에서 지급한 공금을 전용하거나 유용해서는 안 되며 반드시 필요한 곳, 예를 들어 농촌 지역 학교 건물의 재건과 수리 등에 사용해야 합니다. 형편이 어려운 학교와 교직원에게는 중앙 정부와 성 재정부서가 일정한 지원금을 제공할 것입니다. 관련 부처는 교직원 월급을 제때 지급하고 요금 징수 표준을 세워 일부 지방과 학교에서 요금을 과다 징수하는 일을 막아야 합니다. 교직원 월급 지급과 교육비 징수에 대한 감독을 강화해야 합니다. 신고 시스템 활성화로 시민의 감독을 받도록 제도화하고 농촌의 의무 교육이 확실하게 실시되도록 해야 합니다.

우리 성의 경제 발전은 우수한 전문 인재와 수천수만의 근로자에게 달려 있습니다. 시민의 자질을 향상시키는 기초 교육을 개혁과 발전의 기본 목표로 삼아야 합니다.

소도시 건설에 관해

도시화 수준은 한 지역의 현대화 발전 수준을 가늠하는 지표입니다. 현재 우리 성의 도시화 수준은 전국 평균에 한참 뒤떨어져 있습니다. 현재 인구의 80퍼센트가 농업에 종사하는 상황을 바꾸지 않는다면 하남 경제는 비약적인 발전을 이루기 어렵습니다. 소도시 건설은 새로운 경제 성장 동력입니다. 농민의 삶의 질을 향상시키는 중요한 동력이며 하남성 주민이 부유한 생활을 누릴 수 있는 돌파구입니다.

소도시를 발전시키기 위해 115개 진을 우선 건설 대상으로 지정했습니다. 지방 기업과 전문 시장을 소도시로 집중시켜 소도시 건설에 산업적 지원을 제공할 것입니다. 성 내에 일정 규모를 갖추고 경제가 활성화되고 인프라가 잘 갖춰지고 관리가 잘된 중심진中心鎭을 만들겠습니다. 이를 통해 타 지역도 발전의 길로 빠르게 나아가도록 추동할 것입니다.

현재 하남성 경제 발전의 최우선 과제는 경제 구조에 대한 전략적 조정입니다. 우리 성의 도시화 수준이 낮아 제품 구조와 산업 구조 조정이 아주 큰 제약을 받고 있습니다. 도시화 수준을 높이기 위해서는 시범 도시와 중소 도시 그리고 소도시가 함께 노력해야 합니다. 그 일환으로 성 공산당위원회원회와 성 정부는 먼저 115개 진을 중점적으로 발전시키겠습니다. 두 번째는 정주를 배경으로 한 지역 도시를 건설하고 세 번째는 중소 도시와 현, 직할시를 발전시켜 타 지역 발전에 동력을 제공할 것입니다.

회심의 카드로 중앙 무대에 나서다

중원 경제 클러스터 조성 | 하남은 예로부터 농업이 발달해 화잉華英 오리, 진위안金苑 밀가루, 싼취안 탕위안三全湯圓

(찹쌀 가루 반죽에 소를 넣고 새알 모양으로 빚은 중국의 전통 음식—역자 주), 스니엔思念 만두, 리엔화蓮花 조미료, 쌍후이雙匯 소시지 등 전국적으로 유명한 식품 브랜드가 집중되어 있다. 브랜드 인지도뿐만 아니라 대규모 생산지로도 유명하다.

화잉그룹의 경우 오리를 연간 2400만 마리 가공해 세계 1위의 오리 가공 공장으로 꼽히고 있다. 리엔화 조미료는 중국 내 시장 점유율 46퍼센트를 자랑하고 수출도 1위이다. 하남은 또 중국 최대의 밀가루인 꽈미엔掛麵(한국의 소면이나 중면처럼 조리하기 편하게 말려서 포장한 국수—역자 주)의 가공 산지이기도 하다. 게다가 라면의 시장 점유율은 25퍼센트이고, 냉동 식품은 60퍼센트 이상을 점유하고 있다. 명실상부한 식품 가공의 메카라 할 수 있다.

2003년 1월 리커창은 정부 업무 보고에서 앞으로 5년간 '농산물 가공업을 발전시켜 식품 가공업의 브랜드화와 규모화를 실현한다'는 야심 찬 목표를 수립했다. 그는 여러 차례 쌍후이, 리엔화, 싼취안 등 지역 내 굴지의 식품 기업을 직접 방문해 관련자들에게 힘을 실어주었다. 하남의 주산업은 농업이다. 전문가들은 농업의 경쟁력을 십분 활용해 식품 산업을 발전시키고 이를 통해 산업화와 농업 현대화를 달성하는 것이 올바른 선택이라고 말한다.

하남성의 성도인 정주는 최근 몇 년간 정동신구鄭東新區 개발에 집중했다. 이곳은 리커창이 가장 관심을 쏟는 지역이다. 정동신구를 고품격 도시로 개발하는 것은 리커창이 계획한 중원 도시군의 화룡정점이다. 하남성의 많은 도시들은 건설된 지 오래되어 낡고 답답한 느낌을 주었다. 리커창은 2002년 12월에 '3년 내에 새 이미지로 탈바꿈하고, 5년 내에는 제대로 된 규모를 갖추자'는 목표를 세우고 도시 이미지 개선과 경제 발전에 주력했다. 일부에서는 이를 이룰 수 없는 꿈이라고 우려했다. 그는 각 분야의 자원을 잘 활용하면 꿈을 현실로 만들 수 있다고 확신했고, 드디어 면적 30제곱킬로미터의 터가 조성되었다. 인프라 구축에 투입된 자금만 30억 위안을 넘어섰고 수백 개의 프로젝트가 동시에 가동되었다.

2001년 관리위원회가 출범하자 리커창은 제집 드나들듯 하면서 계획을 확인하고 주요 공사의 진도를 점검했다. 아예 공사 현장에서 진을 치고 일하는 날도 많았다. 지금 정동신구는 과거의 낡은 모습을 씻어버린 지 오래다. 꿈은 마침내 현실이 되었다.

2003년 1월 리커창은 정부 업무 보고에서 정주에 대한 청사진을 이렇게 그렸다.

대정주 도시권을 중심으로 중원 지역의 도시를 하나로 묶으면 정주는 중원의 빛나는 다이아몬드, 말 그대로 다이아몬드 클러스터가 될 것이다. 중원 경제 클러스터는 하남성의 발전 전략에서 하나의 중요한 콘셉트이다. 이는 행정적 측면에서 출발한 것도 아니고 지리적인 면만 고려한 것도 아니다. 성도 정주를 중심으로 낙양洛陽, 개봉開封, 신향新鄉, 초작焦作, 허창許昌, 평정산平頂山, 루하漯河, 제원濟源 등 9개 직할시를 아우르는 클러스터이다. 자원 공유, 산업 간 보완, 생태 구축을 통해 각자 특색 있고 조화롭게 발전시켜 진정한 의미의 중원 경제 클러스터를 구축해야 한다.

2003년 12월 21일 열린 중원 도시 클러스터 9개 시 시장회의에서 시를 빠르게 발전시키는 가장 효과적인 방법은 클러스터를 구축하는 것임을 시장들은 절실히 느끼게 되었다.

중원 굴기의 | 2004년 10월, 정중동하던 리커창이 드디어
장대한 청사진 | 움직이기 시작했다. 그는 먼저 신화통신과의
인터뷰를 전격 수락했다. 인터뷰에서 그는 중원 굴기中原崛起를 역설하기 시작했다. 그러자 중원 굴기는 바로 관영 언론의 중점적인 홍보 주제가 되었다.

리커창은 신화통신 취재진에게 개혁·개방이 20년이 지나면서 해안 도시를 중심으로 괄목할 만한 성과를 이루었지만, 전국의 균형 발전을 위해서는 중서부 지역도 발전시켜야 한다고 주장했다. 인구는 1억이 넘지만 경제적 기반이 상대적으로 약해 당시 하남의 1인당 평균소득은 다른 성에 훨씬 못 미치는 상황이었다.

리커창이 제기한 중원 굴기는 소득 증대와 공업화 실현 등을 골자로 했다. 중원 굴기를 위해 최우선적으로 달성해야 하는 목표는 경제 발전이다. 구체적으로 향후 20년 내에 경제 수준이 전국 평균치에 도달해야 한다. 당시 하남의 경제 총량은 전국에서는 상위권이지만 1인당 소득은 거의 최하위권이었다. 하남이 샤오캉 사회에 진입하기 위해서는 2020년까지 1인당 GDP를 2000년의 4배인 3000달러로 늘려야 했다. 쉽지 않은 목표였다. 하지만 이 목표를 달성할 경우 하남성뿐만 아니라 중국을 위해 엄청난 기여를 하게 된다.

그 다음 목표는 공업화다. 하남의 1인당 GDP가 낮은 이유는 농업 인구가 절대다수를 차지하기 때문이다. 사실 하남의 공업 가치 증가

액은 전국에서 손꼽힐 정도이고 도시 인구와 농촌 인구도 적지 않았다. 문제는 절대치만 높고 상대치가 낮다는 것이었다. 도시 인구는 2500만 명이나 되었다. 하지만 도시 인구가 전체 인구에서 차지하는 비중은 25퍼센트에 불과했다. 인구의 75퍼센트를 차지하는 농촌 인구 중에서 63퍼센트 이상이 농업 인구였다. 1차 산업인 농업을 효율성 측면에서 분석하면 2차, 3차 산업의 10분의 1에 불과하다. 리커창은 2020년까지 비농업인구를 60퍼센트 이상으로 증가시키고 도시 인구를 현재의 4배로 늘려 전체 인구의 반을 차지하게 한다는 야심에 찬 목표를 내걸었다. 농업 인구와 비농업 인구의 비중을 현재와 정반대로 돌려놓으면 하남은 농업 사회에서 명실상부한 공업 사회로 탈바꿈하게 된다.

하남을 중서부에서 가장 발달한 지역으로 만드는 것도 중요한 목표다. 하남의 경제 총량은 중서부에서 상위권을 차지하고 있지만 1인당 GDP의 전국 순위는 18위에 불과했다. 그동안 열 계단이나 상승했지만 중서부 지역에서는 여전히 중간 정도에 머무르고 있었다. 특히 일부 경제 지표는 하위권에 머물고 있었다. 하남의 경제 수준을 중서부에서 상위권으로 올려놓기 위해서는 주요 경제 지표 특히 품질과 효율 지표를 향상시켜야 했다. 이를 위해서는 피나는 노력이 필요한 상황이었다. 특히 도시화가 문제였다. 도시화 실현을 위해서 타 지역은 10만 명에서 수십만 명을 이주시키면 가능했지만 하남성은 단 1퍼센트를 높이려 해도 수백만 명이 이주해야 했다.

중원 굴기를 실천하기 위해서는 그야말로 힘들고도 먼 길을 가야 했다. 만약 이 목표를 순조롭게 달성한다면 해안 도시와 격차가 줄어 하남은 중서부 지역에서도 발달한 지역으로 격상할 것이다.

사실 중원 굴기라는 리커창의 구상은 하루아침이 떠오른 영감이 아니었다. 리커창이 면밀한 조사와 수많은 과학적 근거를 바탕으로 고심 끝에 내놓은 목표였다. 중원 굴기를 실현하기 의해서는 적합한 정책과 철저한 실행 정신이 필요하다. 특히 구조 조정과 체제 개혁이라는 두 마리 토끼를 동시에 잡아야 했다.

구조 조정은 현 경제 구조에 대한 전략적 조정으로, 중원 굴기를 이루기 위한 전제 조건이었다. 공업화, 도시화, 현대화, 즉 3화라 불린 이번 경제 조정에서 공업화란, 제품과 산업 구조를 최조화하고 제품과 산업 사이의 연결 고리를 견고하게 하며 고부가 가치를 창출해 공업 발전 수준을 높이고 농촌의 잉여 인력을 도시의 공업 인력으로 전환하는 것이었다.

도시화는 도농 구조를 조정하고 도시 경계를 확대해 농촌 인구를 도시로 이주시켜 도시화 수준을 향상시키는 것이었다. 농업 현대화는 공업 발전 이론을 근거로 농업 발전의 효율성을 높이고 농업 인구를 도시로 이주시킨 만큼 농촌의 노동 생산성을 높이는 것이었다.

체제 개혁은 새로운 경제 시스템의 구축을 말한다. 경제 구조의 전략적 조절과 함께 개혁·개방에 박차를 가하고 그동안 경제 발전을 저해하던 낡은 시스템을 청산하는 것이 골자다. 리커창은 기자 회견에서 국유 기업 개혁, 비국유제 경제 활성화, 개방형 경제 발전, 서비스형 정부 건설이라는 네 마리 토끼를 한 번에 잡을 것이라고 설명했다. 이를 위해 다음과 같은 정책을 펼칠 것이라고 소개했다.

첫째, 국유 기업 개혁을 추진해 혼합 소유제 경제를 발전시킨다.

하남은 오래된 공업 기지인 만큼 낙후된 시스템을 개선할 필요가 있다. 최근 몇 년간 하남의 국유 기업은 분산, 결합, 재분배 등을 통해 지분 소유제를 조정하며 새로운 발전 모델을 모색했다. 대형 국유 기업의 경우 첨단 기술과 선진 기술을 응용해 제품 생산 구조를 혁신하면서 이윤이 발생하기 시작했다. 지금은 체제 개혁을 한층 심화해 이미 보유한 경쟁력 있는 제품을 재편하고 이를 바탕으로 기업의 소유 지분을 조정해 체제 전환을 실현할 때이다.

둘째, 비공동 소유 경제를 발전시킨다.

하남의 비공동 소유 경제의 발전 수준은 해안 도시에 비해 크게 뒤처졌다. 최근 몇 년간 괄목할 만한 성과를 이루긴 했지만 아직 비중은 높지 않다. 금년 들어 비공동 소유 경제가 눈에 띄게 발전했다. 특히 비공동 소유 기업은 공업 발전에서 견인차 역할을 했다. 비공동 소유 기업의 수와 가치 증가액은 전국 평균 수준을 훨씬 초과했다. 하지만 비공동 소유 경제가 하남의 대세로 자리 잡기 위해서는 고정 관념에서 벗어난 창의적 사고가 필요하다. 비공동 소유제 기업이 시장에 쉽게 진입할 수 있도록 문턱을 낮추고, 사업하기 좋은 환경을 조성, 정책적인 혜택을 주는 것이 무엇보다 중요하다.

셋째, 개방 전략을 통해 발전을 가속화한다.

하남은 최근 지리적 우위를 발휘해 주변 지역과 상호 보완하는 '동인서진 東引西進' 정책을 통해 대내외 개방을 가속화했다. 중원 굴기를 실현하기 위해서는 국내외 자원과 시장을 효과적으로 활용하고 개방정책으로 발전을 도모해야 한다. 해외 투자자에게도 내국인 투자자와 동등한 혜택을 부여해 적극 투자를 유치했고 이를 개방의 돌파구로 삼았다. 특히 동부 해안 지역의 자금과 기술, 브랜드를 하남으로 유치하기 위해 앞으로도 많은 노력을 해야 한다.

넷째, 서비스형 정부를 건설한다.

정부의 업무 효율을 높이기 위해 리커창은 두 번이나 인원 감축을 단행했다. 불필요한 심사 제도도 두 번에 걸쳐 폐지했다. 민의 업무를 한곳에서 처리할 수 있도록 전 성의 시와 현에 업무 센터를 세웠다. 원스톱 서비스와 종합 민원 처리 시스템을 제공하고 업무 공개제, 담당 책임제, 서비스 약속제, 서비스 데드라인제, 책임 추궁제 등을 통해 보다 나은 서비스 제공에 나선다.

중원 굴기는 장기간의 프로젝트라고 설명한 리커창은 "이는 사회, 경제의 지속 가능한 발전과 인류와 자연의 조화로운 공생을 위해서 필요하며 단기간의 노력으로는 절대 도달할 수 없다"라고 강조했다. 그는 "전면적이고 지속 가능한 발전의 관건은 인재이다. 하남성 지도층은 인재의 발굴과 적재적소 배치를 위해 한순간도 고삐를 늦춘 적이 없었다"라고 덧붙였다.

2000년대에 들어서 하남성은 고등교육에 특별한 관심을 가지고 정주대학과 하남대학을 신설했다. 고등교육 발전을 위해 노력한 지 불과 5년 만에 일반 대학교는 16개를 증설했고 대학 재학생은 55만 4000명으로 늘었다. 이는 1998년의 14만 명과 비교했을 때 놀랄 만큼 증가한 숫자다.

리커창은 또 공무원 해외 연수를 통해 선진 해외 시스템을 도입하기 시작했다. 공개적이고 민주적인 공무원 초빙 제도를 도입해 청장급 간부 41명을 선발했다. 이들 중에는 외국인도 포함되어 있었다. 그의 과감한 개혁은 대중의 환영을 받았다.

하남성의 실태를 근거로 리커창은 중원 굴기에서 가장 중요한 부분은 국민의 삶의 질을 향상시키고 경제 발전 속도를 가속화하는 것이라고 말했다.

가난뱅이 모자를 벗겨버리다

하남에서의 6년,
치적과 질책

2007년 6월 10일 싱가포르의 《연합조보聯合早報》는 중국의 제5대 지도자에 관한 글에서 "리커창은 하남을 빈곤에서 벗어나게 했다"고 평가했다. 이 글의 저자인 위저위안于澤遠은 국민당 명예 주석 롄잔이 4일간 하남을 방문한 후 언급한 말을 인용하며 "중원 대지의 경제와 사회가 급속도로 발전해 국민의 생활 수준이 향상되었다. 이는 솔직히 말해 나의 상상을 훨씬 초월한 수준이었다"라고 글의 서두를 시작했다.

이 글은 또 외부에서 리커창을 분석할 때, 늘 그의 공청단 배경과 후진타오와의 인연에만 치중하고 그의 재능과 실무 정신, 하남에서의 치적은 잘 언급하지 않았다고 지적했다. 사실 하남에서 7년 가까이 지도자 생활을 하면서 거둔 뛰어난 성과야말로 차기 중국의 지도자로 부상하는 데 가장 중요한 밑거름이 되었다고 할 수 있다.

2004년 말, 리커창은 요령성 당서기로 자리를 옮기게 된다. 그해 12월 12일 오후, 우레와 같은 박수 소리가 오랜 시간 환송회 식장을 흔들었다. 이는 7년 가까운 세월 동안 하남에 심혈을 기울인 리커창에 대한 하남 공무원들의 평가였다.

리커창은 "떠나려고 하니 아쉽기도 하고 유감스런 부분도 있다. 미처 실행에 옮기지 못한 일도, 해결하지 못한 문제도 있다. 보완해야 할 정책은 여러분이 현실에 맞게 수정, 개선하기 바란다"라는 말을 여러 차례 반복했다.

《중국뉴스주간中國新聞週刊》은 리커창의 치적에 대해 이렇게 평가했다.

1998년 7월, 43세의 리커창이 하남성 당 부서기로 부임했을 때 많은 사람들은 그가 너무 젊다고 우려했지만 이는 기우임이 밝혀졌다. 그해 하남의 1인당 GDP는 4976위안으로 전국 21위였지만 2003년 1인당 GDP는 7590위안으로 늘어 전국 18위를 차지했고 2004년에는 무려 13.2퍼센트나 성장했다. 2004년 하남성의 곡물 생산량은 역대 최고 기록을 돌파하며 전국 1위를 차지했다. 농민의 1인당 순수입도 14.8퍼센트 증가한 2550위안에 육박했다. 이는 지난 8년간 처음 있는 두 자릿수 증가이며 사상 처음으로 도시 주민의 소득 증가폭을 뛰어넘는 놀라운 성과이다.

이런 관계官界의 박수갈채와는 반대로 리커창이 하남을 떠난 후 일부 해외 언론은 그가 하남의 경제를 발전시켰다는 평가에 의문을 제기했다. 그들은 중원 도시 클러스터 정책으로 하남 경제가 절름발이식 발전을 하게 되었다고 폄하한다. 그의 계획대로 인접한 정주, 낙양, 개봉 등 9개 도시는 클러스터 정책으로 일체화의 길을 걷고 있지만, 여기에 포함되지 않은 도시들은 불만을 가질 수밖에 없었다. 투자 지원금과 프로젝트 보조금이 원래 많지 않은 데다가 클러스터 발전 계획을 추진하면서 대부분의 지원이 이들 9개 도시에 쏠리게 된 것이다.

하지만 더 많은 사람들은 리커창 덕분에 오늘날의 하남이 존재한다고 말한다. 리커창은 하남성을 떠나 오래된 공업 기지, 요령이라는 커다란 배의 주인이 되어 새로운 항로에 오르게 된다.

병든 노마老馬가 참 주인을 만나다

**특명,
오랜 공업 기지의 재건** | 2004년 말, 리커창은 요령성 당서기로 자리를 옮기게 된다. 농업 대성에서 공업 대성으로 인사이동을 하자 갑자기 49세의 리커창에게 국내외 관계자들과 언론 매체들의 관심이 쏟아졌다. 하남은 농업 대성이고 요령은 공업 대성이다. 후진타오와 원자바오가 정권을 잡자 중공은 '동북의 성장'을 외쳤다. 국내외 언론은 하남성보다 요령성의 발전 가능성에 주목하기 시작했다.

요령성은 줄곧 동북의 견인차이자 동북 3성(요령성, 길림성, 흑룡강성을 말함-역자 주)과 내몽고 동부가 바다로 진출하는 출구이다. 동북 3성 전체를 선도하는 잠재적인 우월성을 갖고 있어 리커창이 요령에 부임해 일을 잘해낸다면 효과는 단지 요령성뿐만 아니라 전체 동북 지역으로 파급될 수 있었다.

중앙 정부는 그해 열린 중공 제16기 중앙위원회 4차 전체회의에서 리커창을 전국 여러 성으로 시찰을 보내기로 결정했다. 이를 통해 리커창이 경험을 쌓고 정계 인맥을 넓혀 오랜 공업 기지의 발전과 동북 지역의 균형적인 발전을 도모하도록 돕자는 의도였다. 중앙 정부가 그에게 '특별 과외'를 시킨 것이다.

2004년 12월 31일 요령성 심양瀋陽에 도착한 리커창은 요령인민대회당에서 취임 연설을 했다.

같은 날 신화통신은 "며칠 전 중공 중앙위원회가 리커창의 요령성 당서기 임명을 결정했다"고 보도했다.

요령성 지도자회의에서 중공 중앙 조직부 부부장(한국의 차관급에 해당—역자 주) 리징티엔李景田은 리커창을 이렇게 소개했다.

리커창은 정치적 이론에 밝고 예리하며 분별력이 뛰어나다. 원칙과 직결된 문제에는 자기 주장이 확고하고 중공 중앙위원회와의 정치와 사상, 행동이 모두 일치한다. 개방적이고 민첩한 사고 방식을 갖췄고 창의성뿐만 아니라 업무 능력도 우수하다. 하남성의 성장과 성 당서기를 역임할 때에 공산당위원회원회의 리더십 강화를 위해 노력했고 업구에 적극적이었다. 중심 도시를 적극적으로 이끌어 중원 도시에 경제 클러스터를 만들었고 공업화와 도시화를 추진했다. 농업 현대화를 가속화했고 노동 생산성을 제고해 하남의 성장을 이끌었다. 그는 민주적이고 결단력이 있으며 의견을 수렴할 줄 알며 깨끗한 정치를 위해 힘썼다. 항상 대중을 위해 일하고 연구하며 지방 경제와 사회 발전을 위해 고민하고 문제를 해결하기 위해 노력했다. 그는 정직하고 겸손하며 완벽을 추구하는 사람이다.

요령성 당서기 취임 연설에서 리커창은 이렇게 말했다.

요령성 무순시 판자촌 시찰(2004). 2년 동안 요령성은 도시에 밀집한 5만 제곱미터 이상의 판자촌 개조 공사를 끝냈다. 덕분에 120만 명이 새로운 주거지를 갖게 되었고 18만 호에 달하는 무소득 가정도 최소 한 명은 안정적인 일자리를 갖게 되어 목표를 달성했다.

저는 공산당원으로서 중앙 정부의 뜻에 따라 요령을 의해 일할 것입니다. 1980년대 초 제가 처음 출장 온 곳이 바로 이곳 요령성입니다. 그 후에도 자주 요령을 방문하면서 조금이나마 알게 되었고 아름다운 곳이 많다는 것을 마음속 깊이 느꼈습니다. 요령 사람들의 열정과 호탕함 그리고 부지런한 모습이 아직도 기억에 남아 있는데 이렇게 요령이 다시 오게 되니 친숙한 기분이 듭니다.

요령은 신중국의 산업 요람입니다. 수십 년 동안 요령은 대량의 공업 원자재와 기계, 전력 설비를 제공해 중국이 독립적이고 완벽한 공업 체계와 국민 경제 체계를 구축하는 데 큰 기여를 했습니다. 요령은 기초가 튼튼하고 중공업을 위주로 한 공업 체계를 세워 중국의 중요한 공업 기지가 되었습니다. 요령은 중국의 공업 대성이자 농업 생산력의 발전 수준이 높은 우수한 성입니다.

작년 중공 중앙위원회는 동북 지역 등 오래된 공업 기지를 활성화하는 정책을 내놓았습니다. 이는 중앙 정부가 국가를 전반적인 샤오캉 사회로 만들기 위해 연해경제특구, 포동浦東신개발지구, 서부대개발에 이어 전 지역의 균형 발전과 기업의 국제 경제력을 높이기 위해 추진하는 정책입니다.

100년의 공업 역사를 지닌 요령은 현재 성장과 발전의 기회를 손에 쥐고 있습니다. 동북에 위치한 오랜 공업 기지 중에서 요령은 가장 큰 경제 총량 규모와 높은 공업화 수준, 튼튼한 기반을 갖추었고 국경과 바다와 인접한 월등하고도 유일무이한 경쟁력를 갖고 있습니다. 요령은 중국의 새로운 경제 성장의 선두에 서서 중요한 성장의 최고점 역할을 해낼 것이라고 믿어 의심치 않습니다.

요령성 공산당위원회원회의 업무는 저에게 주어진 새로운 사명입니다. 저는 막중한 책임감을 느끼고 있습니다. 소임을 다해 요령의 성장을 돕고 오랜 공업 기지의 구조 조정과 개혁을 모색해 발전 가능성을 현실로 만들어나갈 것입니다. 요령을 위해 봉사하고 성장의 결실이 국민에게 돌아갈 수 있도록 힘써 일하며 권력은 당과 국민이 주었다는 사실을 항상 마음속 깊이 새길 것입니다. 모든 이의 감독을 겸허하게 받아들이고 원칙과 정의를 지키면서 겸손하고 성실하게 직책에 임해 실질적인 성과를 보여주겠습니다.

취임 연설에서 리커창은 요령성이라는 오랜 공업 기지를 재건하겠다고 다짐했지만 여론은 그의 생각과 달랐다. 요령성은 장기 발전이라는 관점에서 볼 때 불안정한 요소가 많았다. 1980년대 중반 이후 '요령삼리遼寧三李(리티에잉李鐵映, 리귀이시엔李貴鮮, 리창춘李長春－역자 주)' 등 중앙 간부와 성급 고위직 공무원을 배출했지만 요령이 직면한 문제는 심각했다.

계획 경제 체제라는 낙인이 깊게 찍혀 국가 소유 기업의 부담이 크고 담당 책임자가 빈번하게 교체되어 정책이 수시로 변경되었다. 오래된 기업은 체제 변화와 자원 고갈로 위축되었고 실직자는 늘어만 났다. 명예퇴직한 실직자들은 돈이 떨어지기 시작했다. 이는 사회를 더욱 불안하게 만들었다. 리커창은 동북 지역을 살리기 위해 내놓은 정부 정책을 최대한 이용해 요령의 사회 보장 제도를 강화하고 생활수준을 제고하는 등 요령의 현실에 맞는 정책을 수립해야 했다.

리커창 성 당서기는 젊기에 우리 지방 간부들은 그에게 거는 기대가 크다. 우리가 그에게 최우선적으로 바라는 것은 요령성의 빠른 경제 발전이다.

현재 요령성은 실직자가 많다. 명예퇴직 후 생활고에 시달리고 있는 이들이 많다. 새로운 성 당서기가 동북 지역을 살리기 위해 내놓은 정부의 정책을 이용해 요령의 사회 보장 제도를 강화하고 생활 수준을 높이는 성과를 이뤄내기 바란다.

이는 안산시鞍山市 철서구鐵西區 전 공산당위원회원회 왕푸王副 서기가 리커창을 언급하며 한 발언이다.

명시앙페이孟翔飛 요령발전전략연구소 소장은 요령의 현실과 연관지어 더욱 구체적으로 지적했다.

과거 요령의 장기 발전 정책은 불안했고 지도층 인사들은 계획 경제 체제 수립을 주도했다. 요령에는 계획 경제 체제라는 낙인이 깊게 찍혔다. 담당 책임자가 빈번하게 교체되어 정책이 자주 오락가락했다. 리커창은 하남성에서 단기간에 중원의 발전을 성공적으로 이룬 업적이 있어 요령은 그에게 크게 기대를 걸고 있다. 현재 요령은 산업적 시각에서 경제를 연구, 발전시키려고 하지만 그보다 지역 간 통합으로 경제 성장을 이뤄내야 한다. 하지만 요령을 포함한 동북 3성은 분할 관리의 폐해가 아직도 심하고 지역 간 통합 수준이 여전히 낮다. 요령은 산업적 시각에서 벗어나 산업과 지역을 통합하고 결합해야 한다. 요령성의 중심 심양은 동북 3성의 지역 통합을 이끌 수 있는 잠재력이 있다. 리커창이 이를 고려하고 있을 것이라고 나는 생각한다.

아는 만큼 보였고 배운 만큼 행했다

요령성 발전의 걸림돌
자금 부족 해결 해외 언론은 요령이 동북 지역을 주도하고 있고 동북 3성과 내몽고 동부 지역의 항구이므로 이번 인사이동은 "리커창이 동북 진흥에서 성과를 거둬 중앙 정부에 들어올 수 있게 도와줄 것이다"라고 전망했다.

리커창은 12월 13일 하남성 당서기직에서 물러나 요령에 부임한 12월 28일까지 약 2주 동안 12개 도시 및 대도시인 심양시와 대련시를 방문했다. 매일 거의 한 도시를 방문한 셈이다.

12월 16일 리커창은 물자가 부족하기로 유명한 부신시阜新市를 시작으로 요령성을 파악하기 시작했다. 부신시 노동조합총연합회 위원장 저우지우차이周久才는 리커창이 현장에서 실질적인 문제 두 가지를 해결했다고 말했다. 먼저, 부신시의 실업 보험금이 5000만 위안 부족하다는 보고를 듣고 국가개발은행 은행장 천위안陳元에게 협조를 구해 그 자리에서 문제를 해결했다. 다음으로, 부신 해주海州광산그룹이 파산한 후 내몽고에서 새로운 광산을 찾았지만 여러 가지 이유로 운영하지 못하고 있는 것을 알고 직접 내몽고 당서기 추보儲波에게 연락해 문제를 해결했다.

12월 10일 점심, 심양시 북부 황고구皇姑區에 소재한 요령 호텔에서 리커창은 요령성 정치협상회의 위원장 궈팅비아오郭廷標, 부위원장 쉬원차이徐文才와 짧게 대화를 나눈 후 빠른 걸음으로 1층에 대기한 차에 올라탔다. 이틀 연속으로 중공 요령성위원회 9회 8차 총회와 전성全省 경제업무회의가 여기서 열렸다. 참가한 315명 모두 이 공업 대성의 중견 인사들이었다.

연말에는 요령성의 2004년 공업 성장률이 최근 20년 중 가장 높았다는 통계가 나왔다. 특히 이윤은 전년 대비 60퍼센트나 상승했다. 이는 광동성 등 5개 발달 도시보다 평균 30퍼센트나 높은 수치였다.

그러나 전 요령성 상무부성장이자 전 인민대표대회 주임인 왕광중王光中은 성위원회총회가 끝나자 "요령은 중국 경제의 새로운 성장 동력이 되기에는 잠재력이 부족하다. 현재 동북 진흥 원년이라는 명목으로 받는 지원금으로 경제를 이끌고 있지만 소비와 수출을 이끌 수 있는 잠재 역량의 발굴이 절실하다"고 주장했다.

2004년은 동북 진흥의 원년으로 경제 상황 외에도 인사이동도 매우 민감한 문제였다. 요령성 당서기, 성장, 정치협상회의 위원장 등의 인사이동이 단행되었다. 12개 시의 24개 당·정부 책임자도 10명이나 바뀌었다. 정무를 주관하는 요령성의 고위직 간부도 새로운 인물들이 맡게 되었다.

요령의 국유 기업과 실업자 문제는 중국의 오랜 고질병이었다. 요령성위원회정책연구소의 한 관계자는 "새로 부임한 당서기는 요령의 근본 문제인 국유 기업의 주식 제도 개혁에 힘써야 할 것이다"라고 지적했다.

리커창은 부임 후 조사와 연구를 통해 요령성의 문제점을 정확하게 파악했다. 물론 조사 과정에서 일부 작은 문제는 바로 해결하기도 했지만 요령의 더 큰 발전을 위해서는 근본 대책을 속히 마련해야 했다. 공업 대성인 요령은 기초 설비를 보유하고 있고 경쟁력 있는 제품을 만들 수 있는 능력을 갖추고 있지만 국가 경제와 주민 생활이 관련된 기반 설비 기업은 부채가 많았고 금융 자본이 부족했다. 장비 제조업 또한 거대 자금을 투자해야만 하는 상황에 처해 있었다.

게다가 요령의 대화방大伙房 댐은 앞으로 공업 중심 도시, 심양시의 급수를 담당해야 하는데 자금이 부족해 댐의 개조 공사가 계속 미뤄지고 있는 상태였다.

초기 자본의 부족은 기초 설비에 그치지 않았다. 요령성 상업은행의 조사에 의하면 동북 진흥 정책이 시행된 1년 동안 국가는 총 1000억 위안이 넘는 금액을 두 번으로 나눠 동북 3성의 공업 발전에 투자하도록 승인했다. 통상적으로 국가급 프로젝트가 승인되면 은행에서 대출을 받을 수 있다. 그러나 이 두 프로젝트를 구성하는 여러 개 항목들의 자금 흐름이 원활하지 않은 데다가 지방 정부의 경제 사정이 좋지 않아 초기 자본금조차 충당할 수 없는 상황에 놓이게 되었다.

요령의 낡은 체제는 발전의 걸림돌이 되었다. 자본이 넉넉하지 못해 은행 대출마저 제한받고 있었다. 경제학 박사 출신인 리커창은 이 점을 주목했다. 그는 개발은행에 소프트론软贷款(국제 은행이나 외국 정부에게 빌려주며 상환 기간이 30~50년으로 장기간이고 금리가 낮은 것이 특징이다-역자 주)을 요청했다.

2005년 설날 직전 요령성 개혁발전위원회(개발위)와 개발은행은 접촉을 시도했다. 천위안 국가개발은행 은행장은 1월 5일과 20일, 두 차례나 요령을 방문했다. 마침내 500억 위안의 소프트론 협상이 마무리되어 계약이 체결되었다. 협상에 근거해 이 500억 위안은 요령성의 에너지, 교통, 원자재, 농림 수리, 장비 제조, 도시 공공시설 등의 건설과 광산 개발이 야기한 지반 침하 지역, 판자촌의 개조, 중소기업의 담보 자금, 교육·위생, 사회 보장 등 사회 발전의 걸림돌이 되는 분야에 투입하기로 결정했다.

전문가들은 500억 위안이라는 숫자가 아니라 '소프트'에 주목해야 한다고 말했다. 탕더형唐德珩 개발은행 요령 지점 비서장은 소프트론은 자본금으로 사용할 수 있는 은행 대출로서 이자율이 낮고 상환 기간도 25년이나 된다고 설명했다. 요령성은 바로 이 '자본금으로 사용할 수 있다'는 점을 노린 것이다.

자본금의 해결로 요령성은 수많은 동북 진흥 프로젝트를 실행할 수 있게 되었다. 세원 확대와 인프라 개선을 통해 경제 발전도 도모할 수 있게 되었다. 중지추엔仲跻權 요령성 개발위 주임은 "대화방 댐을 개조하는 데 36억 위안이 필요하다. 정부 지원 18억 위안과 소프트론 18억 위안을 합치고 나머지 자금은 은행에서 대출하면 이 프로젝트는 순조롭게 추진할 수 있을 것이다"라고 설명했다.

개발은행의 대출은 정부의 신용 대출이므로 요령성 개발위는 500억 위안의 소프트론에 대해 5개 분야를 아우르는 융자 플랫폼을 만들었다. 요령성 교통청에서는 도로와 항구 건설, 요령성 에너지 그룹에서는 화력 발전소, 전기 발전소, 원자력 발전소의 건설을, 요령성 건설 투자 그룹은 원자재, 농림 수리, 장비 제조, 도시 공공시설 등의 건설과 지반 침하 지역 및 판자촌의 개조, 중소 기업의 담보, 교육·위생, 사회 보장 등 사회 발전에 걸림돌이 되는 분야의 복구와 건설을, 심양시와 대련시 정부는 심양기상瀋陽機床 주식회사를 주체로 하는 장비 제조업과 대련항을 중심으로 하는 동북 항구 건설 프로젝트를 지원하기로 했다.

리커창 역시 금융 소프트론의 지렛대 효과를 눈여겨보았다. 그는 500억 위안이면 2000억 위안에서 3000억 위안 정도의 시장 자금의 투자를 추가적으로 유도할 수 있고, 이는 요령성의 자금난을 효과적으로 완화시킬 수 있을 것이라고 예측했다.

요령성 건설은행의 한 관계자는 이번 프로젝트에 대해 "발전 자금 부족은 요령성이 해결해야 할 당면 과제다. 분명한 것은 리커창이 요령성의 자금 문제 해결을 시작으로 공업 기지 재건을 위한 첫발을 내디뎠다는 것이다"라고 평가했다.

재건의 명수, 성의 심장이 뛴다

요령성의
재건을 이끌다

2007년 3월 5일 오후, 북경에서 열린 양회에서 요령성 당서기 리커창이 자리에 앉자 카메라 플래시가 연이어 터지기 시작했다. 리커창은 자리에 앉자마자 옆에 앉은 구시우리엔顧秀蓮 전인대 상무위원회 부위원장과 대화를 나눴다.

인민대표회의에 참가했던 요령 대표단은 중국 직원 센터에서 전체 회의를 열어 정부 업무 보고를 심사하고 있었다.

《남방주말》은 이번 회의에 대해 이렇게 보도했다.

요령은 동북의 오랜 공업 기지 진흥의 구조에서 중요한 위치에 있다. 전국 인민대표대회 대표이자 요령성 당서기 리커창 또한 주목해야 할 인물이다. 요령 대표단이 국내외 언론의 주목을 한몸에 받은 것은 당연하다.

사실 언론이 리커창을 주목하기 시작한 이유는 요령성이 지정학적으로 중요했기 때문이 아니었다. 외부에서 그를 중국 제5세대 지도자의 선두 주자로 지목했기 때문이다. 언론 매체는 리커창을 필두로 한 요령인민대표대회 대표자들의 업무 방향과 국정에 대한 생각을 취재하려 했다.

그날 요령 대표단 전체회의에서 리커창은 정부의 업무 보고를 극찬하는 것으로 발언을 시작했다. "이번 정부는 4년 동안 두 자릿수의 경제 성장을 줄곧 이룩했다. 요령성만 보더라도 2006년 GDP 성장률은 13.8퍼센트로 1994년 이래 성장률이 가장 높았다"라고 그는 밝혔다.

리커창은 또 "나는 요령성이 중국 전역과 함께 성장 궤도에 빠르게 올라섰다는 것을 몸소 느꼈다"라고 토로했다. 리커창은 20분 넘게 원고도 없이 발언을 계속했다. 언론은 리커창의 발언 모습을 이렇게 묘사했다.

그는 발언하는 내내 호소력 있는 표정으로, 기분이 좋을 때는 웃음을 띠고 엄지손가락을 치켜세웠으며 통계 수치도 여러 차례 인용했다.

경제 구조와 경제 효과의 최적화 성장 방향에 대해 리커창은 "작년 요령성의 GDP는 증가하는 추세이다. 효과와 이윤이 높아지면서 발전하고 있다. 정부 수입 중에서 지방의 일반 예산 수입이 21퍼센트나 증가했는데 이는 요령에게는 결코 쉽지않은 실적이다"라고 보고했다.

"2006년 외국인 실제투자 증가율이 66퍼센트에 달했다"라고 밝힌 리커창은 "이는 전년도의 172퍼센트 증가율을 기반으로 지속적으로 고속 성장을 한 것이다. 국내는 물론 해외 투자자도 요령 해안 일대에 대한 투자를 우선적으로 고려하고 있다"라고 소개했다.

지난 1년의 성과에 대해 리커창은 주민들의 생활 수준이 향상되었다는 점을 들었다. 통계에 따르면 2006년 요령의 도시 주민 가처분 소득은 12.6퍼센트, 농민 소득은 9퍼센트 증가했다고 한다. 리커창은 이렇게 장담했다. "우리의 도시 주민 가처분 소득 수준은 전국의 평균치를 넘어설 것이다."

언론은 당시 리커창이 당시 강조한 또 다른 문제가 다름 아닌 민생 문제라고 보도했다. 실제 리커창은 요령의 정책 포커스를 대부분 민생 문제에 맞추었다. 그는 "작년 말까지 소득원이 없는 가정에 20일 내로 적합한 일자리를 제공하고 최소한 한 가정에 한 명은 안정적인 취업을 보장하겠다. 가능하다면 한 가정에 두 명까지 취업을 보장할 수 있도록 노력할 것이다"라고 약속했다.

2007년 3월 12일 《인민일보》는 "리커창이 오랜 공업 기지의 진흥을 추진해 민생을 개선하다李克强: 在推進遼寧老工業基地振興中改善民生"란 기사를 실으면서 "요령이라는 오랜 공업 기지의 전면적인 진흥을 위해서는 과학 발전의 이념을 구체화해 발전을 빠르게 추진하고, 민생 개선을 더욱 중시하며 진흥의 과실을 국민과 함께 누릴 수 있도록 해야 한다"라는 리커창의 포부를 알렸다.

요령성이라는 오랜 공업 기지의 진흥은 큰 성과를 이뤘고 고속 성장은 본 궤도에 올라섰다. 2006년 요령성의 주요 경제 지표 중에서 일부는 동북 지역의 평균 증가폭을 뛰어넘었다. 특히 국민 생활 수준과 경제 성장 잠재력을 나타내는 지표는 큰 폭으로 증가했다.

리커창은 인터뷰에서 요령은 앞으로 동북 진흥과 해안 지역 개방을 활용해 국가 산업 기지의 신형화와 사회주의 신농촌, 조화로운 요령 건설을 추진하며, 요령의 경제 사회 수준이 선진적인 동부 지역과 어깨를 나란히 할 수 있도록 공업 기지를 진흥할 것이라고 밝혔다.

리커창은 "신형 국가 산업 단지 건설은 요령 진흥 완수의 징표이다. 신형 산업 단지 건설은 첫째, '신', 즉 새롭다는 의미를 살려야 한다"라고 말하며 다음을 역설했다.

과학기술 혁신의 인도하에 경제 성장 방식을 바꾸고 경제 구조를 최적화하며 성장의 새로운 패러다임을 제시해야 한다. 작년에 장비 제조업은 처음으로 요령의 최고 산업이 되었다. 우리는 이때를 놓치지 않고 장비 제조업을 선진국 수준으로 빠르게 성장시켜 글로벌 경쟁력을 갖춘 장비 제조업 기지를 구축해야 한다. 높은 가공 기술을 갖춘 원재료 공업과 첨단 기술 산업, 현대 서비스 산업을 성장시켜 산업 클러스터를 구축해야 한다. 국유 기업의 고강도 개혁을 시스템 개혁의 중요한 일환으로 삼아야 한다. 국유 기업을 강도 높게 구조 조정하고 비국유제 경제를 발전시켜 국유 기업도 탄력을 받아 발전하도록 해야 한다. 자원 절약과 환경 보호를 엄격히 실행해 성장의 질과 수준을 모두 향상시켜야 한다.

리커창은 계속해서 "오랜 공업 기지를 진흥하기 위해서는 새로운 경제지대를 키워야 한다. 요령은 동부 지역에서 유일하게 바다와 국경에 인접한 성이다. 2005년부터 우리는 요동만遼東灣과 북황해北黃海의 5개 지역과 관련 지역으로 구성된 경제 지대를 중점적으로 개발하고 있다"라고 소개했다.

리커창은 "요령의 진흥을 구현할 수 있는 잠재력을 지닌 5점 1선 해안 경제 개발이 상승세를 타고 있다. 앞으로 지속적으로 개발과 건설을 추진할 것이다. 대련 동북아 국제 수운 센터의 건설과 심서沈西 공업 회랑 등 산업 클러스터의 구축 속도를 높여 해안 지역과 중심 지역이 함께 발전할 수 있는 개방적인 시스템을 만들겠다. 우리는 요령성을 해안 지역의 강성强省으로 만들 것이다"라고 다짐했다.

그는 "중요한 민생 문제부터 해결해 조화로운 요령을 구현하는 것이야 말로 요령의 진흥을 실현할 수 있는 보증수표이다"라고 말하며 "조화로운 요령 건설의 기초는 대다수 국민의 안정된 생활이다. 극빈층의 기본 생활 문제를 우선 해결해야 민생을 확실히 개선했다고 말할 수 있다"라고 주장했다.

2년 동안 요령성은 도시에 밀집한 5만 제곱미터 이상의 판자촌에 대한 개조 공사를 끝냈다. 덕분에 120만 명이 새로운 주거지를 갖게 되었고 18만 호에 달하는 무소득 가정도 최소 한 명은 안정적인 일자리를 갖게 되어 목표를 달성했다.

세계를 향해 강력한 메시지를 던지다

스위스 다보스
특별 연설 2008년 리커창은 황쥐를 이어 부총리에 임명되었다. 리커창이 정계에서 걸어온 길을 돌이켜보면 지난 16년간(1982~1998)은 중대한 결정을 내리는 일이 극히 드문 공청단에서 근무했다. 정치국 상무위원이 되기 전에 그가 지방의 성급 행정구에서 혼자 모든 일을 감당한 기간은 5년이 조금 넘었을 뿐이다(2002년 하남 성장에서 당서기로 승진한 때부터 2007년 가을 요령성 당서기를 사임할 때까지─역자 주).

부총리까지 올라왔는데 더 이상 다른 지도자만 흉내 낼 수는 없는 일이었다. 위로는 원자바오 총리에게, 아래로는 능력이 출중한 왕치산王岐山에 의존하는 것은 더 이상 안 된다. 설령 후진타오가 리커창을 신임하더라도 앞으로 5년간 뛰어난 성과를 이룩해야만 인정받을 수 있을 것이다. 원자바오 총리는 리커창이 자신과 함께 난제를 분담하고 해결하길 바랄 것이다. 아직 젊고 유능한 왕치산王岐山이 총리직에 욕심을 내면 과연 그가 계속 리커창을 위해 일을 할까?

리커창은 오로지 자신의 모든 능력을 최대한 발휘해야 순조롭게 국무원 총리직을 이어받을 수 있었다. 그렇지 않으면 그의 정치 경력에서 '워털루(참담한 실패라는 뜻─역자 주)'가 될지도 모를 상황이었다.

시사평론가 후사오장胡少江은 "리커창이 직면한 경제학 시험"이라는 글에서 "리커창에게 중국 거시 경제에 대한 이해와 조율은 마치 풀기 어려운 시험 문제와 같았다"라고 지적했다.

시험 문제는 '어떻게 증권 시장에 대처할 것인가'와 '부동산 시장을 어떻게 통제할 것인가였다. 이 밖에도 투자 과열, 유휴 생산력, 경제 구조 악화, 통화 팽창, 환경 오염, 위안화 환율, 무역 마찰 등과 같은 난제가 산더미처럼 쌓여 있었다. 1992년 후진타오가 정치국 상무위원으로 발탁되어 중앙 지도자 서열 7위에 올랐을 때보다 17대 이후 서열 7위를 차지한 리커창은 더 많은 문제를 떠안았다. 마치 아마추어 복싱 선수를 갑자기 프로 헤비급 경기에 내보내 진검승부를 하라는 식이었다.

세간의 우려는 현실이 되었다. 대부제 개혁大部制改革(대부처주의大部處主義 및 대국대과大局大課와 유사한 개념이다. 부처의 기능 중복, 일부 부처의 과다한 권력 독점 등의 폐해를 시정하고 서비스형 정부를 지향하기 위해 조직 개편─역자 주)과 의약위생체제 개혁이 실패로 돌아가자 리커창의 정치적 입지가 위태로워졌다. 반면 시진핑, 보시라이薄熙來, 왕양汪洋 등 리커창의 정치적 경쟁자들은 세간의 주목을 받으며 자신의 정치적 기반을 공고히 다져갔다. 일부 언론은 리커창이 차기 총리직 후보에서도 밀려나는 형국이라는 평가를 내놓았다.

그러나 2010년부터 리커창은 예전과 달리 강한 자세로 세인들 앞에 나섰다. 그는 침묵을 깨고 강력한 메시지를 전달하며 자신의 위상을 보여주기 시작했다. 리커창은 대내외적으로는 강력한 수완을 선보이며 권위를 과시했고, 거대한 정치적 야망을 내비치며 이미지 쇄신에 성공했다.

대외적으로 리커창은 중요한 국제회의에 모습을 드러내기 시작했다. 스위스 다보스에서 열린 제40차 세계경제포럼 연차회의 이틀째인 2010년 1월 28일, 리커창은 특별 연설을 했다. 그는 중국 정부를 대표해 세계 경제 위기 이후 발전 이념과 경제 성장 등에 관해 중요한 제안을 했다. 리커창의 연설은 큰 반향을 불러일으켰다. 한 언론은 "리커창의 연설로 중국 돌풍이 일어났다"라고 보도하기도 했다.

미국의 《월 스트리트 저널》은 "리커창의 이번 다보스 행은 세계에 중국 경제와 정책을 널리 알렸고 외부 세계에 리커창 자신을 알리는 좋은 기회가 되었다"라고 보도했다. 이번에 중국 최고 지도부가 리커창을 스위스로 파견한 것은 매우 큰 의미를 시사한다. 그동안 리커창은 유력한 차기 총리 후보자로 거론되었지만 공식 석상에서는 늘 소극적이었다.

《월 스트리트 저널》은 "리커창은 전형적인 전문가형 관리로 경제학 박사 출신이다. 2007년 정치국에 입성한 후 바로 원자바오 총리의 오른팔이 되었고 일찍이 중국의 빈곤 지역에 속하는 하남성 성장과 당서기를 역임한 후 동북의 오랜 공업 기지인 요령성 당서기를 역임했다"라고 소개했다.

리커창이 특별 연설을 할 때, 외신 기자들은 회의장을 물샐틈없이 가득 메웠다. 슈밥Klaus Schwab 세계경제포럼 회장은 먼저 리커창의 북경대 박사 학위 배경과 주요 정치 이력을 소개했다. 이어 세계경제포럼과 중국 간의 30여 년에 걸친 밀접한 협력 관계를 소개했다. 마지막으로 그는 리커창이 처음으로 다보스를 방문한 것에 대해 환영의 뜻을 표했다.

리커창은 연설을 통해 자신의 깊은 문화적 소양을 드러냈다. "올해는 세계경제포럼이 40회를 맞는 해입니다. 공자께서 말씀하시기를 '40은 불혹'이라 했습니다. 이는 세계경제포럼이 더욱 성숙되었다는

다보스포럼 특별 연설(2010). 슈밥 세계경제포럼 회장이 리커창의 주요 정치 이력 등을 소개한 뒤 그의
연설이 시작되었다. 연설에서 리커창은 중국 경제 부양 성과를 소개하고 미래 경제 발전 패턴을 분석하
며 발전을 위한 혁신적 아이디어의 중요성을 역설했다.

뜻입니다. 우리는 더욱 많은 지혜로 복잡한 형세를 분석하고, 파악하고, 이해해야 합니다"라고 그는 강조했다. 슈밥 회장은 고개를 끄덕이며 동감을 표했다.

이어 리커창은 중국의 경제 부양 성과를 소개하고 중국의 미래 경제 발전 패턴을 분석했다. 그는 세계적 경제 위기 이후 세계 경제의 건전한 회복과 지속적 발전에 관해 다섯 가지 사항을 건의했다.

첫째, 위기를 극복하기 위해서는 협력을 계속해야 한다. 세계화의 맥락에서 보면 세계 경제가 회복되어야만 개별 국가의 경기 회복을 공고히 할 수 있다.

둘째, 시장 개방을 촉진해야 한다. 국제 사회는 보호 무역주의를 일관성 있게 반대하고 각자의 약속을 실제 행동으로 전환해 무역·투자의 자유화와 간편화를 추진해야 한다.

셋째, 국제 사회의 균형 발전을 촉진해야 한다. 국제 사회는 남남협력과 남북협력을 한층 강화하고 균형 발전을 촉진하는 국제 체제를 완비해 개도국에 대한 지원을 늘려야 한다.

넷째, 서로 협력해 중대한 도전에 대처해야 한다. 기후 변화, 에너지 안전, 식품 안전, 공중 보건, 자연 재해와 같은 전 세계적인 도전에 직면해 어떤 국가도 자신만 안전할 수 없고, 어떤 나라도 책임을 던할 수 없기에 국제 사회는 마땅히 합심해 행동해야 한다.

다섯째, 공정하고 효율적인 글로벌 거버넌스 시스템을 구축해 국제 정치·경제 구조의 변화를 반영해야 한다. 평등 참여, 포용 협력의 원칙을 반영하고, 개도국의 대표성과 발언권을 강화하며, 다양한 발전방식의 선택을 존중해야 한다.

리커창의 연설은 현재 중국 경제의 두 가지 우려를 표현한 것이라고 전문가들은 분석했다. 하나는 경기 부양 조치 중단 후에 경제 성장이 멈추는 것이고 다른 하나는 다른 여러 국가의 보호 무역주의 경향이 중국 경제에 미치는 부정적인 영향이다.

"이번 위기가 우리에게 남긴 것은 함께 난관을 헤쳐나간 기억만이 아니라, 앞으로 세계 경제 발전과 인류 미래의 운명을 깊이 생각하고 미래 발전을 위한 혁신적인 아이디어를 창안해, 위기 이후 세계 경제 발전을 추진해야 한다는 교훈을 남겼다"라고 리커창은 지적했다.

이번 경제포럼 연차회의에는 이명박 한국 대통령, 호세 사파테로 스페인 총리, 후세인 요르단 국왕, 제이콥 주마 남아공 대통령, 스티븐 하퍼 캐나다 총리, 클린턴 전 미국 대통령을 포함한 30여 개국 정상과 정부 수뇌, 40여 개의 국제 조직 대표, 빌 게이츠 등 2500여 명의 기업가, 경제 학자, 언론 관계자가 참석했다. 이런 장소에서 강한 연설로 리커창은 국제 무대에서 자신의 이미지를 크게 제고할 수 있었다.

한 언론은 그의 연설을 "이번 연차회의에서 세계를 가장 흥분시켰다"라고 평가하면서 그 이유를 "세계는 중국 경제의 지속적인 발전과 중국의 적극적인 참여가 세계 경제가 위기에서 벗어날 수 있는 유력한 방책임을 잘 알고 있기 때문이다"라고 설명했다.

회의는 원래 오전 11시에 시작할 예정이었다. 회의가 시작되기 전부터 회의장 밖은 인파로 가득했다.

다보스 회의 센터 중심부에 위치한 파센 피샤는 200~300명을 수용할 수 있는 소형 회의장이었다. 강단은 그리 크지 않았고 소파 2개와 테이블이 있고 소파 의자 뒤에 작은 의자가 하나씩 있었다. 이는 리커창 중국 국무원 부총리를 위해 준비한 것이었다. 현재《재신미디어財新傳媒》와《신세계新世纪》편집장인 후스리胡适立는 블로그를 통해 리커창 부총리가 다보스 세계경제포럼에 참가하기 전에 행한 기자들과의 인터뷰 상황을 공개했다.

2010년 1월 28일 오전 11시경, 리커창은 허야페이何亞非 중국 외교부 부부장(차관) 등 중국 측 관리를 대동하고 회의장에 들어서자마자 왼쪽 자리에 착석했다. 맞은편 자리에 회의 사회자인 데이비드 슐레진저 로이터통신 편집장이 앉아 있었다. 리커창과 슐레진저 뒤에는 현장 통역관이 함께 자리했다.

이번 세계경제포럼 연차회의의 일정에 따르면 55세의 중국 상무 부총리 리커창은 오후 3시경에 대회장에서 공개 연설을 한다. 그런데 주최측은 특별히 포럼 국제비지니스위원회International Business Council(IBC) 구성원과 만남의 장을 마련했다. 포럼 국제미디어위원회International Media Council(IMC) 구성원도 초청받고 중국 측 IMC 성원들도 입장할 수 있는 자격이 있었다. 리커창은 미소를 띤 얼굴로 자리에 앉았다. 그는 원고 없이 조금 느린 속도로 연설을 시작했고 통역관은 그의 말을 영어로 옮기기 시작했다. 리커창은 "우선 작년 세계 금융 위기는 중국 경제에 큰 충격을 주었다"라고 말했다. 이어서 "중국 정부는 위기에 맞서 과감한 조치를 취했고, 전 국민이 힘을 합쳐 노력해 꾸준하고 지속적인 경제 성장을 유지했다. GDP는 8.7퍼센트 성장했는데 이는 예상을 초월한 좋은 결과였다"라고 설명했다.

리커창은 중국의 경제 총량이 세계에서 선두권을 형성하지만 1인당 GDP
는 세계 100위 밖이라는 점을 특히 강조했다. "중국 지도자들과 중국 인민
은 이 상황을 명확히 인식하고 있으며 중국은 여전히 개도국에 속한다. 중
국 경제 발전의 기본 틀은 변하지 않았고 긍정적인 방향으로 발전하는 추
세도 여전하다. 중국은 세계 금융 위기의 충격에도 여전히 지속적인 발전
을 유지하는 개도국이다"라고 그는 말했다.

리커창은 '활력과 생기가 넘친다虎虎有生氣', '상서로운 눈은 풍년의 징조다
瑞雪兆豐年' 등 중국식 비유를 인용하며 연설을 마쳤다. 뜨거운 박수갈채를
받았고 곧 이어 질의응답이 시작되었다.

질의응답 시간은 길지 않았다. 모두 3명이 질문했는데, 리커창은 서두르지
않고 여유 있고 침착하게 답변했다.

사회를 맡은 슐레진저 로이터통신사 편집장은 다음과 같이 질문했다.

"현재 서방국의 일부 외교관들은 코펜하겐 세계기후 회의가 구체적인 열
매를 맺지 못한 것에 대해 중국이 책임져야 한다고 생각합니다. 당신은 이
러한 주장이 맞다고 생각합니까? 중국 정부가 앞으로 더 노력해 코펜하겐
회의에서 훌륭한 과실을 맺게 하는 것은 어떨까요?"

리커창은 다음과 같이 대답했다.

"저는 코펜하겐 회의가 각자의 노력으로 괄목할 만한 성과를 거두었다고
생각합니다. 중국 정부와 인민은 기후 변화 문제에 깊은 관심을 갖고 코펜
하겐 회의가 성과를 이룩하도록 많은 노력을 기울였습니다. 방금 사회자
께서 질문하셨는데 저는 그분의 눈빛에서 이러한 무책임한 질타에 찬성하
지 않는다는 사실을 간파했습니다.

저는 중국 정부가 국제 협력에 참여해 금융 위기에 대처하고 기후 변화 문

제에 적극 참여하고 있다고 말하고 싶습니다. 지구는 모든 인류의 공동 재산입니다. 중국은 10여 억 인구의 현대화를 실현하기 위해 에너지를 절감하고 온실 가스를 감축하며 자원 절약, 환경 보호를 위한 과학 발전을 추진하고 있으며 친인류형 환경을 구축하고 있습니다.

중국은 10여 억의 인구를 가지고 있기에 인구 당 평균 자원은 한계가 있습니다. 세계 평균 수준보다 훨씬 낮습니다. 우리는 지속 가능한 발전을 유지하기 위해 자원을 절약할 수밖에 없는 실정입니다. 중국은 최근 몇 년 동안 에너지를 절약하고 온실 가스를 감축하기 위해 국가 계획을 실시했습니다. 1990년부터 2005년까지 에너지 절감과 온실 가스 배출을 감축하는 조치를 강력하게 시행했습니다. 단위당 GDP의 이산화탄소 배출량은 이미 46퍼센트나 줄었습니다. 기후 변화에 대처하기 위해 중국 정부는 2020년까지 단위당 GDP의 이산화탄소 배출량을 40~45퍼센트 더 낮출 계획입니다. 이미 46퍼센트를 낮춘 상태에서 다시 줄이겠다는 계획에 주목해야 합니다. 이미 낮춘 온실 가스 배출을 더 죽인다는 계획은 13억 인구를 가진 개도국에게는 결코 쉬운 일이 아닙니다.

코펜하겐 회의에서 가시적인 성과를 거두기 위해 중국 정부가 상응한 조치를 취했다는 사실은 논쟁의 여지가 없습니다. 원자바오 총리가 직접 코펜하겐으로 달려가 많은 일을 처리했고 회의를 통해 중요한 부분에서 많은 공감대를 형성했습니다. 회의에서는 '기후 변화에 관한 유엔 프레임워크聯合國氣候變化框架公約'와 '교토 의정서'에서 제정한 원칙을 지켰습니다. 선진국의 경우 의무적으로 에너지를 절약하고 온실 가스 배출을 줄이고, 개도국은 자체적으로 해당 조치를 취하는 예비안을 제출했습니다. 장기 목표, 기술과 자금 준비, 투명성에 대해서도 합의를 이끌어냈습니다. 우리는 국제 사회와 함께 기존의 성과가 앞으로 한층 더 발전하도록 노력할 것이며 이미 맺은 약속을 지킬 것입니다.

중국은 과거, 현재 그리고 미래에도 확고부동하게 에너지 절감과 온실 가스 배출 감축, 자원 절약을 추진하고 환경을 보호할 것입니다. 중국은 책임질 줄 아는 대국이며 발전을 거듭하는 국가입니다. 우리의 자발적인 행동은 세계 기후 변화에 큰 공헌을 했다고 생각합니다. 이 자리에 계신 많은 기업가들은 중국이 추진하는 에너지 절감, 온실 가스 배출 감축 그리고 자원 절약이 자신에게 얼마나 많은 사업 기회를 제공할 수 있는지에 관심이 많을 겁니다."

서방 국가의 기업 관련 인사 한 명이 질문했다.

"세계적인 경기 침체 속에서 중국은 많은 노력을 경주했고 경제 회복에 큰 공헌을 하고 있습니다. 하지만 위안화RMB 환율은 여전히 요지부동이고 많은 국가에 압력을 가하고 있을 뿐만 아니라 중국의 내수 성장에도 해롭다고 봅니다. 향후 1~2년간의 위안화 추이에 대해 어떻게 예측합니까?"

리커창은 다음과 같이 대답했다.

"세계 금융 위기의 발발은 중국 경제를 포함한 세계 각국에 심각한 타격을 안겨주었습니다. 중국 경제의 하락세는 우선 중국의 연해 도시에서 시작되었는데 이는 수출이 급감했기 때문입니다. 외부 수요가 부진하고 수출이 급감하자 중국 당국은 곧바로 적극적인 재정 정책과 느슨한 통화 정책을 실시하기로 결정했습니다. 내수 확대에 입각해 소비도 진작시켰습니다. 특히 자체 소비를 진작시켰습니다. 2009년 말 기준으로 중국은 연간 수출이 16퍼센트 줄었고 수입도 11.2퍼센트 줄었습니다. 이 수치는 많은 의미를 내포하고 있습니다. 중국의 내수가 세계 경제의 안정과 회복에 결정적인 역할을 하고 있음을 보여줍니다. 중국이 위안화 환율을 안정시키는 것 자체가 바로 국제 사회에 기여하는 것이라고 할 수 있습니다.

앞서 질문한 위안화의 발전 추이에 대해서는 중국의 환율 정책은 일관성과 책임성을 담보할 것이라고 대답하겠습니다. 앞으로 저희는 자기 주도, 통제 가능성, 점진 발전의 원칙에 따라 위안화 환율 메커니즘을 완성하고, 합리적이고 균형잡힌 수준에서 위안화 환율의 기본 안정성을 유지할 것입니다."

마지막 질문 기회는 후스리에게 돌아갔다.

"경기 부양책 철회는 올해 경제의 중점 사항입니까? 부총리께서는 경제의 과속 성장을 우려하십니까? 현재 부동산 가격이 폭등하면서 나타난 문제에 대해서는 어떻게 생각하며 어떤 해결책을 강구하고 있습니까?"

리커창은 다음과 같이 대답했다.

"작년 한해 동안 중국 경제 추세를 설명한다면 새로운 세기에 진입한 이래 경제 발전이 가장 어려웠던 해라고 말할 수 있습니다. 우리는 중국 경제가 안정적이고 꾸준하게 발전해야 한다고 분명하게 지즈한 적이 있습니다. 중국 경제는 단기간 내에 회복되었고 다시 발전하기 시작했습니다. 그러나 이는 세계 경제에 불확실하고 불안정 요소가 다수 존재하는 상황에서 실현한 발전임을 주목해야 합니다.

따라서 안정적이고 빠르게 경제를 발전시키고 유지하는 것은 여전히 올해의 목표이자 임무로 남아 있습니다. 특히 작년 제4분기에 물가가 변동하기 시작해 연말에 마이너스에서 플러스로 회복되었고 인플레이션 가능성도 크다는 점을 우리는 주목해야 합니다.

우리는 정책의 연속성과 안정성을 유지하면서 새로운 상황과 변화에 맞춰

정책의 유연성과 전문성을 강화할 것입니다. 우리는 적극적인 재정 정책과 적당히 느슨한 통화 정책을 계속 시행하고, 중국 경제의 안정적이고 빠른 발전을 유지하며, 경제 구조 조정과 인플레이션 관리 강화를 유기적으로 결합할 것입니다. 올해 중국의 경제 발전 형세와 국면이 매우 복잡하기 때문입니다. 하지만 우리는 이미 마음의 준비를 하고 있습니다. 지난 6년간 중국은 곡물 수확에서 대풍작을 거두었고 농산물과 주요 공업 제품의 공급도 충분합니다. 장기간에 거쳐 우리는 거시적 통제의 노하우를 축적했고 물가 총수준의 기본 안정성을 유지하는 능력을 갖췄습니다.

앞서 제기한 질문에서 정책을 '철회'한다고 했는데요. 여러분이 잊지 말아야 할 것은 금융 위기가 가장 긴박하고 위급한 상황에 이르렀을 때 여러 나라가 손잡고 공동으로 경기 부양 계획을 출범했다는 사실입니다. 잘 아시다시피, 금융 위기 앞에서는 어떤 국가도 독불장군이 될 수 없습니다. 마찬가지로 '철회' 역시 국제 사회가 공동으로 조정하고 협력해야 합니다.

질문 중 부동산에 관한 문제는 자세히 설명하려면 시간이 많이 필요할 것입니다(웃음 소리). 사회자가 저에게 간략하게 말하라고 했기 때문에 요약해서 말씀 드리겠습니다. 일정 시기 동안 중국 일부 지역에서 부동산 가격이 치솟았지만 중국 정부는 부동산 시장의 안정적이고 건전한 발전을 위해 필요한 조치를 취했습니다.

큰 틀에서 말한다면 가격이 저렴한 보장형 주택 건설에 힘을 쏟고 합리적인 주민 소비를 격려하며 투기 발생을 막고 부동산 시장을 규범화했습니다. 불법적으로 집을 매매하거나, 땅을 사들이고 집을 짓지 않거나, 집값을 제멋대로 올리는 행위를 단속할 것입니다. 총체적으로 중국 정부는 이 문제를 긴밀하게 주시하고 있고 많은 조치를 취하고 있습니다. 하지만 중국은 땅덩어리가 너무 크기에 지역별로 다른 상황이 발생할 수 있습니다. 솔직히 말하면 조치를 취한다 해도 전국적으로 일괄 집행하는 데는 시간이 필요합니다.

중국 정부는 현지 상황에 따라 지자체의 책임을 강화하기 위해 적절한 조치를 취했습니다. 우리는 수시로 상황 변화를 긴밀하게 주시하고, 동향을 모니터링하며, 부동산 시장의 안정적이고 건전한 발전을 촉진하기 위해 상황에 따라 필요한 조치를 취합니다. 이 문제는 인민의 생활과 밀접히 관련되어 있습니다. 주택에 관한 목표는 매우 중요합니다. 시간상 더 깊은 얘기는 하지 못하고 오늘은 여기에서 답변을 마치겠습니다."

째깍거리는 중국의 시한폭탄

부동산 시장에 메스를 들이대다 ｜ 국제적으로 빛을 발하기 시작한 리커창은 중국의 부동산 문제에 메스를 들이대며 큰 반향을 일으켰다. 부동산 시장 억제 정책은 2010년 리커창이 강력하게 선보인 대표작이라 할 수 있다. 지난 수개월간 중국 국무원은 거의 매달 부동산 시장을 억제하기 위한 새로운 조치를 선보였지만 번번이 실패하고 말았다. 정부가 내놓은 정책은 늘 그물처럼 구멍이 숭숭 뚫려 있어 지방의 부동산 시장을 장악한 세력은 이러한 빈틈을 이용해 집값을 마구 올려댔다.

홍콩 《명보明報》는 당시 중국의 부동산 시장에 존재하는 이런저런 구멍은 자동차도 빠져나갈 수 있을 만큼 크다고 야유했다. 결국 부동산 시세는 고공 행진을 이어갔다. 지방 정부에서 일한 경험이 없는 원자바오와 달리 하남성과 요령성에서 근무한 적이 있는 리커창은 지방 부동산 세력의 수단을 손금 보듯 꿰뚫고 있었다. 그는 부동산 시장을 향해 칼을 뽑았다.

쑨자예孫嘉業는 칼럼에서 다음과 같이 말했다.

중앙 정부는 부동산 시장을 억제하기 위해 강력한 조치를 취했다. 이번 정책은 전처럼 취약하지 않고 단칼에 짚단 베듯 신속, 과감, 명쾌했다. 부동산 시장을 향해 칼을 뽑은 사람은 다름아닌 국무원 부총리 리커창이다. 이는 리커창이 올해 초 거시 경제 대권을 잡은 후 처음 실행하는 특단의 조치이다. 2년 뒤의 총리 승계를 위한 '폭탄 제거'라고도 볼 수 있다.

현재까지 구체적으로 '두 번째 주택', '세 번째 주택'을 구분하는 세부 규정이 마련되지 않았다. 은행의 대응도 눈에 띌 정도로 명확하지는 않다. 설령 세부 규정을 마련하더라도 실제 운용 가능성은 의문의 여지가 있다. 하지만 부동산 시장에는 가격 인하라는 효과가 즉각 나타났다.

중국 내륙의 부동산 시장은 불꽃 튀는 전쟁터라 할 수 있다. 새로운 부동산 억제 정책은 자본 제공 총액에는 직접 칼을 대지 않았다. 내부 소식통에 따르면 이번 정책은 섬멸전이 아닌 저격전인 셈이다. 중앙 정부(리커창 본인도 포함)는 결코 부동산 업자들을 모두 섬멸하려는 의도가 아니며 잠시 부동산 폭등을 저지하고 경제 체제 변화를 위해 시간을 벌려 한다는 것이다.

리커창도 부동산 고수에 속할 만큼 많은 것을 알고 있기에 이번의

'단칼로 베기' 정책은, 목표는 높게 잡고 성과는 중간 정도를 거두는 데 중점을 두었다. 범위를 확실하게 정하지 않은 것은 지방 정부가 중앙 정부의 뜻을 이해하고 자체적으로 조치를 취하라는 뜻이다. 이는 지방 정부가 중앙의 정책을 얼마나 잘 집행하는지 시험하는 무대도 되었다. 여기에는 서슬퍼런 단두대도 있고 흥정이 오가는 담판장도 있다. 누가 가장 먼저 희생양이 될 것인지 아직은 지켜봐야 한다.

중국 관영 매체는 "부동산 시세는 수년간 조정 가운데서 폭등세를 이어가고 있다. 2009년 땅을 마구 사들이는 과정에서 부동산은 예상에 비해 가격이 지나치게 폭등했다"라고 지적했다. 2009년 12월 16일, 중국은행에서 발표한 전국 도농 예금자 설문조사 결과, 제4분기의 경우, 주민의 67.2퍼센트가 현재 집값이 너무 비싸서 감당하기 어렵다고 답했다. 이는 제3분기 대비 2.1퍼센트 증가한 수치로 2분기 연속 증가세를 유지했다. 그럼에도 부동산은 여전히 사람들이 선호하는 첫 번째 투자 대상이다.

보도에 의하면 중앙재정영도소조는 2009년 11월 주택 건설 부문에 부동산 관련 자료를 요청했고 후에 국무원 부총리 리커창에게 올리는 특별 보고서에서 "집값이 폭등하고 있다. 집값 폭등은 이미 사회의 불안정 요소가 되었다"라고 지적했다.

막무가내로 치솟는 집값과 부동산에 대한 세간의 불만이 한데 어우러진 결과, 중앙 정부는 양회 전에 새로운 부동산 조정 정책을 마련하기로 결정했다. 예를 들면 중앙경제사업회의에서 일반 상품 주택의 공급을 확대하기로 결정하고 '국4조國四條(2009년 12월 14일, 원자바오 총리가 집값 폭등을 억제하고 부동산 시장의 건전한 발전을 위해 취한 공급 확대, 투기 방지, 감시강화, 보장형 주택 건설이라는 네 가지 조치—역자 주)'에서는 집값의 지나친 폭등을 억제할 것이라고 발표했다. 그 후 출범한 '국11조國11條(2011년 국무원이 각 성급 도시, 자치구에 하달한 11개 통지—역자 주)'는 폭등한 부동산에 메스를 직접 들이댔다. 정부가 발표한 일련의 강력한 부동산 억제 정책은 북경, 상해, 심천 등 대도시에서 미친 듯이 치솟는 부동산 가격을 떨어뜨려 여론의 극찬을 받았다.

2009년부터 북경, 상해上海, 심천深圳, 항주杭州, 해남海南 등의 집값은 하늘을 꿰뚫을 기세로 치솟기 시작했다. 북경 교외에 위치한 통주通州의 경우, 2009년 신축 주택 단지의 집값은 제곱미터 당 8000위안이었지만 2010년 4월 초에는 2만 5000위안까지 급상승했다.

4월 23일, 중국 신화통신은 왕쥔王軍 중국국제경제교류센터 연구원의 말을 인용해 다음과 같이 보도했다.

집값 대 소득의 배수는 국제적으로 부동산 거품을 가늠하는 주요한 잣대이다. 세계은행의 표준에 따르면 선진국의 경우 집값은 연소득의 1.8~5.5배, 개도국은 3~6배가 합리적이다. 중국의 경우 전국 집값이 연소득의 15배를 초과한다. 상해, 북경, 심천, 광주 등의 집값은 50배를 훨씬 초과해 거품 현상이 아주 심각하다. 부동산 거품은 국민 경제의 전반에 제도적 위험을 초래하는 요인이 되었다.

천정부지로 치솟는 집값은 부동산 시장에 거품을 만들어냈고, 중저소득층과 여론을 자극하며 점차 심각한 사회 문제로 떠올라 도시 안정에 어두운 그림자를 드리웠다. 2009년 말에 개최된 중앙경제사업회의는 집값을 통제할 것이라고 선언했다. 국무원도 집값을 억제하는 일련의 조치를 내놨다. 하지만 부동산 시장에서 거액을 챙긴 지방 정부, 부동산 업자와 은행은 이 조치를 제대로 집행하지 않았다. 부동산 가격 인상 추세는 조금도 변화가 없었다. 곧바로 "집값은 조정할수록 상승한다", "집값 문제는 총리의 말을 따라야 하나 사장의 말을 들어야 하나?"라는 말이 세간에 떠돌았다. 부동산 시장을 안정시키겠다는 중국 지도부의 의지와 능력은 대중의 의심을 자아내기에 충분했다.

중국 최고 지도부는 마침내 부동산 폭등의 유해성과 위험을 인식하기 시작했다. 4월 14일 국무원은 4개 조치를 발표하며 시장 조정에 나섰다. 17일에는 일부 도시의 과도한 부동산 가격 인상을 방지하기 위해 10개 조치를 취했다. 19일 주택도시농촌건설부는 부동산 시장의 관리·감독을 강화하고 상품주택예매제商品房預售(부동산 개발업체가 현재 건설 중인 주택을 구매자에게 미리 판매하고, 구매자는 계약금이나 매매 대금을 미리 지급한 후에 미래의 특정 시기에 매도인이 주택을 매수인에게 양도하는 제도—역자 주)를 완비했다. 급소를 겨냥한 콤비네이션 블로 combination blow처럼 연이어 터진 일련의 조치는 모두 신용 대출을 엄격히 통제하고 토지 공급을 늘려, 투자와 투기로 폭등한 집값을 안정시키는 데 목적이 있었다. 관련 정책의 시행과 함께 북경, 상해, 심천 등 대도시에서는 중고 주택을 집중적으로 투매하는 현상이 나타났다. 신축 주택 단지의 집값도 하향선을 긋기 시작했다.

하지만 학자들은 대개 이번 부동산 조정의 효과에 대해 조심스런 입장을 보였다. 천궈창陳國強 북경대 부동산연구소 스장은 "이번 조정 정책은 전례 없이 강했다. 국민에게 안도감과 함께 집값이 합리적인 수준으로 떨어질 것이라는 희망을 안겨주었다"라고 평가했다.

하지만 현재 시행하는 정책이 부동산 거래량과 집값에 어떤 영향을 미칠지 정확히 가늠할 수는 없다. 앞으로 시장의 변화는 기존 정책의 실행 효과와 향후 조정 정책의 방향을 지켜봐야 알 수 있다.

부동산 시장은
행정 능력의 시험대 | 2010년 양회 전야에 원자바오 총리는 네티즌들의 질문에 "달팽이집蝸居(중국 드라마 제목, 여기서는 작은 집을 뜻함–역자 주)의 고달픔을 알고 있으며 이번 정부 임기 내에 부동산 시장을 잘 관리할 자신이 있다"라고 답변했다.

3월 2일 전국 정협위원인 허융즈何永智, 장리후이張禮慧, 옌치嚴琦 등은 북경 해정구海澱區 당가령唐家嶺의 '개미족蟻族(집단으로 거주하는 저소득 대학생들–역자 주)'을 방문했다. 그들은 개미족의 거주 환경을 목도하고는 눈물을 참지 못했다. 개미족은 전국적인 이슈로 떠올랐고 양회에서도 언급되었다. 하지만 오늘날 시장 환경과 인심은 예전과 판이하다. 국4조 발표 당일에도 집값과 부동산 거래량은 사상 최고치를 돌파했다. 이번에는 과연 어떻게 조정해야 하는가?

북경시 정부는 양회 기간에 이러한 민감한 문제가 도마 위에 오르는 것이 두려워 3월 8일로 예정된 중복中服 단지의 토지 거래를 연기했다. 3월 4일, 북경시 토지정리비축센터 홈페이지에는 중복 단지의 입찰 시간을 3월 25일 오후 3시로 변경한다는 통지가 게재되었다.

3월 3일 오전 9시, 제11차 전인대 3차 회의가 개막되었다. 원자바오 총리는 정부 사업 보고에서 "2010년은 부동산 시장의 평온하고 안정적인 발전을 유도해야 한다"라고 밝혔다. 이어 그는 "일부 도시의

북경의 쪽방촌. 개미족은 치열한 경쟁과 실업, 나아가 열악한 주거 환경에 내몰린 이 시대 중국 청년들을 상징한다. 비좁은 단칸방에 모여 살며 일자리를 찾는 수많은 개미족은 경기 성장 둔화로 감소한 일자리를 놓고 치열히 경쟁하는 한편, 또 치솟은 주택 임차료로 열악한 주거 환경을 감수해야 하는 이중고에 시달리고 있다.

부동산 과열을 반드시 막아 인민의 기본 주거 수요를 만족시켜야 한다"라고 밝혔다. 하지만 인민의 기대와는 달리 부동산 조정 조치는 시행되지 않았다.

양회 이후 전국적으로 일어난 부동산 폭등 현상은 중앙 정부가 부동산 가격을 조정하기로 결심하는 계기가 되었다. 이 결심의 직접적 원인은 북경의 3대 '땅의 제왕'의 탄생에 있었다.

양회 폐막 다음 날인 3월 15일, 북경시 동성구東城區 화평리북가和平裏北街 2호에 위치한 토지비축센터 2층은 인파로 발 디딜 틈이 없었다. 한동안 슬럼프를 겪은 부동산 개발업자들이 새로운 땅의 제왕地王의 탄생을 보기 위해 모인 것이다. 이날 국영 기업을 배경으로 둔 중신中信부동산그룹과 원양遠洋부동산그룹은 각 52.4억 위안과 40.8억 위안이라는 고가로 경쟁자를 물리치고 총액과 단가 모두 최고 거래액을 기록했다. 중국병기中國兵器그룹 산하의 세박굉업世博宏業도 60회에 달하는 경매 경쟁을 통해 제곱미터당 3만 위안으로 부지를 구매했는데 원양부동산그룹이 기록한 2만 7500위안을 넘어섰다. 세 국영 기업이 새로운 땅의 제왕으로 등극하자 사람들은 또 집값이 폭등할 것이라고 아우성을 쳤다.

이날 북경 토지비축센터에서는 모두 토지 6건이 낙찰되었다. 총면적은 97.8만 제곱미터로 낙찰 총액은 143.5억 위안이며 평균 토지 가격은 제곱미터 당 1만 6000위안으로 집계되었다. 이날 거래된 토지는 앞서 한 달 동안 시장에서 거래된 총액보다 많았다.

미확인 소식통에 따르면 3대 땅의 제왕이 탄생하는 날, 북경시의 주요 지도자들은 중앙 정부의 문책 전화를 받았다. 당일 저녁, 북경시의 토지국, 건설국, 계획국 등 여러 부처는 밤새도록 땅의 제왕이 탄생하게 된 원인을 규명했다. 시 정부와 관계가 밀접한 한 부동산 업자는 "조사 결과 정부는 제도에 문제가 있다는 것을 발견하고 개혁의 신호탄을 쏘아올렸다"라고 토로했다.

3월 19일 북경시 토지자원국은 과열 단지의 토지 거래를 잠정 중단하고 향후 토지 거래 방식을 개선할 것이라고 발표했다. 중복 단지는 거래가 잠정 정지된 최초의 과열 지역이 되었다.

4월 중순 리커창은 요령성의 영구營口, 심양, 무슨 등을 시찰했다. 시찰 기간 동안 그는 중앙 정부가 수립한 부동산 정책을 착실히 실현하고 보장형 주택 건설을 가속화하며, 저가 임대 주택, 개조한 판자집과 일반 주택 등 유효 공급을 늘려 집값 폭등을 억제해야 한다고 강조했다.

중앙 정부가 유력한 차기 총리 후보인 리커창에게 부등산 시장을 맡긴 것은 미리 '비싼 집값'이라는 시한폭탄을 제거한 현명한 조치라고 일부 네티즌은 말했다. 하지만 같은 달 발표된 국무원 문건은 폭등한 집값을 합리적인 수준으로 되돌려놓을 것이라고 명확히 밝히지 않고 "일부 도시의 집값 폭등을 강력하게 저지하자"라는 두루뭉술한 제목만 달았다. 리커창이 부동산 거품을 터뜨리기 싫어서 이렇게 결정했는지 아니면 공황 상태가 발생할 것을 두려워했는지 지금으로서는 판단하기 어렵다.

일부 평론가들은 "리커창의 집값 억제 조치는 복잡하게 얽힌 부동산 시장에 새로운 희망의 빛을 밝혔다"라고 평가했다. 중국의 부동산 시장은 조정 과정에서 폭등했고 정부가 조정을 하면 할수록 더욱 높이 치솟는 괴이한 현상이 나타났다. 부동산 거품과 함께 정책 거품도 점점 커졌다. 이번 정책도 어떤 효과를 가져올지 대중은 의심의 눈초리를 보내지만 중앙 정부의 거시 정책의 지도를 받는 조정은 부동산 시장이 합리적으로 작동하는 데 긍정적 요소가 되었다.

정책 담당자는 정책에 관한 한 결정적인 영향력을 갖고 있다. 정책 목표의 확정과 구체적인 정책 결정은 해당 정책 분야를 담당한 정부 고위층 인사가 수행한다. 정책 집행의 효과는 크게는 해당 담당 지도자의 결심에 달려 있다. 따라서 정책 담당자에 대한 조정은 정책 목표를 확정하고 구체적인 정책 조항을 결정, 집행하는 데 큰 영향을 미친다.

'새로운 관리가 부임하면 세 점 횃불처럼 기세등등하다新官上任三把火'라는 중국 속담이 있다. 이러한 현상은 승진 단계에 있는 관리에게 보다 분명하게 나타난다. 현재 가장 유력한 차기 총리 후보자인 리커창에게 3년의 치적은 그야말로 중요하기 그지없다.

복잡한 부동산 시장은 리커창의 능력을 시험하고 위신을 수립하는 중요한 무대이다. 부동산 시장은 민원이 가장 빗발치는 곳이고 양회의 초점이며 중국이 발전하면서 직면한 심층적 모순이 집중된 곳이기도 하다. 집값을 통제하지 못해 부동산 시장이 무너지고 경제가 쇠퇴하거나, 폭등하는 집값으로 민원이 폭발해 사회가 불안해지는 것은 모두 중공이 감당할 수 없는 사태이다. 부동산 거품을 해결하려면 능력이 있어야 하는 데다 중대한 결정을 해야 한다. 당시 부동산을 포함한 거시 경제는 리커창이 책임지고 있었다. 이는 리커창이 전반적인 국면을 장악해 복잡한 모순을 해결하는 능력을 검증받고, 위신을 수립할 수 있는 기회가 되었다.

**부동산 시장
붕괴** 리커창이 서둘러 부동산이라는 시한폭탄을
제거하려 하자 많은 네티즌은 아낌없는 성
원을 보냈다. 하지만 해외 언론들은, 중국이 부동산 시장의 개혁을 말
로 그치지 않고 실제 행동으로 옮길지 여전히 회의적이었다.

영국의 《파이낸셜 타임스》는 현재 대부분의 중국 인민은 당국의 시
스템을 잘 알고 있다며 다음과 같이 썼다.

중국의 정책 결정자들은 처음에는 부동산 시장을 조사한 후 강력한 조치
를 통해 부동산 폭등을 억제할 것이라고 밝힐 것이다. 이어 주택과 상업용
건물이 3월 대비 11.7퍼센트 상승해 최고 기록을 갱신했다는 관련 자료가
나올 것이다. 나중에는 무책임하게 이러쿵저러쿵 핑계를 찾을 것이다. 이
것이 중국 대다수 국민들의 관점이다.

진지한 대책과는 반대로 중국 정부는 언론으로 부동산을 억제하는
것을 좋아한다. 이는 별로 놀랄 일도 아니다. 중국 경제의 가장 공공
연한 비밀은 바로 지방 정부가 부동산 시장의 활황에 의존하고 북경
의 중앙 정부는 이런 지방 정부에 의존한다는 것이다. 토지 매매(정확
히 말하면 장기 임대)는 2009년에 40퍼센트나 급성장했고 이로 인해 중
앙정부의 재정 수입은 1.4조 위안에 달했다.

정부 측에서 공식 발표한 제1분기 GDP를 보면, 부동산에 대한 투
자는 동기 대비 35퍼센트 성장했다. 이는 경제 성장에 가장 크게 공헌

한 요소다. 가격을 제외하고 거래 건수와 투자도 3월에 현저한 상승세를 보였다. 하지만 그전에 폐막된 전인대에서는 부동산 시장에 대해 어떠한 대책도 나오지 않았다.

냉정하게 말하면 이처럼 거대하고 분산된 시장을 규제하는 것은 결코 쉽지 않다. 국유 기업인 만과萬科그룹은 6만 4000여 개의 부동산 개발업체 중에서 규모가 가장 크지만 시장 점유율은 2퍼센트에 불과하다. 2008년의 불꽃 튀던 부동산 전쟁의 기억은 아직도 많은 사람들의 뇌리에 생생하게 남아 있다. 당시 북경의 은행들이 부동산 개발업자의 대출을 제한하자 사람들은 개발업자의 회의를 품게 되었다. 이는 가격 약세를 초래했고 판매와 건축은 대폭 감소했다. 이는 왜 이번 미세 조정이 주로 계약금 비율 인상과 두 번째 주택 대출 금리의 인상 등 수요에 관한 조절에 치중했는지 알려준다.

현재 중국은 기준 금리 인상보다 강경한 수단이 필요하다. 주택 구매 세금의 인상도 포함할 수 있다. 정부가 원하기만 하면 가장 효과적으로 브레이크를 걸 수 있다. 2월부터 3월까지 은행은 신규 대출을 5분의 1로 줄였다. 하지만 아직까지 주택 구매자와 부동산 개발업자들은 당국이 자신의 돈줄을 끊어버릴 거라 믿지 않는다.

《월 스트리트 저널》은 논평에서 다음과 같이 지적했다.

중국 관리들은 탁상공론을 좋아하는데 이는 행정적인 문제일 뿐만 아니라 정치적인 문제이다. 하지만 한 문제가 정치적인 수위까지 부상하면 관례를 깨고 복잡하게 얽혀 있는 문제를 일사천리로 명쾌하게 처리하곤 한다. 이치 따위는 전혀 따지지 않는 때도 있다. 이때는 무엇보다 결과가 가장 중요하기 때문이다. 과정은 중요하지 않다. 심지어 결과가 왜곡된다고 해도 말이다.

현재 집값 억제를 급선무로 하는 새로운 부동산 정책은 어쩌면 정치 운동으로 승격될 가능성도 배제할 수 없다. 정치 운동의 가장 중요한 특징은 바로 정치가 시비곡직을 정확히 판단하는 가장 유력하고 유일한 표준이 된다는 점이다.

4월 28일자 《중국일보中國日報》는 증권감독관리 부서의 한 익명 인사의 말을 인용해 "통제력을 상실한 집값을 억제하기 위해 중국 정부는 부동산 회사의 주식 융자를 중단하기로 결정했다"라고 보도했다. 이는 자금이 부동산 개발업체로 흘러가는 것을 제한하기 위한 조치임이 분명하다. 앞서 신화통신도 중국증권감독관리위원회의 한 관리의 말을 인용해 다음과 같이 보도했기 때문이다.

중국증권감독관리위원회는 두 가지 유형의 기업에 초점을 맞춰, 융자를 신청하면 국토자원부의 의견을 구해야 한다는 방안을 내놨다. 여기서 두 가지 유형의 기업이란 하나는 자금을 모집해 부동산에 투자하는 자본형 금융 기업이고 나머지는 부동산 경영 업무를 포함하고 있는 자본형 금융 기업이다.

부동산 가격 억제는 새로운 부동산 정책의 당면 과제다. 중국증권감독관리위원회는 현재의 정치 상황에 밀착한 조치를 취했다. 하지만 경제적인 측면에서 볼 때 과연 합리적인가?

류강劉罡은 평론에서 다음과 같이 지적했다.

부동산 개발 업체에 유입되는 자금을 제한하면 이 업체들이 토지 가격을 담합하려는 충동을 강력하게 막을 수 있다. 하지만 주택의 유효 공급에는 아무런 역할도 할 수 없고 부동산 가격을 합리적 수준으로 자연스럽게 되돌리는 데도 아무런 도움이 안 된다. 이는 마치 죽을 끓일 때 죽이 눌어붙지 않도록 불을 약하게 하는 것과 비슷하다. 불을 아무리 약하게 하더라고 가마 안에 물이 부족하면 죽은 눌어붙기 마련이다.

《상해증권보上海證券報》도 익명의 소식통을 인용해 "북경 당국은 국무원의 '일부 도시의 부동산 폭등을 단호하기 억제하기 위한 통지關于堅決遏制部分城市房價過快上漲的通知'를 관철하기 위해, 곧 지방 세칙을 공포해 개인 명의로 주택을 3채 이상 구매하지 못하게 하고, 1년 이상 납세하지 않은 외지인의 주택 대출을 기본적으로 중단하며, 북경 시민의 주택 구매량도 제한할 것이다"라고 보도했다.

류강은 "이러한 조치를 단호하고 신속하게 시행한다면 단시일 내에 북경의 주택 가격은 크게 내려가지만 중국 주택 제도 개혁은 퇴보할 것이 분명하다"라고 지적했다.

하지만 심천의 한 네티즌은 인터넷에서 다음과 같이 말했다.

현재 중국의 부동산 시장은 절대 다수 권력층의 이익과 복잡하게 얽혀 있다. 권력층은 불법 행위를 서슴지 않고 자행하며 공공 정책과 모든 '발언권'을 좌지우지하고 있다. 중남해에 있는 아홉 나리 중에는 친척이나 수하들이 부동산과 아무 관련이 없는 사람이 과연 한 명이라도 있을까? 지방 정부와 한배를 탄 이른바 업계의 엘리트들이야 더 말할 나위도 없지 않는가?

판단 능력이 조금만 있는 사람이라면 현재의 부동산 시장은 집값 폭등만을 통제한다고 해서 결코 해결할 수 없다는 것을 잘 알고 있다. 심천에서 일어난 일련의 사건에서 중국의 엘리트 집단은 자신의 재산을 몰래 빼돌리거나, 유럽이나 미국 여권을 만들어놓고 행여 일어날 일에 대비하고 있다.

지금 중국은 어떤 엘리트 집단(계파에 상관없이)이든 권력을 장악한 자는 이러한 현실에 진정으로 책임지려 하지 않는다. 이는 한 민족이 오랜 시간 동안 독재를 겪으면서 집단적으로 사고 능력을 잃어버리고 타협하려고만 한 것에 대한 필연적 대가이다.

심천의 또 다른 네티즌은 아래와 같이 의미심장한 글을 남겼다.

정부가 이번에는 진짜로 칼을 뽑았다는 사실을 믿으라고 국민에게 요구한다. 그럼 전에는 그냥 시늉만 했단 말인가? 양치기 소녀가 승냥이가 왔다고 소리치는데 이번에는 믿어야 할까? 나는 지나치게 비싼 집값은 사회의 정상적인 질서를 위협하지만 그것이 전부는 아니라고 생각한다. 지금 정부는 부동산 시장의 거품을 터뜨리지 못하고 있다. 집값 폭락은 또 다른 사회적 대혼란을 야기할 것이다. 거품이 터진다면 이는 편향된 경제 정책과 그로 인해 발생한 심각한 사회 모순이 폭발한 결과이다.

식견이 있는 사람이라면 '어떻게 공평하고 평등하게 사회 발전의 성과를 나눌 것인가'가 가장 근본적인 문제임을 분명히 알 것이다. 엉뚱한 곳에 발을 딛고 있다면 그와 관련된 정책은 논의해봤자 소용이 없다. 지금이 바로 그렇지 않은가?

일부 네티즌은 다음과 같이 주장했다.

정부는 아직도 집값이 지나치게 비싸다는 데 동의하지 않는다. 총리는 이미 '인민은 집값 폭등에 불만을 갖고 있다'고 말했다. 집값이 오르는 것은 상관없지만 폭등하지 않고 조금씩 오른다면 인민은 만족할 것이라는 의미이다. 따라서 그는 집값을 '합리적인 가격으로 안정시키자'고 요구했다. 현재 집값이 오르는 추세로 보건대 아직 총리가 생각하는 합리적인 수준에 도달하지 못했다. 즉 집값은 앞으로 계속 오른다는 말이다.

남경의 한 네티즌은 다음과 같은 글을 남겼다.

옥수玉樹(청해성에 있는 현으로 2010년 4월 14일 지진이 발생해 2000명이 사망했다-역자 주) 지진은 때아닌 시간에 발생했다. 집값 문제로 격화된 사회 모순은 지진 발생으로 희석되었다. 중앙 정부의 아홉 나리는 잠시 숨 쉴 겨를을 찾았다. 1인자와 2인자의 아들은 모두 재산을 수십 억 위안 소유한 부자들이다. 그들의 비리가 수면 위로 떠오르려던 찰나, 지진으로 전국의 인민들은 슬픔에 빠졌고 비리 이슈는 물밑으로 가라앉고 말았다.

거시 경제의 대권을 장악한 리커창은 이런 네티즌의 글을 보고 어떤 느낌을 받았을까? 중국 네티즌의 글에서 '부동산 시장은 시한폭탄과 다름없다. 이를 근본적으로 제거해야 한다. 그렇지 않으면 시한폭탄은 곧 터질 것이다'라는 사실을 알 수 있다.

후진타오와 혁명 선배들과 함께(1984)

화로를 이고 천 리 길을 나서다

리커창이 총서기 서열 다툼에서 시진핑에게 밀린 것은 지방 업구 당시 발생한 많은 대형 사건 사고 탓도 있다. 하남성과 요령성에서 쌓은 그의 치적들이 대형 사건 사고로 퇴색되었고 리커창의 정치적 입지에도 적지 않은 타격을 주었다.

대형 사건이 일어날 때마다 그는 사건을 무마하기보단 사건의 원인과 책임을 규명해 언론에 가감 없이 보도하게 하고 피해자들의 보상 문제와 재발 방지 대책을 신속하게 처리함으로써 난국를 타개하는 모습을 보였다. 대형 악재가 리커창의 발목을 잡은 것은 사실이지만 역설적으로 그의 뛰어난 위기 대처 능력을 중국 사회에 보여주는 계기가 되기도 했다. 중앙 정계에 진출한 후에도 리커창의 시련은 계속 되었다.

차기 총서기 후보자 서열 다툼에서 시진핑에게 밀린 후 차기 총리 적임자의 자질을 가늠할 수 있는 첫 시험 무대에서 리커창은 씁쓸한 실패를 맛본다. 리커창은 '작은 정부'를 핵심으로 한 '대부제 개혁'을 실시하지만 각 부처 간의 이해 관계 충돌과 관료들의 극심한 저항으로 개혁은 실패로 돌아간다. 2009년에는 인민의 큰 관심을 끈 '의약위생체제 개혁안'이 시작되었다. 의약위생체제 개혁의 목표는 시장화를 포기하고 공공의료로 체제를 전환해 도시와 농촌의 주민들이 기본 의료 보장 제도의 혜택을 받게 하는 것이다. 하지만 1년 동안 진전은 더디기만 했고 큰 효과를 거두지 못했다. 두 개혁의 실패로 리커창의 정치적 입지가 흔들렸다. 반면 리커창의 가장 강력한 경쟁 상대인 시진핑은 해외와 지방을 빈번하게 방문, 시찰하면서 차세대 중국 최고 지도자로서의 패기를 보여주었다.

리커창의 중국 경제 3대 중점 과제

내수 확대	혁신 강화	개혁·개방
-도시화 추진 -농촌 생활 환경 개선 -서비스업 확대	-연구 개발 투자 확대 -과학기술 인재 양성	-구조 조정 가속화 -시장 메커니즘 작동 보장 -시장 개방 확대 -기업 간 공정 경쟁 환경 보장

"우리는 TV를 통해 리커창 부총리의 활동을 볼 수 있었지만
그의 진면모를 볼 수 없었다. 문건에서 리커창 부총리가 지시한 내용을
볼 수 있었지만 그의 진정한 목소리를 들을 수 없었다."
_익명의 중국 관리

"리커창은 후진타오의 승계 과정을 총체적으로 잘못 따라해
상황 변화를 인식하지 못했다."
_허핀(정치평론가)

후진타오와 함께 북경 지단 병원에서
에이즈 예방 업무 상황 시찰 »

길게 드리운 재난의 그림자

수백 명의 희생자에 침식을 잊다 　최연소 공청단 제1서기, 최연소 성장, 최연소 성 서기, 최연소 정치국 상구위원 발탁. 후진타오의 두터운 신임을 얻으며 한때 국가주석 1순위 후보였던 리커창의 정치 행보는 거칠 것이 없어 보인다. 그러나 리커창이 총서기 서열 다툼에서 시진핑에게 밀린 원인으로 지방 업무 당시 발생한 많은 대형 사건·사고를 꼽을 정도로 수많은 위기가 그의 정치 생명을 옭아매기도 했다.

　리커창이 1999년 2월 하남 성장으로 임명되고 나서 하남에는 세 차례의 대형 화재가 발생했다.

2000년 3월 새벽 3시, 석탄 산지로 유명한 초작焦作 산양구山陽區에 있는 천당天堂 극장에 갑작스레 불이 나 관객 74명이 죽었고 한 사람이 중화상을 입었다.

신화통신은 "타지에서 조사·연구 중이던 하남성 당서기 마중천과 성장 리커창은 관계자들에게 신속히 화재 사건을 수습하라고 지시했고 리커창은 화재 현장을 둘러보고 관련 부처 긴급회의를 소집했다"라고 대대적으로 보도했다.

두 달 뒤인 5월 오후 2시 30분, 개봉시 면마棉麻 공장 행화영杏花營 창고에서 또 한 차례 대형 화재가 발생했다. 경찰과 군인 600여 명과 공무원 1000여 명이 진화 작업을 벌여 밤 11시경에야 가까스로 불길을 잡을 수 있었다. 화재로 타버린 목화와 마는 국가에서 비축용으로 개봉 창고에 잠시 보관 중이었다.

화재 발생 직후 리커창은 즉시 조사팀을 구성하는 한편 개봉시 당국에도 화재 원인을 조사하라고 지시했다. 빠른 시일 내에 원인을 찾아내어 다시는 이와 같은 일이 발생하지 않도록 경각심을 불러일으키자는 목적이었다. 조사 결과 그날 당직을 선 직원이 아이와 함께 창고에 들어갔다가 아이의 불장난으로 화재가 난 것으로 판명되었다. 이 사고로 하남성의 직접적인 경제 손실은 600여 만 위안에 달했다.

연달아 발생한 화재로 마중천은 티베트에서 당서기로 있던 천구이위안에게 당서기 자리를 내주어야 했다. 리커창은 취임한 지 1년밖에 안 되어 엄중한 책임 문책은 피할 수 있었다. 불행은 혼자 오지 않는다고 했던가? 당서기를 교체한 지 2개월 만인 2000년 12월 25일 저녁 9시경, 또 한 차례의 화마가 모란의 도시 낙양을 덮쳤다. 4층짜리 노래방 건물은 전소되었고 사망자는 무려 309명에 달했다. 이는 중공이 집권한 이래 두 번째로 사망자가 많은 대형 사건이었다.

조사 결과 원인은 불법 작업으로 드러났다. 무자격 용접공 4명이 지하에서 용접하는 과정에서 불꽃이 튀어 불이 붙었다. 불은 바로 옆 가구 백화점으로 옮겨 붙었고, 통풍이 잘 안 되는 지하 2층에서 발생한 불은 유독 가스를 뿜으며 4층까지 치솟았다. 4층에는 노래방과 사무실 그리고 회의실이 있었다. 이 화재는 해외에서도 큰 파문을 일으켰다. 외국 지도자와 유엔 사무총장이 하남성을 방문했으며 연일 해외 일간지의 1면을 장식했다.

리커창이 하남에서 관직을 맡고 있는 동안 탄광 사고도 빈번했다. 하남을 떠나기 전인 2004년 말에도 대형 사고가 두 차례나 터졌다. 10월 20일에는 정주석탄그룹 산하의 태평太平탄광에서 과전류로 폭발 사고가 발생해 148명이 죽고 32명이 크게 다쳤다. 11월 11일에는 평정산시平頂山市 진산현郟山縣에서 전기 폭발 사고로 33명이 사망했다. 원인은 탄광 소유자가 안전 규정을 무시한 데 있었다. 이 과정에서 담당 공무원의 비리도 드러났다.

리커창은 사태를 수습하기 위해 혼신의 힘을 쏟아야 했다. 중공 관영 언론의 말을 빌리면 "리커창은 1998년 6월부터 2004년 12월 12일에 이르는 6년 반 동안 침식도 잊은 채 일에 집중했다."

에이즈가
숨통을 죄어온다

한때 독성 밀가루 파문으로 세상을 떠들썩하게 했던 하남. 이 지역은 또 파룬궁 신도가 유난히 많은 곳이었다. 꼬리를 물고 터지는 관련 사건들은 그야말로 하

요령성 본계현 노래방 폭발 사고(2000). 리커창이 총서기 서열 다툼에서 시진핑에게 밀린 원인으로 지방
업무 당시 발생한 많은 대형 사건·사고를 꼽을 정도로 수많은 위기가 그의 정치 생명을 옭아맸다. 리커
창이 1999년 2월 하남 성장으로 임명되고 나서 하남에는 세 차례의 대형 화재와 탄광 사고가 빈번히 발
생했다.

하남 에이즈 마을(2002). 하남에 에이즈가 퍼진 사건은 탄광 사고 못지않게 세계를 뒤흔들며 하남은 에이즈의 온상이라는 불명예까지 안겨주었다. 이처럼 대형 사건이 일어날 때마다 그는 사건을 무마하기보단 사건의 원인과 책임을 규명하여 언론에 가감 없이 보도하게 하고 피해자들의 보상 문제와 재발 방치 대책을 신속하게 처리해 난국을 타개하는 모습을 보였다.

남의 골칫거리였다.

에이즈가 하남에 퍼진 사건은 탄광 사고 못지않게 세계를 뒤흔들었다. 일부 언론은 "하남 위생 부서에서 혈액 판매 행위를 방임한 결과 불법 혈액 매매가 성행했고 에이즈가 확산되었다"라며 "하남은 '에이즈의 온상'라는 불명예를 안게 되었다"라고 정부를 맹비난했다.

다음은《중국청년보中國靑年報》에 실린 내용이다.

1999년 하남에 연수하러 온 우한武漢의 한 의사는 자신의 고향인 상채현上蔡縣 원루촌文樓村 주민들이 이상한 병에 걸려 죽어나가고 있다고 의사인 구이시언桂希恩에게 밝힌다. 구이시언은 의사의 직감으로 불길함을 느꼈다. 현지에 도착해 11명의 혈액을 검사한 결과 10명이 HIV에 감염되어 있었다. 구이시언은 즉시 현지 정부에 보고하고 2개월 후에 다시 원루촌을 방문해 140여 명의 혈액을 채취했다. 검사 결과 반수 이상이 HIV 양성 반응자였다. 베일이 벗겨지는 순간이었다. 하지만 현지 정부는 천구이위안에게 고마움을 표시하기는커녕 조사를 못하도록 제지했다. 신변의 위협을 받자 그는 정부의 감시를 피해 비밀리에 조사를 시작했다.

하남성에 에이즈가 확산된 것은 불법 매혈과 관련이 있다. 불법 매혈이 돈이 된다는 것을 알게 되자 사람들은 앞다투어 혈액 센터를 열기 시작했다. '혈장 경제'가 가동되기 시작한 것이다. 혈액에서도 주로 혈장이 판매 가치가 있었다. 혈액 센터는 원심분리기를 이용해 혈장을 분리한 후 그 피를 다시 농민들의 혈관에 주입했다. 혈액 속에 남아 있는 적혈구가 피 생성에 도움이 되므로 사람들이 또다시 혈액을 팔러 오게 하기 위한 속셈이었다. 하지만 혈액 채취와 주입 과정에서 많은 사람들의 혈액이 섞이면서 교차 감염이 일어났다. 감염자는 기하급수적으로 늘어 하남성의 에이즈 환자는 30만 명을 넘어섰다.

사태는 악화 일로로 치달았다. 리커창은 즉각 불법 대혈을 단속하고 성 내에 합법 혈액 센터 18곳을 설립했다. 당시 하남성 제1서기였던 리커창은 2003년부터 2004년 초까지 원루촌을 세 차례나 방문해 에이즈 환자들의 무상 치료를 약속했다.

2004년 초, 리커창은 다시 250여 명의 공무원과 의사로 구성된 의료봉사대를 38곳의 에이즈 다발 지역에 파견했다. 의료봉사대는 청장급 간부를 필두로 현지에서 1년간 상주하며 환자의 치료를 도왔다. 관영 언론에 따르면 10년 동안 하남을 괴롭힌 에이즈는 그제야 비로소 통제되기 시작했다. 사망자도 급격히 줄었다. 에이즈가 가장 심각했던 주마점시駐馬店市의 사망률은 2001년의 11.58퍼센트에서 2006년에는 5.56퍼센트로 감소했다. 하남성은 매혈자를 상대로 한 달 남짓한 조사를 거쳐 HIV 감염자 2만 5036명을 찾아냈다. 그중 1만 1815명은 기존의 에이즈 환자였으며 2003명은 조사에서 새로 발견한 환자였다. 리커창은 한 언론과의 인터뷰에서 환자가 많든 적든 현실을 직시해야 한다고 단호하게 말했다. 불법 채혈로 인한 교차 감염은 1995년에 처음 발생해 장기간의 잠복기를 거친 후 막 드러나기 시작했던 것이다. 이 사건에 대해 봉황TV는 여러 차례 현지를 실사하면서 에이즈 예방·치료의 현황과 전망을 집중적으로 보도했다.

2004년 이후부터 많은 언론이 직접 현지에 와서 조사를 하고 하남성 고위층을 만나 실시간으로 상황을 전했다. 하남성의 최고 책임자인 리커창은 환자 수와 매혈자의 감염 상황을 확실하게 파악해야만 효과적인 예방과 퇴치가 가능하고 감염원을 원천봉쇄할 수 있다고 강조했다. 몇 년 후 하남성은 매혈을 법적으로 금지하고 공식 헌혈 센터를 설립해 이를 통해 모든 병원에 혈액을 공급하게 했다. 에이즈 환자에게 무료로 항바이러스 치료와 기회감염 치료를 진행했다. 에이즈로 인한 질병은 물론, 면역력 저하로 인한 질환도 모두 무상으로 치료했다. 발병률이 높은 지역과 마을은 환자들이 정상적인 생활과 심신의 안정을 되찾도록 지원을 아끼지 않았다. 성 정부는 에이즈 환자가 있는 가정에 기초 생활비를 지원하고 농민세도 전액 면제해주었다. 에이즈로 고아가 된 아이는 하숙, 입양, 단체 부양 등의 방식으로 기초 생활을 보장했고 학비도 정부에서 지원했다. 아울러 에이즈 다발 지역에는 도로, 상하수도, 전기 등의 시설을 확대했다. 리커창은 에이즈 퇴치에 인적, 물적 지원과 예산을 아껴서는 절대 안 된다고 재삼 당부했다.

2000년 에이즈가 발병하자 당시 정부는 보조금으로 1600만 위안을 지원했으나 2004년에는 중앙 정부의 보조금까지 합쳐 모두 2억 위안을 지원했다. 리커창은 그해 7월부터 청장급 간부를 팀장으로 한 테스크포스팀 53개를 구성해 18개 시와 35개 위험 지역을 전면으로 조사했다. 당시 조사에 참여한 공무원과 의료진만 100만 명을 넘었다는 후문이다.

이러한 공개적이고 대대적인 조사가 하남성의 대외 이미지를 실추시킨다고 우려하는 사람도 적지 않았지만 리커창은 국민의 알 권리가 무엇보다 중요하다며 사실 대로 발표하라고 지시했다. 기자 회견에서 하남성 위생 청장 마진엔중馬建中은 현재 하남성에는 2만 5000명에 달하는 감염자와 1만 1800명을 넘는 에이즈 환자가 있다고 발표했고, 정부의 이러한 솔직한 발표는 국민의 큰 호응으로 이어졌다.

요령성 부임 당시에도 여러 악재가 리커창의
발목을 잡았다. 리커창이 요령성 당서기로
부임한 지 2개월 만에 세계를 경악케 한 광산 사고가 요령성에서 발생했다. 2005년 2월 14일 요령 부신광업그룹 손가만孫家灣광산에서 거대한 가스 폭발 사건이 일어나 총 214명이 목숨을 잃었고 30명이 다쳤으며, 경제 손실은 4969만 위안에 달했다. 이는 중화인민공화국 건국 이래 정부에서 공표한 광산 사고 중에서 최다 사망자를 기록한 참변이었다. 관영 통신에 따르면 사고 발생 직후 후진타오와 원자바오는 즉시 해당 지방 정부와 중앙의 관련 부처에 대책을 세우라고 지시했다. 그들은 우선 치료에 주력해 인명 피해를 최대한 줄이고 더 이상 유사한 사고가 재발하지 않게 대비책을 강구하라고 지시했다. 국무위원 겸 국무비서실장 화지엔민華建敏을 대표로 국무원 구조 팀을 현장으로 파견해 구조 작업을 돕도록 했다.

3일 후 국무원의 '부신광업그룹 손가만광산 2·4 가스 폭발 사고' 조사팀이 요령 부신에서 정식으로 결성되었다. 사고 조사팀은 광산 안전, 감찰, 노동 조합 등 관련 부서로 구성되었고 전문가 7명을 초빙해 본격적인 조사에 착수했다.

2월 23일 원자바오 총리는 국무원 상무회의를 열어 광산의 안전성을 높이고 정부와 기업의 리더십과 책임감을 강조했다. 사고 원인을 밝히고 책임 소재를 분명히 하기 위해 국무원은 요령성의 공업과 안전 생산을 주관하는 부성장 류꿔창劉國强에게 정직 처분을 내렸다. 부신광산그룹과 손가만광산 책임자는 사고 원인을 규명한 후 처벌하기로 결정했다. 또 검찰부 부장(한국에서는 장관급-역자 주) 리즈룬李至倫

을 필두로 한 사고 처리팀을 파견해 사건을 면밀히 조사해 관계자에게 엄중한 책임을 물을 것을 지시했다.

손가만광산 사고에 이어 장해현長海縣에서 선박이 침몰해 19명이 사망했고 부신 오룡五龍의 광산 사고로 32명이 사망했다. 무순노호대撫順老虎臺에서 광산 사고로 29명이 사망했고, 철령鐵領의 제철소에서 도가니가 떨어져 32명이 사망했다. 중국 안전 생산 총검찰국에 따르면 불과 2년 반 만에 대형 사고가 다섯 번이나 일어나 326명이 목숨을 잃은 것이다.

손가만광산 사고 이후 해외 언론과 정치 전문가들은 리커창의 정치적 미래에 더욱 주목하기 시작했다. 뉴욕 해밀턴 대학에서 중국 정치계의 엘리트를 연구하는 리청李成 교수는 리커창이 재능에 젊음까지 겸비했지만, 이번에는 아쉽게도 운이 따라주지 않았다고 말했다.

어떤 이는 요령에서 두 달 사이 발생한 무순과 철령의 사망 사고로 리커창이 큰 타격을 입을 것이라고 예상했다. 그러나 리핑李平의 생각은 달랐다. 그는 오히려 리커창의 위기 대처 능력에 감탄했다. 노호대광산 사고가 발생했을 때 북경에서 전인대에 참석 중이었던 리커창은 재빨리 지방 공무원에게 안전 생산 총검찰국과 언론에 사고 발생을 통보하도록 지시해 여론 몰이를 막았다.

철령제철소 사건이 일어나자 리커창은 현장으로 급히 달려가 사건을 진두지휘했다. 그날 책임자 4명이 검거된 후 피해자 가족에게 보상금으로 1만 위안을 지급하고 생존자들을 언론 인터뷰에 응하도록 했다. 그는 단 하루 사이에 모든 일을 마무리했다. 그의 위기 대처 능력은 다른 고위직 간부가 배워야 할 점인 것 같다.

대형 사건이 일어날 때마다 그는 사건을 무마하기 보다 사건의 원인과 책임을 규명하여 언론에 가감 없이 보도하게 하고 피해자들의 보상 문제와 재발 방지 대책을 신속하게 처리함으로써 난국를 타개하는 모습을 보였다. 대형 악재가 리커창의 발목을 잡은 것은 사실이지만 역설적으로 그의 뛰어난 위기 대처 능력을 중국 사회에 보여주는 계기가 되기도 했다.

밥 그릇 싸움에 밥상을 엎다

대부제 개혁의
실패

요령성을 떠나 부총리 부임 시절에도 시련은 닥쳐왔다. 차기 총서기 서열 다툼에서 시진핑에게 밀린 후 차기 총리 적임자의 자질을 가늠할 수 있는 첫 시험 무대에서 리커창은 쓸쓸한 실패를 맛보았다.

리커창이 지휘한 '대부제大部制' 개혁이 성과를 내지 못한 것이다.

과거에 수차례 반복된 정부 조직 구조 조정과 이번의 대부제 개혁은 본질적으로 차이가 없었다. 지난 다섯 차례의 조정에 비해 변동 폭은 오히려 더 적었다. 한때 이슈로 떠오른 대에너지부, 대농업부, 대문화부 등은 결국 설치하지 못했다. 정책 결정자가 가장 보수적인 방안을 채택한 것이 가장 큰 원인이었다.

정치평론가 허핀은 모든 책임을 리커창한테 물어서는 안 된다고 주장했다. 중남해에 입성한 지 얼마 안 되는 정치 신예 리커창이 직면한 문제는 예전에 그 누구도 해결하지 못한 난제였다. 소문만 무성하지 실질적 효과는 별로 없는 대부제 개혁 사건을 통해, 관료 계층의 저항은 과거의 보수적 이데올로기보다 더 타파하기 어렵다는 사실이 드러났다. 이데올로기는 정치적 동원을 통해 해결할 수 있지만 관료 계층의 저항은 내부 교환으로는 해결하기가 어렵기 때문이다.

중국 관영 매체는 대부제 개혁을 '이번 개혁은 질적 향상과 직무 전환에 치중했다. 단순하게 기구를 철수, 합병하거나 감축한 것이 아니다. 개혁 방식도 각 지방의 실정에 맞게 진행되었고 각자 차이점이 있었다'고 선전했지만 결국은 자기 위안에 불과했다. 그전에 시행한 다섯 번의 기구 조정을 돌이켜보면, 기구를 철수, 합병하거나 감축한 것만은 아니고 직무 기능을 전환하고 질적 향상에 치중했다고 말할 수 있다.

1982년 국무원은 부처를 100개에서 61개로 줄였다. 인원도 5만 천 명에서 3만 명으로 감축했다. 1988년에는 45개 부처와 위원회를 41개로 줄였고, 직속 기구는 22개에서 19개로, 비상설 기구는 75개에서 44개로 줄였다.

1993년 3월에는 부처와 직속 기구를 86개에서 59개로 감축했으며 4월에는 직속 기구를 19개에서 13개로, 사무 기구는 9개에서 5개로 줄였다. 1998년에는 15개 부처와 위원회를 없애고 4개 부처와 위원회를 신설했으며 3개 부처와 위원회의 이름을 바꿨다. 개혁 후 판공청辦公廳을 제외하고 부처를 기존의 40개에서 29개로 줄었다.

2003년에 국무원은 판공청을 제외한 기타 29개 부처를 28개로 조정했고 경제무역위원회와 대외 경제 무역부를 합쳐 신규 설립한 상무부에 귀속시켰다. 국가발전계획위원회는 국가발전개혁위원회로, 계획생육위원회는 국가인구계획생육위원회로 개명하고 국유자산감독관리위원회와 중국은행업감독관리위원회를 새로 설치했다.

위의 지난 다섯 번의 조정을 보면, 변동 폭이 점점 작아진 것을 알 수 있다. 이번 전인대에 제출한 리커창의 방안은 국무원의 28개 부처를 27개로 줄였다. 자세하게 보면 공업정보화부, 고통운송부, 인력자원사회보장부, 환경보호부, 주택도시농촌건설부를 신설하고 국방과학기술공업위원회, 정보산업부, 교통부, 인사부, 노동사회보장부, 건설부를 폐지했다.

사람들이 가장 많이 원한 에너지자원부는 신설하지 않았고 미니 국무원이라고 늘 혹평받은 발전개혁위원회는 철폐하지 않았다. 이번 방안은 부처 간에 기능만 조정했을 뿐 본질적인 변호와 개혁을 꾀하지 못했다. 쉽게 말해 이름만 조금씩 고쳤을 뿐 개혁과는 거리가 멀었다.

예를 들면 국방과학기술공업위원회를 철폐했는데 이 기구는 군부에서 설립한 총장비부(중국인민해방군 총장비부. 주로 인민해방군의 무기와 장비를 관리하는 부처 – 역자 주)에 밀려 원래 관할 업무가 거의 없었다. 굳이 이를 국방과학기술공업국으로 바꿔 설치할 필요가 있었을까?

신설한 공업정보화부는 약속과는 달리 방송 업겨를 관할하지 않고 발전개혁위원회에서 관리한 담배전매국과 신설된 국방과학기술공업국을 관할하게 되었다. 이는 발전개혁위원회의 일부 권한을 공업정보화부에 넘긴 것이라고 볼 수 있다.

인사부와 노동사회보장부는 인력자원사회보장부로 합병되었다. 하지만 이는 한 개 부처를 두 개 부처로 갈라놓았다가 두 거 부처의 직무 기능이 중복, 충돌되어 다시 합병했을 뿐이다.

대부제 방안에 긍정적인 측면이 전혀 없다는 뜻은 아니다. 일부 기구나 부처의 격상과 격하, 부처 간의 기능 조정은 다소나마 도움이 될 것이다. 하지만 이는 후진타오가 17대 보고서를 통해 요구하고, 인민들이 원한 개혁과는 거리가 멀다. 일부 학자들이 "대부제 개혁은 향후 정책의 결정, 집행, 감독의 3권 분립으로 나가고 심지어 정치 체제 개혁의 발단이 될 것이다"라고 떠들어댔지만 이는 결국 아름다운 동화 한 편에 지나지 않았다.

중국의 행정 개혁이 복잡하고 힘들다는 것은 모두 잘 알고 있다. 그 누구도 하루아침에 모든 것이 바뀔 것이라고 기대하지 않는다. 그렇다 하더라고 대부제 방안은 모두에게 너무나도 큰 실망을 안겨주었다. 개혁이 큰 성과를 내지 못한 것은 이익 집단의 반발이 거센 데다가 정책 결정자들이 둔하고 역량이 부족했기 때문이다.

서방 언론은 정치 개혁이 단행되지 않는 한 대부제는 성공할 수 없다고 단도직입적으로 평가했다. 말은 맞지만 너무 평면적인 평가라고 할 수 있다. 대부제의 핵심은 바로 '작은 권력(작은 정부)'이다. 하지만 현재 중국의 정치 현실을 보면, 단시일 내에 정치 개혁을 실행하기는 어렵다. 정부가 권력을 행사하는 기구에서 서비스를 제공하는 기구로 바뀔 수 없어 작은 정부는 기대하기 어렵다는 얘기다. 지난 10여 년간 정부와 관료는 권력을 통해 개혁의 가장 큰 수혜자가 되었다. 진정한 정치 개혁은 이런 기득권자들의 반대로 결국 무산되고 마는 것이다. 중국에서 법령이 원활하게 집행되지 못하고 많은 부처에서 서로 다른 법령을 내놓는 것은 권력이 부처에 집중되고, 부처는 이익을 추구하며, 이익은 집단화되었기 때문이다. 대부제 개혁은 각 부처의 기득권층과 이익 집단의 결탁을 차단하고 권력과 자본 구조의 판도를 재편하려 했다. 새로운 개혁안이 나올 때마다 누구나 꼭 필요한 방안이라며 떠들어대지만 막상 실천하려면 각 부처에서 심각한 저항에 부딪쳤다.

물론 중앙의 정책 결정자도 개혁의 실패로 민간 부문이 활력을 잃고, 시장 경제가 침체되면 손해 보는 것은 결국 자신이라는 사실을 잘 알고 있었다. 이러한 이유로 개혁에는 조금이나마 동력이 존재했다. 중국은 최근 주저와 의심을 반복하면서 새로운 부흥의 길을 모색하고 있다. 이 대부제 개혁의 실패는 사람들에게 개혁이 점점 어려워진다는 사실을 일깨워주었다.

앞에서 누르고 뒤에서 붙잡고

위태위태한
경쟁 구도

중공 17대 이후 2년여 동안, 중국 정계의 차세대 리더 후보들은 나름대로 솜씨를 선보이면서 언론의 주목을 받았다. 보시라이는 충칭에서 창훙타흑唱紅打黑(공산당 찬양 및 조폭 소탕 캠페인-역자 주)을 주장해 파문을 일으켰고 왕양은 광동에서 등롱환조騰籠換鳥(새장을 비워 새를 바꾼다-역자 주)라는 슬로건을 내세워 여론의 집중 조명을 받았다. 리커창의 가장 강력한 경쟁 상대인 시진핑은 해외와 지방을 빈번하게 방군, 시찰하면서 차세대 중국 최고 지도자로서의 패기를 보여주었다. 반면, 리커창은 오랜 시간 사람들의 시선에서 벗어나 투명인간으로 지내왔다. "우리는 TV를 통해 리커창 부총리의 활동을 볼 수 있었지만 그의 진면모를 볼 수 없었다. 문건에서 리커창 부총리가 지시한 내용을 볼 수 있었지만 그의 진정한 목소리를 들을 수 없었다." 이는 당시 한 관리가 리커창 부총리를 평한 말이다.

중앙에 입성한 후 리커창이 이토록 잠잠하고 존재를 감지할 수 없는 투명인간으로 지내자 외부에서는 다양한 추측을 내놓기 시작했다. 억측과 분석도 빗발치기 시작했다. 심지어 북경 정계에서는 다음과 같은 유언비어가 나돌기까지 했다. 즉 리커창의 대타로 배치한 왕치산이 다크호스로 등극할 가능성이 높으며 리커창을 추월해 원자바오의 총리직을 승계하게 된다는 소문이었다. 홍콩의 모 시사 잡지는 이런 내막을 머리기사로 다루면서 리커창이 전인대위원장을 맡고 왕치산이 국무원 총리에 등극할 것이라고 확신에 찬 논조로 보도했다. 북경대 법학과 출신인 리커창은 중앙의 정책 결정자 중에서 '유일하게 법학 배경을 가진 인물'로서, 입법을 주관하는 전인대위원장직에 그가 가장 적임이라는 주장도 나왔다. 사실 이는 좌천설과 다름없었다. 또한 중국의 최고 지도부에 입성한 후 리커창의 행적은 후진타오를 실망시켰고 후진타오는 리커창 대신 리위안차오李源潮와 링지화令計劃를 발탁하려 했다는 소문도 떠돌았다.

리커창이 2년 동안 우유부단한 모습을 보인 데에 허핀은 다음과 같은 분석을 내놓았다. "리커창 후진타오의 승계 과정을 총체적으로 잘못 따라해 상황 변화를 인식하지 못했다."

1980~1990년대, 후진타오는 도광양회韜光養晦(때를 기다리며 힘을 키운다–역자 주) 전략을 고수했다. 왜냐하면 당시 관리들은 원로들의 눈치를 보아야 했고 원로마다 파벌과 주장이 달라 비위를 맞추기가 여

간 어렵지 않았다. 이 때문에 후진타오는 귀주성貴州省과 티베트에서 당서기로 있을 때는 물론이고 중앙정치국 상무위원으로 입성한 후에도 언제나 최대한 조용히 처신했다. 모든 원로들에게 미움받지 않는 것을 원칙으로 삼았으며 과실이 없는 것이 치적이라고 여겼다. 그러나 지금은 인터넷 시대이다. 대중은 정치인에 관한 많은 정보를 갖고 있다. 때를 기다리며 힘을 키우는 자세는 무능으로 인식되어 대중의 괄시를 받거나 속셈이 많은 것으로 폄하되기도 한다. 강한 이미지가 트렌드로 자리 잡았다. 공적이 없다는 것이 과실이 되는 시대이다.

"중공은 2007년과 2008년에 후계 구도를 대체조으로 확정했지만 인선에 대한 고찰과 선별은 마무리하지 못한 상황이다"라고 분석가들은 지적한다. 1950년 이후에 출생한 정계 유망주들은 중책을 부여받은 후에도 여전히 중공 원로, 공산당 그리고 대중의 감시를 받아야 했다. 다시 말해, 인재 발굴과 등용은 정적이 아닌 동적인 과정이다. 경마에 비유하면 불꽃 튀는 경합을 통해 가장 빨리 달리는 말이 챔피언에 등극하는 셈이다. 중공 17대의 선택은 최종 선택이 아니다. 궁극적으로 5년의 임기 동안 시정 운영에서 누가 최고 점수를 획득하는가에 달렸다. 리커창의 조용한 행보와 투명인간의 이미지는 그에게 치명상으로 작용했다.

| 리커창의
총리 자질 | 그러나 갖은 풍상고초와 재난 등의 불운에도 불구하고 리커창이 결국 총리에까지 오르게 |

된 것은 다음과 같은 그의 강점 때문이다.

첫째, 리커창은 정규 교육을 받았고 학문적 기초를 갖추고 있다. 1970년대 말에서 1980년대 초, 리커창은 북경대 법학과에서 공부하면서 중국 개혁·개방 초기의 사상 해방과 북경대의 인문학 풍조의 영향을 많이 받았다. 그 후 리이닝 등 저명한 경제학자의 제자로 중국 경제 개혁의 이슈와 난제를 연구했다. 그는 중국의 경제 발전을 제약하는 체제적 폐단과 개혁 루트에 관해 탁월한 식견을 갖고 있다.

둘째, 집권 경험을 충실하게 쌓았다. 리커창은 중국에서 인구가 가장 많은 농업 대성인 하남성과 공업 대성인 요령성에서 지도자로 일한 경험이 있다. 그는 중원을 주름잡고 동북 대지를 종횡무진하면서 농업과 공업의 난제에 대응하는 노하우를 풍부하게 축적했다. 또한 지난 5년간 국무원 상무 부총리로 일하며 리커창은 거시 경제와 정부의 전반적인 국면을 조율하는 데 익숙하다. 중국의 전통 화법에 따르면 리커창의 벼슬길은 지방을 장악한 후에 중앙으로 올라가는 방식에 속한다.

셋째, 안목이 넓고 난제를 해결하는 능력이 있다. 리커창은 전문가적 지식을 소유했고 실전 경험도 풍부하다. 그는 안휘성의 빈곤한 농촌에서 4년간 분투한 경력을 갖고 있고 '세계를 직시하라'는 현실적 요구를 중시했다. 중공 내부 소식통에 따르면, 그의 통치 스타일은 법칙, 제도와 팀워크를 중시하고 중대한 문제를 해결할 때 일시적인 이익과 장기적인 이익을 동시에 고려한다는 점이 특징이다. 리커창은 언제나 실제에서 출발해 미래를 내다보았고 이론을 토대로 정책을 결정했다. 리커창은 배우기를 즐기고 신중하며 실무적 통치 스타일을 견지해 각종 난제를 해결하는 과정에서 뛰어난 지력과 정확한 판단력을 보여주었다.

현재, 중국은 전면적으로 샤오캉 사회를 건설하는 결정적 시기를 맞아 개혁·개방을 심화하고 경제 발전 방식을 전환해야 한다. 세계 경제는 복잡하고 엄혹하다. 중국이 직면한 문제 또한 태산과도 같다. 중국에는 '나라가 어지러우면 선량한 재상을 선호한다世亂思良相'는 말이 있다.

공청단 제13차 전국대표대회 신임 제1 서기 당선(1993)

6
리커창의 정치적 모태,
공청단

북경대 법학과에 입학한 리커창은 교수와 교우들이 두 손을 치켜들어 인정할 만큼 덕과 재능을 겸비한 준재였다. 당시 북경대의 출중한 인재들이 대부분 미국 유학길을 선택한 것과 달리 리커창은 북경대에 남아 공청단 간부의 길을 걷는다. 그의 의외의 선택을 '권력욕'이라고 치부하는 주변의 시선들에도 불구하고 리커창은 '격동의 시기, 국가의 비상을 위해 사회적 책임을 다하자'라는 결심을 굳힌다.

북경대 공천단 서기를 맡은 리커창은 뛰어난 업무 수행 능력을 보이며 조직을 효율적으로 재정비했다. 리커창이 북경대 공청단 단위 업무를 훌륭하게 수행하자 이를 눈여겨보던 중공이 그를 공청단 중앙으로 불러들였다. 리커창은 1993년 5월에 공청단 중앙 제1서기로 승진한다. 리커창은 듬직한 성품과 능수능란한 일 처리가 후진타오와 많이 닮았다는 평가를 받았다. 그의 가장 큰 장점은 당 중앙과 정세를 절대적으로 따른다는 것인데, 전임 공청단 중앙 제1서기였던 후진타오와 쑹더부 때부터 이어온 '안정 속에서 진보를 추구한다'는 방침을 계승했고 당 중앙의 노선, 방침 정책을 그대로 받아들이는 입장을 취했다. 이런 성향 때문에 외부에서는 리커창이 주관하던 시기의 공청단 중앙을 높이 평가하지 않았다. 사상 해방이나 재능 발휘라는 면에서 1980년대 왕자오궈가 공청단 중앙을 주관하던 때보다 못하고 건국 초기 후야오방 때의 생기발랄함이나 청춘의 활력은 찾아보기 어렵다는 것이 일반적인 평가였다.

리커창의 공청단에 대한 일부 세력의 부정적 평가에도 불구하고 리커창이 공청단을 떠나 하남성의 성장과 서기의 중임을 맡게 된 것은 공청단 시절 그가 주축이 되어 벌인 '희망공정', '세기 도약 청년문명공정'과 '세기 도약 청년인재공정' 사업 등이 중공 지도부에서 높은 평가를 이끌어냈기 때문이다.

"리커창과 일면식이 있는 사람들은 모두 그가 성격이 무르고 남의
말을 잘 들어서 윗사람들이 좋아하는 유형이라고 느꼈다. 언사가 조심성
있고 냉철하며 접근하기 어렵고 조금도 남을 고무하는 성격이 아닌 것이다.
솔직히 말해서, 당시 북경대는 풍운이 흥기하고 인재가 많아서
리커창은 그 대열에 끼지 못할 정도로 별 대단한 인물은 아니었다."
_따이(북경대 동창)

기로에 서서 비상하는 중국을 보다

유학을 뒤로하고 북경대 | 1982년 1월, 북경대 법학과 78학번 학생들이
공청단에 남다 졸업을 했다. 리커창을 비롯한 학생 27명은
북경대 우수 졸업생으로 선발되었다. 동창들은 모두 그가 유학을 가
는 것은 따놓은 당상이며 '그가 아니면 적합한 사람이 없다'고 생각했
다. 졸업 하루 전, 리커창은 선택의 갈림길에 섰다. 그의 학우들 중에
서 이미 여럿이 미국이나 프랑스 유학을 선택했다. 리커창은 사실 두
달 동안 관련 과정을 이수하면서 야심만만하게 미국 유학 시험을 준
비했다. 《중화아녀中華兒女》에 따르면 주변 사람들은 모두 리커창의
유학 시험 합격은 따놓은 당상이라고 말했다고 한다.

그러나 북경대 공산당위원회 부서기 마스쟝馬石江이 리커창의 지도력과 차분한 성격을 높이 샀다. 그는 10여 차례나 리커창을 찾아와 학교에 남아서 공산당위원회 서기를 맡고 학교 내의 만 명에 가까운 공청단을 이끌어달라고 부탁했다.

마스쟝의 여러 차례의 끈질긴 설득이 리커창의 마음을 움직였다. 그는 마침내 학교에 남기로 결정했다. 이 소식은 바로 북경대 교정을 뒤흔들었다. 사방에서 이 일로 의견이 분분했다. 사람들은 "그런 일을 하겠다니 재주가 아깝다", "이 인간이 벼슬 욕심이 동한 건가?"라고 수군거렸다. 관영 매체《중국청년中國靑年》은 1983년 세 번째 출판물에서 '리커창이 유학을 갈 것인가 아니면 학교에 남을 것인가' 하는 '사상 투쟁'의 경과를 이렇게 소개했다.

1980년 가을이었다. 북경대 졸업생들은 이제 곧 사회에 첫발을 내딛게 된다. 그들은 인민의 검증을 받기 위해 대기하고 있었다. 돌연 법학과에서 놀랍고도 기쁜 소식 한 통이 전해졌다. 그것은 시험을 통해 학생들을 선발해 미국 유학을 보낸다는 것이었다. 미국 유학 시험은 의심할 바 없이 우등생들에 대한 가장 의미 있는 실력 평가의 잣대가 될 것이고 응시 학생들에게는 장래와 운명을 좌우하는 무대가 될 것이다. 이때 교수와 학우들의 눈은 모두 덕과 재능을 갖춘 한 학생에게 쏠렸다. 바로 리커창이었다.

1980년에 열렸던 5·4 과학토론회에서 리커창이 쓴 〈법치 기구와 사회 시스템, 정보 및 통제法治器機與社會的系統, 信息及控制〉라는 논문은 우수 논문으로 뽑혔다. 우수 논문 선정에 참여한 인사 한 명은 이 논문을 이렇게 평했다.

"이 논문은 계통론과 통제론, 정보론 등 최신 과학 방법을 법학 연구에 응용했다."

그가 번역한 《영국 헌법사강英國憲法史綱》은 법학과 내에서 출간되어 강의 참고 자료로 쓰였다. 1981년부터 1982년 사이에 그는 신문 등의 간행물에 〈법치 시스템 통제 과정에 대한 탐구關於法治系統控制過程的探討〉라는 학술 논문과 학술 번역서 《유고슬라비아의 합자 경영 기업南斯拉夫的合資經營企業》을 발표했다. 교수들의 인정과 학우들의 칭찬을 받은 이 준재는 지도력과 조직력까지 갖추어 당 지부 위원과 당 지부 서기를 거쳐 학생회 상임 대표회 회장까지 역임했다.

그는 두 달의 시간을 투자해 관련 과정을 공부하면서 야심만만하게 시험을 준비했다. 리커창의 잠재력을 알아본 한 교수는 "자네는 미국에 가면 바로 박사 과정에 입학할 수 있을 거네"라고 그를 격려했다.

그런데 갑자기 애석하고 의아하고 놀라운 소식 한 토막이 전해졌다. 이 소식에 사람들은 서로 다른 반응을 보였다. "리커창, 이거 너무 손해 보는 게 아닌가? 유학을 포기하고 학교에 남아서 공청단 간부를 하다니!" 이는 리커창 친구들의 탄식이었다. "이런 좋은 기회는 다시 얻기 어려워, 평생 후회할 걸세!" 이것은 그를 아끼는 교수의 반응이었다. "단위團委는 자네 같은 사람이 필요해!" 적잖은 학생들은 이렇게 말했다.

학교 공산당위원회 지도자는 리커창을 찾아와 10차례쯤 대화를 나누었다. 그는 아주 묵직하고도 진지한 어조로 리커창에게 거는 간절한 기대를 표현했다. 그렇다. 근 1만 명에 이르는 공청단원을 가진 북경대는 강력하면서도 국면을 타개할 수 있는 단위 지도자를 필요로 하고 있다. 리커창은 이미 공산당위원회가 필요로 하는 인재풀에 들어 있었다. 어떻게 할 것인가?

진로 선택에 고심하느라 그는 밥을 먹어도 맛을 전혀 느낄 수 없었다. 사람들이 직업을 선택할 때는 대개 신중하기 마련이다. 하물며 이런 중차대한 선택의 기로에서는 더 말할 필요가 없을 것이다.

리커창은 밤새도록 잠을 이루지 못했다. 온갖 상념이 머릿속을 어지럽혔다. 소학교부터 고등학교 시절까지 불가사의한 세월을 보내며 그는 다행히 이웃의 한 문사관文史館의 연로한 스승에게《사기史記》,《한서漢書》,《자치통감資治通鑑》,《중국통사中國通史》,《세계통사世界通史》를 배웠다. 스승의 눈에 비친 리커창은 문사文史를 너무나 사랑하는 출중한 제자였다. 이후 그는 가난하기로 이름난 안휘성 봉양현에 배치되어 노동을 했다. 현지 풍토에 적응하지 못해 피부가 온통 문드러지기도 했다. 그러나 리커창은 동료들과 마찬가지로 그 험난한 길을 잘 헤쳐 나왔다.

그는 풀 수 없는 수수께끼를 간직한 채 자기를 길러준 고향 땅을 떠나 시험을 치르고 북경대에 입학했다. 리커창은 입학하자마자 필사적으로 지식의 젖을 빨면서 그에게 어머니 같은 조국이 날로 윤택해지는 모습을 보았다. 그는 조국의 발전에 분발하기도 하고 위로를 얻기도 했다.

지나온 인생의 족적을 되돌아보며 그는 하나의 결론에 도달했다.

'사회적 책임을 다하자. 우리의 민족, 우리의 국가는 이제 비상하려고 한다. 지난 100년간의 격동의 역사를 들여다보면, 국가가 비상하려면 국민들의 마음과 힘을 합해 사회적 책임을 다해야 한다.'

이것은 비록 리커창의 발자취에 대한 공청단 공식 매체의 선전 내용이지만, 우리는 행간에서 북경대 우등 졸업생 한 명이 미국 유학을 포기하고 학교에 남겠다고 선택한 사건이 일으킨 센세이션을 어렵지

리커창이 안휘성 봉양현에 배치되어 노동하던 당시 농민들의 노동 활동. 1974년 3월 '지식 청년은 농촌으로 가서 가난한 농민에게 재교육을 받으라'는 구호 아래 리커창은 다른 학구들과 함께 봉양현으로 향했다. 봉양현은 중국의 농촌 중에서 가난하기로 소문난 곳이었고 나중에 농촌 도급제 개혁의 발원지가 되기도 했다.

않게 읽어낼 수 있다.

　동창 다섯 명이 출국해 유학을 떠나던 날에 리커창은 유쾌하게 웃고 이야기했다. 흥에 겨워 마치 금방이라도 하늘로 날아오를 것 같은 사람은 다름 아닌 리커창이었다. 학교로 돌아온 후에 한 학우가 참지 못하고 이렇게 말했다. "자네는 참 태연하게도 인생을 사는군. 나는 절대로 그렇게는 못하겠어!" 리커창은 그저 웃기만 했다. 리커창의 웃음에는 남모를 초연함과 자긍심이 묻어 있었다.

리커창의 공청단에 청춘이 없다

북경대 공청단에
인재가 몰려온다

　공청단 서기를 맡은 리커창은 뛰어난 업무 처리 솜씨를 보여주었다. 그가 직무을 담당한 초기 북경대 공청단은 간부진이 부족했다. 기층 조직도 부실해 업무 능력도 떨어졌다. 리커창은 10년간의 문혁 동안에 잃어버린 것을 만회하고 손실을 보충하기 위해서는 공청단 사업을 전면 제고해야 한다고 생각했다. 그는 각급 공청단 조직과 사업을 위해 인재를 육성하기로 결심했다. 이를 위해 그는 즉각 북경대 단교團校 창설에 착수했다.

　1982년, 북경대 단교 개교식은 간소했지만 분위기는 뜨거웠다. 리커창은 연설을 통해 이론과 업무 능력을 갖춘 공청단 간부를 길러내기 위해 단교를 창설했다고 밝혔다.

　단교가 학생들의 실생활과 밀접한 활동을 진행한다는 점이 학생들의 관심을 끌었다. 학생들은 단교의 존재 가치를 이렇게 설명했다.

"단교에서 이론을 학습하고 능력을 쌓을 수 있었다. 더 중요한 것은 우리들이 각기 다른 시기에 부딪혔던 여러 인식 문제까지도 해결해주었다는 점이다."

사실, 학생 업무는 리커창에게는 익숙하고 수월한 일이었다. 학생 시절 리커창은 학내에서 사상이 자유롭고 언사가 여리한 학생이었다. 위웨이余瑋는 〈리커창을 이끈 일곱 사람李克强的七個引路人〉이라는 글에는 "학과 간 소모임 토론회에서 리커창은 늘 뛰어난 발언을 하고 영감이 샘솟는 학생이었다"라는 표현했다.

학과 공부를 하면서도 리커창은 사회 활동에 열정적으로 참여했다. 그는 아주 빠르게 교내에서 가장 활동적인 학생 간부가 되었고, 북경대 법학과 단 지부 서기와 당 지부 위원으로 선출되었다.

당시 북경대 학생회는 홍콩의 고등교육 학생회 제도를 따르고 있었다. 그들은 강한 권력을 가진 북경대 학생 의회인 상대회常代會를 창립해 주도적으로 학생회를 감독, 통제하려 했다. 상대회는 각 학과에서 학년별로 대표 한 명을 선발해 참여시키고 학생들과 관계있는 큰 사안들을 토론하고 결정했다. 상대회는 학생인대學生人大라고 불렸다. 전교학생대표대회 폐회 기간 중에 최고 권력 기구였기 때문이다. 리커창은 북경대 학생의회 상대회 주석을 맡았다. 이와 관련해 한 학우는 "상대회에서 문과 학생 중에 발언 횟수가 가장 많은 학생은 리커창이었다. 그의 견해는 예리했고 깊이가 있었다"라고 희고했다.

리커창이 취임한 후에 단위에서는 청년들의 확고한 신념을 다지기 위한 다채로운 활동을 개최했다. 청년들의 심리와 생리적 특징에 적합한 지식 배양과 깊이 있는 사고를 위해 인생 토론회, 견학, 방문 활동 등을 전개하는 데 힘썼다. 원고 모집, 강연, 학예회와 같은 교육 활동도 개최했다.

제1차 북경대 문예 주간 행사도 개최했다. 문예 주간은 성황리에 막을 내렸는데 아흐레 동안 7개 무대와 105개 문예 프로그램이 연출되었다. 북경대 21개 학과의 학부생, 대학원생, 교직원이 무대에 올랐다. 무대에 오른 연인원은 무려 700명에 달했다. 천여 명이 창작과 조직 업무에 참여했다. 자체적으로 각색, 연출한 연극 〈뇌우雷雨〉 제3막, 무용 〈해도海濤〉, 합창 〈중화 민족은 영원히 쇠퇴하지 않는다中華民族永不衰〉 등의 프로그램은 청년 학생들의 조국애와 생기발랄한 모습을 잘 반영해 갈채를 받았다. 중앙텔레비전과 중앙인민방송국은 이 프로그램을 녹음·녹화했다.

1982년 10월 1일 중추절에 공산당의 12대十二大(중공 제12차 전국대표대회-역자 주) 개회를 경축하기 위해 미명호未明湖(북경대에 있는 호수-역자 주) 호반에는 등燈과 각양각색의 띠가 걸렸다.

자체 준비한 〈전자 문예 대형 제전〉이 여기에서 열렸다. 둥근 달이 대지를 가득 비추는 가운데 사람들은 중화를 진흥하는 방책을 마음껏 논의했다.

이에 대해 《중국청년》은 장편의 글을 통해 북경대의 제1차 연설대회를 이렇게 묘사했다.

참신한 제목과 웅변의 논증에서 매력을 느낄 수 있었다. 뿐만 아니라 깊이 있는 예술적 연설에서 정신적 즐거움도 만끽할 수 있었다. 〈영예의 절반은 그에게 나누어 주라把榮譽分一半給他〉, 〈시간의 가치와 그 실현時間的價値及

其實現〉, 〈이 세대는 일류 경제학자를 배출할 수 있는가? 這一代能產生一流
經濟學家〉……

이 같은 일련의 제목에서 우리는 그들이 더 이상 개인적인 고뇌나
되씹고 있지 않음을 엿볼 수 있었다. 그 포부, 그 기세, 그 자세는 레
닌이 연설할 때의 풍격을 연상케 했다.

연이은 박수 소리에 50여 세의 공산당위원회 부서기 마스쟝은 만족
한 듯 연신 고개를 끄덕였다. 그는 흥분해 "리커창과 그들은 괜찮은
공청단위원회 지도자들이야. 학생 간부들 중에서 공청단 간부를 선발
한다는 발상은 아주 성공적이야! 이 방법은 신국면을 신속히 열어 나
가는 데 효과적이야!"라고 말했다.

경제학과 공청단 총지 서기가 리커창에게 공청단에 대해 강의를 해
달라고 요청했다. "좋습니다!" 그는 흔쾌히 수락했다. "동서양 문화
발전 비교로 본 현재 중국의 세계적 지위從東西方文化發展比較看當今中國
在世界的地位를 강의하면 어떨까요?" 그가 물었다. "좋지요!" 청중은 바
로 화답했다. 이렇게 그는 예정에도 없는 강연을 하게 되었다.

리커창은 바로 원고도 없이 장장 2시간 동안이나 '동양 문명을 어떻
게 보아야 하는가'에서 '왜 중국식 현대화 노선을 걸어야만 하는가'까
지 다양한 주제를 막힘없이 풀어나갔다. 법학 전공자인 군위 서기가
동서양 문화에 대해서 이렇게 깊은 식견을 갖고 있을 줄이야! 눈을 고
정한 채 학생들은 강의에 빠져들었다. 학생들의 진지한 표정에서 이
들은 진심으로 리커창의 연설에 감탄하고 있음을 읽을 수 있었다.

학생 기숙사 구역의 게시판에는 거의 매일 두세 장의 포스터가 나

붙었다. 1982년 10월부터 11월 두 달 사이에 단위와 학생회는 24개 강좌를 열었다.

강좌 제목에는 다음과 같은 것들이 있었다. 〈의무·양심·책임義務·良心·責任〉, 〈사회학이란 무엇인가?什麼叫社會〉, 〈계통 공정과 대학생의 학습系統工程和大學生的學習〉, 〈삼론과 변증유물주의三論與辯證唯物主義〉, 〈교육이 국민 경제 성장에 미치는 영향教育在國民經濟增長中的影響〉, 〈전후 공산주의 운동 개관戰後共運槪觀〉, 〈동유럽 경제 성장 중의 작용東歐經濟增長中的作用〉, 〈종교에 대한 마르크스의 인식馬戰克後思對共宗教的認識〉……

외부 인사들은 당시 리커창과 함께 공청단의 대형 사업을 꾸려나가는 단위의 전문 간부가 고작 9명에 불과하다는 사실을 선뜻 믿기 어려웠을 것이다(게다가 그중에 3명은 곧 졸업할 사람들이었다). 이는 비슷한 규모의 다른 대학과 비교해 3분의 1밖에 안 되는 인원이다.

사람이 더 필요했다. 과감하게 신국면을 개척해나갈 수 있는 인재가 더 필요했다. 상부에서 찾아볼까? 아니다. 하부에서 찾아보자. 인재는 학생 속에 있다고 그들은 단정했다.

이를 위해 그들은 비상근 공청단 간부 네트워크를 구축했다. 정오와 저녁 자습 시간이 될 때마다 비상근 단 간부는 사방팔방에서 공청단위원회로 달려왔다. 이때 공청단위원회는 북경대 37호 동에 있었는데 번화한 도심지처럼 왕래하는 사람들의 발길이 끊이지 않았다.

할 일은 했다, 그러나 냉혹한 평가 | 리커창이 북경대 공청단 단위 업무를 훌륭하게 수행하자 이를 눈여겨보던, 당시 공청단 중앙 제1서기 왕자오궈王兆國가 리커창을 1983년 7월에 공청단 중앙

에 불러들였다. 그는 공청단 중앙 학교부장 겸 전국학생연합회 비서장을 맡았다. 5개월 후에 리커창은 공청단 중앙서기처 후보서기로 임명되었다. 한 달 뒤, 왕자오궈는 중공 중앙판공청 주임으로 승진했고 후진타오가 왕자오궈에 이어 공청단 중앙 제1서기가 되었고, 류옌둥劉延東은 후진타오의 뒤를 이어 서기처 상무서기 겸 중국청년연합회 주석에 올랐다.

리커창은 후진타오 밑에서 2년간 일했다. 1985년 여름, 후진타오는 귀주성 당서기로 자리를 옮겼다. 그해 11월, 공청단 중앙지도소조는 쑹더푸宋德福를 공청단 중앙 제1서기로 임명했다. 리커창은 공청단 중앙서기처 서기가 되었고 전국청년연합회 부주석과 전국소년선봉대 전국사업위원회 주임을 겸했다.

1992년 10월, 중공 14대에서 중공 중앙은 37세의 리커창을 중공 중앙 후보위원으로 내정했고 쑹더푸를 승계해 공청단 중앙서기처 제1서기를 맡게 했다. 쑹더푸가 인사부장으로 자리를 옮긴 후 리커창은 1993년 5월에 공청단 중앙 제1서기 겸 중국청년행정학원장으로 승진했다.

리커창이 공청단 중앙 제1서기로 일한 2년간 후진타오는 다시 그의 직속 상사가 되었다. 후진타오는 중공 14대에서 중공 중앙정치국 상무위원에 입성했다. 상무위원의 업무 분장을 보면 후진타오는 장쩌민을 도와 중앙서기처의 일상 사무 처리, 조직 인사, 기구 편제, 대외 연락 사업을 책임지고 공회·공청단·부녀협회와의 연락업무 등을 담당했다.

리커창은 공청단 중앙 제1서기로 과연 어떤 일을 했을까? 청년 사업의 지도자로서 리커창은 청년이야말로 중국의 개혁·개방에 새로운 사회 풍조를 조성하고 시대 조류에 발맞추는 데 가장 중요한 역량이라고 여겼다. 리커창과 함께 일한 적이 있는 류옌둥, 쑹더푸, 리위안차오, 류치바오劉奇葆, 펑쥔馮軍 등은 모두 리커창이 듬직한 성품과 능수능란한 일 처리가 후진타오와 많이 닮았다고 말한다. 리커창의 업무 태도는 근면하고 성실하다는 평을 많이 받았는데, 그의 가장 큰 장점은 바로 당 중앙과 정세를 절대적으로 따른다는 것이다. 공청단 중앙 사업을 주관하던 시절, 리커창은 후진타오와 쑹더푸 때부터 이어온 '안정 속에서 진보를 추구한다'는 방침을 계승했고 당 중앙의 노선, 방침, 정책을 그대로 받들어 리커창 자신만의 정치적 색채는 찾아보기 힘들었다. 전임 공청단 중앙 선전부장은 리커창의 공청단 중앙을 "후진타오가 지도하는 공청단 중앙"이라고 까지 말했다. 상해, 광동, 절강, 호북湖北, 천진天津, 요령 등지의 공청단 지도자들은 리커창이 공청단 중앙 개혁에 보수적이고, 청년이 당연히 갖추어야 할 빠른 행동, 빠른 사유, 도전 정신 등이 부족하다며 공청단 중앙에서 반드시 개혁해야 할 두 가지 폐단을 다음과 같이 지적했다.

첫째, 단 조직의 행정적인 색채가 지나치게 짙어 청년 단체의 성격이 상대적으로 약화되었다. 공청단 간부는 중공이 각급 단 조직에 파견한 관리가 되었고 각급 단 조직은 사실상 동급 당 조직의 청년 사업부가 되었다. 공청단은 군중 단체로서의 활력과 자유분방함이 상대적으로 약화되었다.

둘째, 단 조직은 광범위한 청년의 이익을 대변하지 못하고 당과 청년을 연결하는 가교 역할을 제대로 하지 못하고 있다. 각급 단 조직은 청년들에 대한 관리와 교육에만 치우쳐 청년들의 이익과 요구를 무시하고 청년들에게 적합한 사업을 하지 않았다.

외부에서는 리커창이 주관하던 시기의 공청단 중앙을 높이 평가하지 않았다. 사상 해방이나 재능 발휘라는 면에서 1980년대 왕자오궈가 공청단 중앙을 주관하던 때보다 못하고 건국 초기 후야오방胡耀邦 때의 생기발랄함이나 청춘의 활력은 찾아보기 어렵다는 것이 일반적인 평가였다.

리커창의
목소리가 없다

공청단 시절, 리커창이 자신의 소신을 적극적으로 피력하지 않고 대체로 윗사람이나 중공의 방침에 따르는 편이라는 부정적 평가를 뒷받침하는 몇 가지 일화를 보자.

1981년 당시 북경대 총장은 장롱샹張龍翔, 공산당위원회 서기는 한티앤스韓天石, 상무 부교장 겸 상무 부서기는 왕루빈王路賓, 대학교 공청단 서기는 리커창, 학생회 주석은 장웨이張煒였다.

다음은 따이大釗라는 필명을 가진 북경대 동창생이 리커창을 묘사한 내용이다.

1981년 6월에 발생한 일로 기억한다. 당시 북경대 교내에 동네 깡패들이 몰려와 여학생을 희롱하고 학생들을 구타하며 돈과 물건까지 빼앗아갔다. 학교 분위기는 매우 뒤숭숭했고 겁이 많은 학생들은 도서관에 갈 생각조차 못했다. 학생들은 이 문제를 해결해 달라고 여러 차례 호소했지만 학교 측에서는 대수롭지 않게 생각하며 적당히 넘어가려고 했다.

북경대 재학 시절 은사 공샹루이 교수와 법학과 78학번 학우들. 리커창은 북경대 교수와 교우들이 두 손
을 치켜들어 인정할 만큼 덕과 재능을 겸비한 준재였다. 당시 북경대의 출중한 인재들이 대부분 미국 유
학길을 선택한 것과 달리 그는 북경대에 남아 공청단 간부의 길을 걷는다.

어느 날 저녁 9시가 넘은 시간이었다. 철학과 80학번으로 하남에서 온 학생 한 명이 도서관에서 기숙사로 돌아오는 도중 괴한에게 벽돌로 뒤통수를 가격당해 중상을 입은 일이 발생했다.

이 사건으로 학생들은 크게 분노했다. 교내에서는 연이어 집단 행동이 일어나기 시작했다. 모두 다 알다시피, 북경대 학생들은 사상이 개방적이고 권력을 두려워하지 않는 기질이 있다. 교내에서 학생들은 학교 당국의 관료적 태도와 오만함에 대해서 자주 소규모 집단 행동으로 불만을 터뜨렸다.

77학번과 78학번은 대개 나이가 좀 많아서 언행이 신중했다. 이들과 80학번 사이에 낀 79학번은 신중함이 좀 덜했다. 반면 80학번 학생들은 대개 그해에 고등학교를 졸업하고 바로 입학한 학생들이었다. 그들은 물불을 가리지 않았고 집단 행동을 일으키는 데도 거리낌이 없었다.

당시 철학과는 38동 1층에 있었다. 유사한 사건이 또 일어났는데, 이번에는 같은 층을 쓰는 역사학과 80학번 학생 한 명이 깡패에게 오리털 의류를 빼앗겼다. 그러자 두 학과 학생들은 즉시 의기투합해 다음날 오후에 약 100명이 떼를 지어 학교 사무실로 쳐들어갔다. 그들은 상무 부교장 겸 상무 부서기 왕루빈을 에워싸고는 이 문제를 해결해주지 않으면 그를 놓아주지 않겠다고 큰 소리쳤다. 학교 직원들이 여러 시간 동안 설득한 데다, 반드시 문제를 해결해 학생들의 요구를 들어주겠다는 학교 측의 약속을 받고서야 학생들은 그 자리를 떠났다.

그날 밤에 리커창과 학교 공산당위원회黨委 학생부장이 철학과 80학번 기숙사로 와서 학교를 대표해 중상을 입은 학생을 위로했다. 이 학생은 보통 체격에 균형 잡힌 몸매였고 외모와 언사, 행동거지는 매우 평범했다. 리커창은 학교 지도자들이 이 문제를 매우 중시하고 있으며 반드시 그 괴한을 잡을 터이니 학교 지도자를 믿고 안심하라는 등의 말을 했다.

학생들은 이 기회를 이용해 학교 내 각종 관리 문제에 대해 평소에 품고 있던 불만을 토로했다. 리커창은 묵묵히 듣기만 하고 아무 말도 하지 않았다. 이 일 후에도 우리는 리커창과 몇 번 만남을 가졌다. 그는 학교 지도자의 의견을 학생들에게 전달하고 학생들의 의견은 학교 지도자에게 전달하는 책임을 맡았다. 그러나 그는 형식적인 말만 했다. 우리가 매번 학교 측은 어떻게 관리를 강화해야 하고 깡패들의 행패를 어떻게 막을 것인지 말할 때마다 리커창은 교묘하게 화제를 돌려 좌우의 다른 사람을 돌아보며 딴소리를 했다.

몇 번 이렇게 하고 나니 학생들은 더 이상 리커창에게 간청하고 싶은 의욕이 없어져버렸다. 나중에 학생회의 주석 장웨이가 학생 보안대를 조직했다. 그가 몇 백 명의 학생들과 미명호의 작은 산 아래에 매복해 있다가 깡패들이 나타나자 한꺼번에 우르르 몰려가 호되게 혼내고 나서야 깡패 사건을 근절할 수 있었다.

리커창과 일면식이 있는 사람들은 모두 그가 성격이 무르고 남의 말을 잘들어서 윗사람들이 좋아하는 유형이라고 느꼈다. 언사가 조심성 있고 냉철하며 접근하기 어렵고 조금도 남을 고무하는 성격이 아닌 것이다. 솔직히 말해서, 당시 북경대는 풍운이 흥기하고 인재가 많아서 리커창은 그 대열에 끼지 못할 정도로 별 대단한 인물은 아니었다.

1986년 말 중국의 일부 대학에서 학생 시위가 발생했다. 학생들은 대학 관리가 부실하다고 비판하고 중국의 민주주의를 요구했다. 당시 공청단 중앙서기처 서기인 리커창은 전국 학교의 공청단 업무를 주관해 다시 학생 시위 문제에 관여했다. 리커창을 잘 아는 동료는 "리커창은 학생 시위를 유치하고 불필요하다고 생각했다"라고 증언했다. 리커창은 중공 고위층 보수파의 학생 시위에 대한 처리 방식을 지지했다. 1987년 1월 중공이 후야오방을 압박해 중공 중앙 총서기직을 사임하도록 할 때, 그는 공청단 중앙에서 이를 옹호하는 입장을 표명했다. 리커창은 1980년대에 공청단 중앙에서 대학 관련 업무를 주관하는 간부로 여러 번 학생 시위 사건을 처리했다. 그는 예전에 북경대에서 하던 방식대로 학생 운동을 통제했지만 정치적 박해는 지지하지 않았다.

1989년 4월에서 6월 사이 중국에서 다시 학생 시위가 발생했다(천안문 사태를 말함-역자 주). 당시 공청단 중앙서기처 서기인 리커창은 여전히 전국 학교의 공청단 업무를 주관해 이 사건의 처리에 관여했다. 리커창과 중공 고위층은 시위 학생들에게 학교로 돌아갈 것을 반복적으로 권고했지만 급진적인 학생들은 아랑곳하지 않았다.

시위대에 온건하게 대응하던 당시 공산당 총서기 자오쯔양趙紫陽의 행방이 묘연해지고 그의 해임설이 떠도는 가운데, 양상쿤楊尚昆 국가 주석과 리펑 국무원 부총리 등 강경파가 주도권을 잡고 시위대를 강경하게 진압했다.

'6·4 사건으로 많은 공청단파 관리들은 큰 충격을 받았고 일부는 파면을 당했다. 리커창은 6·4 사건이 일어나기 전에 북경대를 떠났기 때문에 강경 진압의 최전선에 있지 않았다. 만약 그때 리커창이 최전선에 있었다면 무척 난감했을 것이다. 어느 편을 ㅈ 지하는지 명확히 표명해야 했고 어느 편에 줄을 서도 군중의 불만을 사기에 충분했기

때문이다. 하지만 리커창은 여러 가지 원인으로 두리뭉실하게 이 관
문을 통과했다.

어려운 자들에게 가장 좋은 땔감은 교육

빈곤 청년에게
배움의 기회를 주다

리커창의 공청단 업무에 대한 일부 세력의 부정적 평가에도 불구하고 리커창이 공청단
을 떠나 하남성의 성장과 서기의 중임을 맡게 된 것은 공청단 시절, 그가 주축이 되어 벌인 세 가지 사업이 중공 지도부에서 높은 평가를 이끌어냈기 때문이다.

희망공정은 공청단 중앙과 중국청소년발전기금회가 배움의 기회를 잃은 빈곤 지역 청소년을 돕기 위해 1989년에 시작한 공익사업이다. 리커창은 일찍이 중국청소년발전기금회 부이사장을 맡았고 희망공정의 일부 중요 프로젝트를 손수 관리·감독했다(중국청소년발전기금회의 약칭은 중국청기회中國青基會이고 영문은 China Youth Development Foundation이며 영문 약자는 CYDF이다. 중국청기회는 전국적인 공모 기금의 성격을 띠고 있다−역자 주).

중국청기회는 사회적 지원과 관심을 통해 청소년의 능력을 개발하고 성장 환경을 개선하기 위해 설립되었다. 중국청기회가 설립되고 실시한 희망공정은 중국에서 사회적 참여가 가장 광범위하고 영향력이 있는 민간 공익사업이다. 정부 측은 다음과 같이 중국청기회를 평가했다.

중국청기회는 개혁·개방 시대에 설립되었다. 당시 중국 사회는 개방적이고 활력 있는 시장 경제가 폐쇄적인 계획 경제를 점차 대체하는, 중대한 변화의 시기를 맞고 있었다. 모든 것을 정부에 의존하는 사람들의 오랜 습성도 사회적 변화와 정부 직능의 전환과 더불어 타파되었다. 사람들은 너도나도 자기 발전의 기회를 추구하기 시작했다. 사회는 새롭게 건설되고 있었다. 그동안 하찮게 여겨진 사회의 제3부처인 비영리 조직은 중국에서 본연의 역할을 발휘할 수 있는 기회를 맞았다.

중국청기회는 설립 이래 줄곧 교육, 과학기술, 문화, 스포츠, 위생, 환경 보호 등에서 인재를 양성하고 환경을 개선하는 데 주력했다. 중국 비영리 조직의 건설과 발전을 적극 탐색하고, 지역과 업계가 국경을 뛰어넘는 교류와 협력을 할 수 있도록 추진했으며 사회의 전면적인 발전을 촉진했다.

관영 매체는 다음과 같이 소개했다.

희망공정은 사회 역량을 동원해 배움의 기회를 잃은 아이들을 위해 기초교육이 중국의 빈곤 지역과 변방에까지 보급되게 했다. 중국청기회는 희망공정의 혜택을 받은 우수 학생들이 계속 공부할 수 있도록 '희망의 별 장학기금'과 희망소학교의 발전을 위한 '희망소학 교사 양성 기금'을 설립했다. 희망공정의 성공적인 운영 경험과 완성도 높은 조직을 토대로 중국청기회는 사회 역량 통합과 공익사업 발전을 위해 애심공정愛心工程을 추진했다. 또한 전통 문화의 선양을 위한 '중화고시문경전낭송공정中華古詩文經典誦讀工程'과 생태 환경 개선을 위한 '녹색희망공정綠色希望工程'을 추진했다. 이러한 공정은 예외 없이 장기적으로 실시하도록 설계되었고 중국

공청단 중앙서기처 시절 자원봉사자들과 함께(1989). 리커창이 공청단을 떠나 하남성의 성장과 서기의 중임을 맡게 된 이유 중 하나가 공청단 시절, 그가 주축이 되어 벌인 희망공정 때문이다. 희망공정은 공청단 중앙과 중국청소년발전기금회가 배움의 기회를 잃은 빈곤 지역 청소년을 돕기 위해 1989년에 시작한 공익사업으로 그는 일찍이 중국청소년발전기금회 부이사장을 맡았고 희망공정의 일부 중요 프로젝트를 손수 관리·감독했다.

안휘성 금채현 장만초등학교 희망공정 지원 학생과 함께(1990). 리커창은 가난하고 낙후한 금채현을 돌아보며 희망공정의 필요성을 절감했다. 그는 희망공정으로 빈곤 지역의 아이들도 희망을 갖게 해야 한다고 호소했고, 두 달 후 중국 최초로 희망소학교가 금채현에 설립되었다.

사회의 지속 가능한 발전을 추구했다.

인재 양성을 위해 중국청기회는 중화전국청년연합회 등과 손잡고 '중국 10
대 우수 청년' 선발대회를 개최하고 '중국청년과학자상' 심사에 참여했으
며, 유엔 개발 계획과 공동으로 '국제청소년빈곤퇴치상'을 설립했다. 중국
청기회는 국내외를 대상으로 사회 잡지인《희망월보希望月報》를 창간했다.
과학기술 발전을 위해서《중국청년과학기술中國青年科技》잡지도 창간했
다. '중국인터넷대회' 같은 전문 사이트를 개설해 청소년에게 인터넷 지식
을 보급하는 등 중국 정보화에 크게 공헌했다.

관영 매체는 리커창과 희망공정의 관계를 다음과 같이 소개했다.

1990년 3월 리커창은 중국청기회 부이사장으로서 시찰단을 인솔해 추운
날씨에도 안휘성 금채현金寨縣을 찾았다. 이곳은 예전에 류덩대군劉鄧大軍
(류사오치劉少奇와 덩샤오핑의 군대를 함께 이르는 말—역자 주)이 전투를 펼친
곳이며 중국 최초로 희망소학교를 개설한 곳이다. 가난하고 낙후한 마을
을 돌아보며 리커창을 비롯한 시찰단은 희망공정의 필요성을 절감했다.
리커창은 "희망공정은 금상첨화의 사업이 아니다. 설중송탄雪中送炭(눈 내
릴 때 어려운 사람에게 땔감을 보내다—역자 주)의 사업이다. 이 소중한 불로 빈
곤 지역의 아이들도 희망을 갖게 해야 한다"고 호소했다.
두 달 후, 중국 최초의 희망소학교가 금채현에서 탄생했다. 이는 중국 교육
사에서 하나의 획을 긋는 사건이었다.
1990년대에 희망공정은 사회적으로 가장 참여가 활발하고, 가장 영향력
있고 명성 있는 민간 공익사업으로 발전을 거듭했다. 희망공정의 주요 관

리 시스템은 리커창이 직접 관리·감독했다. 그가 공청단 중앙서기처 제1 서기로 일할 때 희망공정은 가장 빠르게 발전했고 관리 수준도 전반적으로 높아졌다.

희망공정 창립 초기부터 공청단 중앙은 정확한 지도 노선과 방향을 견지해 사업의 기초를 단단하게 쌓았다.

〈하늘을 우러러 물어보기를 – 쉬융광徐永光이 희망공정에 대해 말하다〉라는 글은 희망공정의 창시자인 리커창, 중공 중앙정치국 위원이자 국무원위원 류옌둥과 사천성 당서기 류치바오에 대해 언급하고 있다. 어쩌면 여기에서 희망공정 발전의 비밀을 알 수 있을지도 모른다. 쉬융광(중국청기회 부이사장, 9·10대 전국정협위원–역자 주)의 이야기를 들어보자.

중국청기회의 초대 이사장은 류옌둥이다. 그녀는 당시 공청단 중앙 상무서기와 전국청년연합회 주석을 맡고 있었다. 그녀는 초창기에 큰 어려움에 직면한 중국청기회를 위해 모든 역량과 자원을 동원했다. 희망공정의 첫 번째 기부금은 그녀가 혁명 원로인 솨이멍치帥孟奇에게서 받았다. 그녀의 끈질긴 노력으로 희망공정은 서기처의 여러 사업 중에서 중요한 비중을 차지하게 되었다. 류옌둥에게 중국청기회의 선임자들은 모두 깊은 경의를 표했다.

중국청기회를 창립하기 전에 나는 공청단 중앙 조직부장이었고 류치바오는 조직을 관장하는 서기였다. 우리 둘은 중국청기회의 최초 파트너라고 할 수 있다. 내가 공청단 중앙의 사업 개발 부서로 순조롭게 이동할 수 있었던 것은 그의 결단과 지지 덕분이었다. 류치바오는 공청단 중앙에, 자신이 사업개발위원회 주임을 맡고, 나를 부주임으로 임명할 것을 건의했다. 당시는 1988년 5월 공청단 제12차 전국대표대회가 폐막된 지 얼마 안 된 때였다. 중국청기회가 설립된 후 류치바오는 중국청기회 업무도 관장했다. 그는 형식적인 지도에 머무르지 않았다. 그는 독특한 통찰력과 예민한 정치 감각으로 중국청기회의 발전 방향을 제시하고 전략적 위치를 정확하게 탐색했다. 예를 들면 '민반공조 방식民辦公助(시민들이 사업을 전개하고 정부가 일정한 자금을 지원하는 방식 – 역자 주)'을 제안하고 공청단에서 중국청기회의 전반적인 지위를 확정했다. 중국청기회와 희망공정의 창시자로서 류치바오는 심혈을 기울여 일했다. 공청단 중앙을 떠난 후에도 그는 희망공정과 중국청기회를 위해 노고를 아끼지 않았다.

리커창은 공청단 중앙 제1서기가 된 후 희망공정을 공청단 개혁의 성공 사례로 삼아 공청단 활동을 사업화해야 한다고 거듭 강조했다. 그는 방향을 바로잡았을 뿐만 아니라 우리에게 발전 기회와 자율권을 부여했다. 물론 우리도 공청단 중앙에 누를 끼쳐서는 안 되는 입장이었다. 희망공정에 대한 리커창의 최대 공헌은 관리를 강화하고 감독 시스템을 수립한 것이다. 그는 각 성의 공청단 서기와의 대화에서 경계와 직언을 서슴치 않았다. 이로 인해 공청단 전체는 희망공정을 관리하는 데 더욱 주의를 기울였다. 희망공정의 주요 관리 제도는 모두 그가 직접 수립하고 관리·감독했다. 리커창이 공청단 제1서기로 재직하는 동안 희망공정은 빠르게 발전했고 관리 수준도 전면적으로 향상되었다.

억만 청년에게 도약의 발판이 되다

중국의
재량을 키운다리커창은 공청단 중앙서기처 제1서기로 임명되자 '세기 도약 청년문명공정'과 '세기 도약 청년인재공정'을 실시해 청년 사업의 돌파구로 삼았다. 세기 도약 청년문명공정은 청년지원자, 청년문명호, 청년문화은의 3거 부분으로 나누어 진행되었다. 세기 도약 청년인재공정은 청년노동자 양성, 우수 청년 과학기술자·경영관리자 양성, 21세기 신예 육성, 신지식·신기능 보급이라는 네 가지 부분에서 진행되었다.

당시 관영 매체는 리커창이 실시한 두 가지 도약 공정에 대해 다음과 같이 보도했다.

1993년 5월 3일부터 10일까지 공청단 제13차 전국대표대회가 북경에서 열렸다. 장쩌민, 차오스喬石, 리루이환李瑞環, 주룽지, 류화칭劉華淸, 후진타오 등 당과 국가의 지도자들이 개막식에 참석했다. 중공 중앙정치국 상무위원이며 서기처 서기인 후진타오가 〈역사의 무거운 짐을 어깨에 짊어지다〉라는 제목으로 축사를 했다. 리커창은 공청단 12기 중앙위원회를 대표해 〈중국적 사회주의 건설의 위대한 기치를 높이 들고 민족 청년들의 단결로 개혁·개방과 현대화를 위해 분투하자〉라는 제목으로 사업 보고를 했다. 대회에서 리커창의 사업 보고가 심의, 통과되었고 '중국공산주의 청년단 정관'은 수정 통과되었다. 선거를 통해 165명의 위원과 110명의 후보위원으로 구성된 새로운 중앙위원회가 출범했다. 1중 전회에서는 30명으로 구성된 공청단 중앙 상무위원회가 구성되었다. 리커창은 서기처 제1서기로 선출되었고 류펑劉鵬, 위안춘칭袁純淸, 지빙수안吉炳軒, 자오스趙實, 바인차오루巴音朝魯, 장다밍姜大明이 서기처 서기로 선출되었다.

1993년 12월 5일부터 7일까지 공청단 제13기 2중 전회가 북경에서 열렸다. 리커창은 〈세기적 발전의 역사 중책을 공동으로 짊어지자〉라는 제목으로 보고를 했다. 이번 회의에 공청단 중앙서기처 서기인 류펑, 위안춘칭, 지빙수안, 자오스, 바인차오루, 장다밍과 250여 명의 공청단 중앙위원회 구성원이 참석했다.

중공 중앙정치국 상무위원이며 서기처 서기인 후진타오는 〈억만 청년의 힘을 모아 개혁을 심화하고 세기를 뛰어넘는 신예를 육성하기 위해 노력하자〉라는 제목으로 연설했다. 전회는 〈사회주의 시장 경제 체제 수립 과정에서의 중국 청년 사업의 전략적 발전 계획〉을 통과시켰고 '세기 도약 청년문명공정'과 '세기 도약 청년인재공정'을 청년 사업의 새로운 돌파구로 채택했다. 전회는 추가로 선출된 공청단 13기 중앙위원 8명을 공식 승인했다.

세기 도약 청년문명공정은 청년지원자, 청년문명호, 청년문화원의 3개 부분으로 나뉘어 진행되었다.

• 청년지원자: 공익사업과 사회 활동에 열정적으로 참여하고 일정한 능력을 갖춘 우수한 청년 자원자로 구성하며 자원봉사 활동에 참여하는 각 계층의 청년을 흡수한다. 지원자는 전 사회를 대상으로 모집하며 주로 재해 구조, 환경 미화, 식수 조림, 문화·스포츠 활동, 심리 자문, 주택 단지 서비스, 치안, 낡은 풍속과 습관 교정, 문맹 퇴치, 청소년 부조와 권익 옹호 등의 영역에서 자원봉사 활동을 전개한다. 서로 단합하고 사랑하며 타인을 돕는 것을 즐거움으로 생각하고 불의를 보면 참지 못하는 새로운 풍토

를 조성한다. 청년지원자 활동은 사회주의 시장 경제하에서 레이펑雷鋒(중국 인민해방군 모범 병사로 1962년 요령성 무순에서 순직했다. 1963년 3월 5일 마오쩌둥이 레이펑 동지를 따라 배우자고 선언하면서 문혁 후 더대적인 학습 열풍이 불었다-역자 주) 학습 열기가 더욱 풍부해지고 발전한 것이라고 예상할 수 있다.

• 청년문명호: 주로 운송업, 인프라, 재정과 무역, 공·상업 세무, 개인 경영 등 업계와 각 기관의 청년 위주로 진행한다. 청년문명호 활등은 창업 정신, 직업 의식과 품질·효율·서비스 의식 교육을 진행하며 안전문명생산과 우수서비스달성 대회를 열고 직업 도덕과 직업 이상을 제창한다.

• 청년문화원: 각 업종의 기층·단 조직을 단위로 조직하고 참여한다. 청년 사상 문화의 우수한 작품을 출시, 선발하고, 전시하는 3평1전三評一展 활동과 청년 문화 활동의 성과를 돌아보는 '청년문화순례'를 진행한다. 정기적으로 청년 애독서, 청년 애창가와 청년 인기 영화·드라마 등을 선정하고 '청년문화걸작전시회'를 개최한다. 학원 문화, 기업 문화, 도농 문화가 건전하게 발전할 수 있도록 이끌어 청년 문화 시장을 풍부하게 하고 청년의 문화적 요구를 만족시키며 청년들이 건전하게 성장할 수 있는 문화 환경을 조성한다.

'세기 도약 청년인재공정'은 자격 있는 청년노동자 양성. 우수한 청년 과학기술자·경영관리자 양성, 21세기 대업을 이룩할 신예 육성, 신지식·신기능 보급이라는 네 가지 부분으로 나뉘어 진행되었다.

• 청년노동자양성: 청년 숙련공을 양성하고 각 업종에 증사하는 청년 직원들에게 현대 기업이 요구하는 자질을 갖추게 한다. 청년 지도자를 양성해 문화 지식이 있는 농촌 청년들이 국가적인 기술을 익히도록 돕고, 농촌 청

년들이 실용 기술을 학습·응용해 과학적으로 부를 축적하고 새로운 농민이 되게 한다. 노동 예비군을 양성하고 중등전문학교에서 과학기술 실천과 실용 기술 교육을 강화해 청년 학생들이 시장 경제에 적응하고 취업 준비를 잘 하도록 돕는다. 일정한 문화 지식을 가진 빈곤 지역의 잉여 청년 노동력을 경제 발달 지역으로 보내 경제 건설에 참여하게 한다. 적극적으로 인재와 기술을 교류해 빈곤 지역의 경제 발전을 추진한다.

● 우수한 청년 과학기술·경영관리 인재를 양성: 청년 경영 관리자, 청년 과학기술인, 청년 교사, 청년 과학기술 사업가, 청년 노동자와 청년 농민 중에서 과학기술과 경영관리 부문에서 뛰어난 인재를 발굴, 양성한다. 청년 과학자, 청년 기업가, 청년 과학기술 표병標兵(모범으로 삼을 만한 사람 − 역자 주), 청년 경영관리 표병을 주체로 청년 고급 전문가풀을 만들어 청년 지식인들이 과학기술의 최고봉에 오를 수 있도록 격려해야 한다. 대학생을 현대 과학기술과 경영관리의 방대한 예비군으로 육성한다.

● 21세기 신예 육성: 청소년들이 어릴 때부터 활동을 통해 생존 방법을 터득하고 스스로 자신을 돌보며 다른 사람을 도와주는 것을 즐거움으로 여기게 해야 한다. 청소년은 새로운 것을 창조할 줄 알아야 하며 진리를 추구해 21세기 중국 건설의 신예가 되기 위한 기초를 닦아야 한다.

● 신지식·신지능 보급: 청년에게 점차적으로 새로운 지식과 기능을 보급해 새 시대의 건설자를 양성해야 한다. 각 지역의 단 조직은 지역 경제와 사회 발전 전략에 근거해 인재 구조를 최적화해 청년들에게 신지식과 신기능을 보급해야 한다. 대·중 도시와 여건이 허락되는 지방은 앞으로 외국어, 컴퓨터, 금융 재무, 회계 등의 지식을 집중적으로 보급해 청년들 사이에서 시장 경제와 현대 사회의 수요에 부응하는 신지식·신기능의 학습 열

풍을 불러일으켜야 한다.

이에 당시 관영 매체는 다음과 같은 평론을 내놓았다.

신세기를 맞이하면서 공청단 중앙은 '세기 도약 청년인재공정'을 출범했다. 이 공정의 취지는 '과학기술이 제일 생산력이다'는 기치를 높이 들고 청년 인재를 대대적으로 발굴하며, 청년들의 자질을 향상시키고, 능력을 갖춘 노동력과 우수한 전문가를 양성해 많은 청년들이 두각을 나타낼 수 있도록 하는 것이다.

리커창이 부임하면서 내놓은 '두 가지 도약 공정'은 임기 5년 동안 추진한 사업 중 가장 뛰어난 성과를 거두었고 그의 승승장구에 탄탄한 토대를 마련해주었다. 이는 관영 매체가 이 공정을 수없이 보도한 사실에서도 미루어 짐작할 수 있다.

1993년 12월 중순, 공청단 중앙과 전국 철도 공청단의 청년 봉사자 2만여 명은 경광철도(북경과 광주 간 철도-역자 주) 투근에서 자원봉사 활동을 시작하며 '중국 청년 자원봉사자 캠페인'의 시작을 알렸다. 1994년 1월 2일 공청단 중앙은 '중국 대학생 자원봉사자 94년 새봄맞이 봉사 활동'을 조직했다. 100만 명이 넘는 전국의 대학교와 중고등학생은 역전과 거리에서 춘운春運(중국에서 설 전후에 급증하는 귀성객의 수송-역자 주)을 돕는 봉사 활동을 했다. 2월 중순 공청단 중앙과 전국청년연합회는 '과학자, 교육자, 퇴직 간부에게 사랑의 마음을 전달하는 청년봉사활동'을 전개했다. 이번 활동에는 중공 중앙정치국 상무위원 후진타오가 직접 참가했다. 3월 5일과 6일은 전국적으로 새로운 근무 시간제를 실시한 후 처음 맞는 주말이었다. 공청단 중앙과 전국청년연합회, 전국학생연합회는 '레이펑 학습일'에 맞춰 '청년 봉사자의 레이펑 학습 공헌일' 활동을 조직했다. 이때부터 청년 봉사 활동은 더욱 활발해지고 체계화되었으며 봉사 조직은 전국적으로 확대되었다.

북경 등 지역 청년 봉사자는 제6회 극동 및 남태평양 지역 장애자 체육대회, 제4회 세계부녀대회 등 대형 행사에서 크게 활약하며 세계에 당대 중국 청년의 참신한 면모를 보여주었다.

광서 류주廣西柳州, 운남 려강雲南麗江 지역 등의 청년들은 홍수 방지와 지진 피해 구조에 상시 출동할 수 있는 재해 구조 신예로 부상했다. 성인 예비기 자원봉사, 도시 거주지 공익 활동, 대학생과 중고학생의 문맹 퇴치 활동, 빈곤 구제 릴레이 계획과 빈민 구제 봉사단의 3하향三下鄕 활동(문화, 과학기술, 위생을 농촌에 보급하는 활동-역자 주) 등을 전국적으로 펼치면서 자원봉사의 참여와 활동 범위는 한층 확대되었다.

1994년 1월 19일, 중공 중앙 직속 기구인 '청년문명호(부서)' 현판식 행사가 중앙TV방송국에서 열렸다. 30개 공청단위원회와 부처가 처음으로 이 영예를 안았다. 공청단의 '청년문명호' 활동이 서막을 열었음을 대내외에 알린 것이다. 공청단 중앙은 2월 5일, 〈전국 청년문명호 활동 전개에 관한 의견〉을 공식 발표했다. 4월 1일 장쩌민 중공 중앙 총서기는 '청년문명호' 편액에 글을 남겼다. 4월 8일 공청단 중앙과 국가민항총국은 수도 공항에서 민항 계통 4개 청년문명호 시범 기관에 기념패를 증정했다. 그 뒤 공청단 중앙은 철도부, 건설부, 대내무역부 등과 연합해 청년문명호 활동을 전개했고 관련 문건을 하달해 각 기층 공청단위원회에서도 광범위하게 진행하게 했다.

청년문명호 활동이 전국적으로 전개되자 각 지역에서는 가뭄에 단비를 만난 것처럼 공청단 활동을 지지했다.

《단사종람團史縱覽》은 청년문명호 활동을 다음과 같이 평가했다.

세기 도약 청년문명공정이 힘차게 발전하고 있을 무렵, 세기 도약 청년인재공정도 가동되었다. 1994년 2월 8일, 공청단 중앙, 국가경제무역위원회와 노동부는 〈전국 기업 청년 노동자 중 명장 활동 진행에 관한 통지〉를 공표하면서 세기 도약 청년인재공정의 신호탄을 쏘아 올렸다. 7월 8일, 중국청년과학기술원 정초식이 성황리에 거행되었다. 이는 공청단 중앙과 전국청년연합회가 세기 도약 청년인재공정을 추진하는 구체적인 행동이었다. 8월 9일부터 10일까지 공청단 중앙은 세기 도약 청년인재공정 세미나를 개최해 활동의 전략적 의의, 세기를 뛰어넘는 청년인재의 시대적 자질과 성장 메커니즘, 육성 전략 등을 토론했다. 9월 2일, 공청단 중앙, 국가경제무역위원회와 노동부는 '제1회 중국청년노동자 기능의 달' 활동을 시작했다. 한 달간 진행된 활동에서 청년 기술 명인들은 선진적 조작법을 보급하기 위해 전국 3000여 개소 기업에서 시범을 보여주었다. 2000여만 명에 달하는 청년노동자가 능력 배가 활동에 참가했고, 1000여만 명의 청년 노동자는 기술 명인을 스승으로 모시는 활동에 참가했다.

12월 22일, 공청단 중앙은 북경에서 '세기 도약 청년인재대회'를 소집했다. 각계에서 특출한 공헌을 한 120여 명의 청년이 연단어 올랐다. 북경 청년

3000여 명도 참가했다. 12월 23일, 당과 국가의 지도자인 장쩌민, 리펑, 차오스, 리루이환, 주룽지, 류화칭, 후진타오 등은 전국 청년인재대회의 대표들을 접견했다. 이번 대회의 개최는 세기 도약 청년인재공정이 전면 가동됐음을 뜻한다. 이후 청년 인재 육성 활동이 전국에서 본격 추진되기 시작했다.

세기 도약 청년인재공정은 많은 기업에서 주로 '직장 명인 활동'을 중심으로 전개되었다. 청년 직장 명인 활동은 수많은 청년을 훌륭한 인재로 키워 성공의 길로 나아가고, 새로운 세기를 향해 힘찬 발걸음을 내딛게 했다.

농촌의 세기 도약 청년인재공정은 주로 우수 지도자를 양성하는 활동을 중심으로 전개되었다. 이 프로젝트는 농촌의 기층 공청단 조직을 토대로 농촌 청년에게 실용 기술을 가르쳐 새로운 농민을 육성했으며 농촌 상품 경제의 발전을 촉진했다.

1994년부터 공청단의 조직하에 북경, 상해, 천진, 남경 등 대도시 청소년 약 100만 명이 다양한 형식의 성인 예비기 교육 활동에 참가했다. 1996년 4월, 공청단 중앙은 16~18세 중고등학생을 대상으로 성인 의식과 인재 양성 의식에 관한 교육을 진행했다. 18세 학생에게는 성인 선서 의식을 진행하고 이를 세기 도약 청년인재공정에 포함시켰다.

세기 도약 청년인재공정을 시행하면서 공청단 조직은 국가교육부와 협조해 '세기 도약 청소년소질발전계획'과 '세기 도약 중국소년 꼬마독수리 행동'을 추진하며 '희망공정'을 대대적으로 전개했다. 공청단과 사회의 관계가 밀접하다는 강점을 활용해 사회적 자원을 충분히 이용하고 여러 가지 인재 양성 루트를 개발했다. 공청단은 우수한 청년 인재를 선정, 표창하고 추천하는 제도를 도입해 매년 다수의 청년 인재를 배출했다.

1996년 7월 당산唐山 지진 20주년을 맞아 장쩌민 증공 중앙 총서기가 당산 청년 자원봉사자들이 장애인을 위해 진행한 봉사 활동을 적극 지지했다는 사실에 주목해야 한다. 그해 10월 중궁 14기 6중 전회에서 통과된 '사회주의 정신 문명 건설에 관한 중공 중앙의 결의'도 청년 자원봉사자 활동을 적극 지지했다. 이는 중공 증앙이 청년 자원봉사 활동을 지지했다기보다 리커창이 지도하는 공청단 중앙을 지지한 것으로 볼 수 있다.

북경대 북문 앞에서 학우들과 함께(1981)

리커창의 학구열과
그를 이끈 스승들

리커창이 함비 8중에 들어갔을 때는 문혁이 발발한 후였다. 전국의 모든 학교는 휴교에 들어갔고 대학 입학시험도 취소되었다. 리커창은 학업을 중단하고 집에 머물 수밖에 없었다. 자식에 대한 교육적 열의가 대단했던 부친 리펑산은 리커창의 손을 끌어 안휘성 문사관에서 근무하던 국학 대사 리청의 집을 찾았다. 리청은 선우진 남원촌 사람으로, 유가경전을 많이 읽은 역사와 지리학 대가이며 동성파 최후 세대의 문학가였다. 그는 경전과 역사서를 넓게 읽었으며, 일생 동안 학생을 가르치고 사람 기르는 것을 천직으로 삼았으며, 사람을 알아보는 혜안이 있는 인물이었다. 리청은 그를 제자로 삼아 성심성의껏 지도하며, 중국의 국학과 역사, 학문하는 법을 가르쳤다. 리커창은 스승 리청을 만나 배움의 즐거움에 눈뜨기 시작했다.

리커창은 인재들이 모인 북경대 내에서도 독보적인 전공 성적으로 교수들과 교우들이 인정하는 재량이었다. 리커창은 현대의 통제론과 계통론으로 받학 문제를 해석하는 독특한 발상으로 공샹루이 선생의 애제자가 되었다.

공샹루이는 동서양의 헌법 행정론에 정통한 북경대 유명 교수였다. 공샹루이 교수는 헌법 위에는 무소불능, 무소부재의 신이나 전지전능한 지도자가 존재할 수 없으며 헌정의 길은 법치의 길이며, 법치는 민주주의로 향하는 첫걸음이라고 가르쳤다.

리커창의 7인의 멘토

리청=인문학	안휘성 국학대사·11살 때부터 역사서와 수필 등을 가르침
공샹루이=법학	북경대 법학 교수·헌법, 행정법의 대가
마스쟝=정치 입문	북경대 당 부서기·공청단 입문시킴
샤오줘지=경제학	자유주의 경제학자·석사 논문 지도·농업 경제의 중요성 인식시킴
리이닝=경제학	자유주의 경제학자·박사 논문 지도·시장 중시 경제 논리 인식시킴
왕자오궈=정치적 도약	중공 중앙조직부 부부장·1983년 중앙 공청단으로 입단시킴
후진타오=정치 멘토	전 국가주석·리커창의 후원자이자 정치 선후배

"나는 일생에 마음에 드는 네 명의 제자 마마오윈·수우·우밍푸·리커창을
두었다는 데 기쁨과 위안을 삼는다."
_리청(역사·지리학자)

"당시 나는 대부분의 시간을 농촌 사람들과 생존을 위해 바쁘게 일하고 있던 터라
감히 그런 사치스런 희망은 품을 수 없었다. 생존 욕구와 지식을 향한
열망이 교차하며 나를 어지럽게 했다."
_리커창(〈사풍산기〉)

"그는 수업이 없으면 일찌감치 기숙사를 나와 아침을 먹고 도서관으로 향했다.
점심과 저녁을 먹을 때 외에는 문을 닫기 전까지 그는 도서관을 떠나지 않았다."
_허진화(북경대 동창)

혁명의 폭풍 속에도 덮지 않은 책

비적을 때려잡던 혁명 | 리커창의 부친 리펑산李奉三은 정원현 구재향
일꾼 – 부친 리펑산 | 九梓鄉에서 태어났다. 일곱 형제자매 중 둘째

였고 집에서 유일하게 교육을 받았다. 그의 생애를 아는 사람에 의하면
젊었을 때 혁명에 참여했으며, 문무를 겸비한 인재였다고 한다.

리펑산은 1950년 2월 봉양현 부현장으로 부임했다. 6개월간 현장
대리로 일했고 1950년 8월에 현장으로 공식 임명되었다. 리펑산이 중
화인민공화국 건국 초기에 봉양현의 지도자로 임명된 것은 그가 건국
이전에 혁명에 참여해 전쟁 시기의 단련을 거쳤음을 보여준다.

리펑산이 봉양현에서 부현장으로 재직하던 무렵 현지의 비적과 악

질 토호들의 전횡이 심각했다. 공식 자료에 의하면, 1949년에 봉양현에서 강탈 사건이 모두 100여 건 발생했다. 1950년에는 158건이었는데, 1월부터 3월까지 강탈을 자행한 비적은 146명에 달했다.

1950년 봄 중공 중앙은 지시를 내려서 반비적·반악질 토호운동을 벌였다. 봉양현의 초당草塘, 절당浙塘, 궁집宮集, 관구官溝, 연등燃燈 등 5개 향에서 비적 현황을 조사했다. 5개 향에 7823가구가 있었고 인구는 3만 7872명이었는데, 대소 악질 토호가 49명, 비적은 수백 명에 달하는 것으로 나타났다.

《정원대사기定遠大事記》의 의하면, 1950년 1월에 새로 탄생한 인민정권을 공고히 할 목적으로 비적·악질 토호·반혁명 진압 운동을 전개했다.

봉양 지방 정부 사료에 의하면, 1951년 3월 초 봉양현은 비적토벌지휘부를 출범시켰다. 부현장으로 부임한 지 얼마 안 되는 리펑산이 지휘부의 주임을 맡았다

1949년부터 1952년까지 모두 39개에 달하는 비적 떼를 섬멸했으며, 비적 두목과 상습 비적 행위자 40명을 사살했다. 악질 토호 159명(처결 53명 포함)과 토비 329명(처결 109명 포함)을 체포했으며, 장총 수십 자루와 탄환, 수류탄을 노획했다. 1952년 말에 비적 문제는 근본적으로 해결되었다.

봉양현에서 2년 만에 비적 문제를 해결한 것은 비적토벌지휘소 주임 리펑산의 리더십이 주요했다고 말할 수 있다.

봉양현 현장으로 있을 때 리펑산은 현지에서 차오리쥔曹麗俊을 만나 부부의 연을 맺었다. 그전에 리펑산은 첫 번째 아내와의 사이에서 아

들 리커핑李克平을 낳았다. 그리고 차오리쥔과의 사이에서 자녀를 모두 3명을 두었는데, 1955년 7월 둘째 아들이 태어났다. 그가 바로 리커창이다.

리펑산은 문혁 전에 안휘성 문련文聯에서 방부시 중급 인민법원으로 전출되었다. 1980년대 초기에 합비合肥로 돌아와 안휘성 문사판공실과 지방지판공실에서 근무했다.

역사와 지리학의 대가 - 리청 | 1962년에 리커창이 일곱 살이 되어 학교 갈 나이가 되자 부친 리펑산은 그를 합비의 남문소학南門小學에 입학시켰다. 남문소학은 합비에서 가장 좋은 학교로, 현지인의 말로는 대단한 학교라고 한다. 당시에 이 남문소학에 다니려면 가장이 상당한 위치에 있어야 했다고 한다.

리커창의 성장기는 중국 정치가 요동치는 시기였다. 그가 합비 8중에 들어갔을 때는 문혁이 발발한 후였다. 순식간에 학교는 벌집을 쑤신 듯했고 교학 활동은 심각하게 침해되었다. 얼마 후 전국의 모든 학교는 휴교에 들어갔고 대학 입학시험도 취소되었다.

어려서부터 배우기를 좋아한 리커창은 학업을 중단하고 집에 머물 수밖에 없었다. 그해에 부친 리펑산은 리커창을 데리고 안휘성 문사관文史館에서 근무하던 국학國學 대사 리청李誠(1906~1977)에게 가 그와 함께 글을 짓고 세상 이치를 논했다. 두 사람은 서로 시사詩詞를 주고받으며, 오전부터 해 질 녘까지 계속 토론해도 피곤한 줄 몰랐다. 옆에 있던 리커창은 그들이 시가를 읊을 때 음률에 맞추어 어깨를 들썩이며 흥겨워하면서 아름다운 시의 세계에 깊이 빠져들곤 했다.

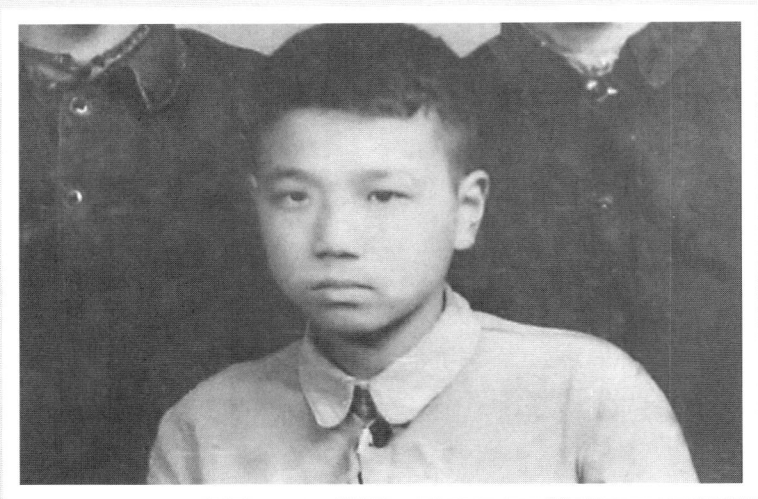

1968년 당시 13세의 리커창. 1962년에 리커창은 합비의 남문소학에 입학했다. 남문소학은 합비에서 가장 좋은 학교로, 당시에 이 남문소학에 다니려면 가장이 상당한 위치에 있어야 했다고 한다. 리커창이 문혁으로 등교할 수 없게 되자 부친 리펑산이 안휘성 문사 리청에게 아들의 지도를 부탁했다.

합비 8중 재학 시절 리커창(1973). 리커창의 성장기는 중국 정치가 요동치는 시기였다. 그가 합비 8중에 들어갔을 때는 문혁이 발발한 후였다. 순식간에 학교는 벌집을 쑤신 듯했고 교학 활동은 심각하게 침해되었다. 얼마 후 전국의 모든 학교는 휴교에 들어갔고 대학 입학시험도 취소되었다.

위웨이는 〈리커창을 이끈 일곱 사람〉에서 "소년 리커창은 총명하고 배우기를 좋아했으며, 재능이 남달리 빼어났다. 리청은 그를 제자로 삼아 성심성의껏 지도하며, 중국의 국학과 고금의 일사逸事, 학문하는 법을 가르쳤다. 때로는 진지하게 한자를 풀이해주었다"고 쓰고 있다.

그 후 리커창은 리청의 집에 가서 한자 풀이를 듣곤 했다. 리청은 몸이 약하고 시력도 좋지 않았지만, 늘 리커창에게 도서 목록을 주고 문풍과 학문, 몸가짐과 처세를 가르쳤다. 그는 리커창에게 《사기史記》, 《한서漢書》, 《후한서後漢書》, 《자치통감資治通鑑》 등 사서를 읽으라고 권했고, 《소명문선昭明文選》, 《고문사류찬古文辭類纂》 등 고문선을 한 단락씩 외어서 리커창에게 들려주었다.

리커창이 잘 모르거나 이해하지 못하는 부분이 있을 때마다 리청은 부드러운 목소리로 풀이해주었다. 그리고 당시唐詩를 가르쳤다. 하루에 한 수를 가르치면서 한 시간을 설명했다. 문장 한 편, 시 한 수를 배울 때마다 리커창은 즐거워했으며, 지식 탐구욕도 충족할 수 있었다. 리청을 스승으로 모신 5년 동안 리커창은 '혁명으로 휴교하던' 시기에도 학업을 멈추지 않았다. 오히려 그의 학문은 나날이 높아갔다.

리커창의 은사 리청은 누구인가.

안휘성 석태현石台縣 추포강秋浦江 기슭에 자리한 점대중학佔大中學 교정에는 학자 리청의 동상이 단정하게 서 있다. 검은색 대리석 받침대 위에는 리청 선생 동상이라는 글씨가 새겨져 있는데, 이는 그의 제자이자 저명한 문학평론가 수우舒蕪가 직접 쓴 것이다. 받침대 옆면에는 그의 제자이자 저명한 고문학자 겸 중국어 전문가인 우멍푸吳孟復

가 쓴 "늙기까지 몇 사람이나 스승 따르는 즐거움을 알리오마는, 이 세상에서 그를 이어 현인이 많이 난 것을 알았네幾人老有從師樂, 斯世知 多繼起賢"라는 문장이 새겨져 있다. 이는 생전에 존경하는 스승 리청에 게 바친 시이다.

리청은 선우진仙寓鎭 남원촌南源村 사람으로, 유가 경전을 많이 읽은 역사와 지리학 대가다. 저서로는《경부잡저敬夫雜著》,《지양잡조池陽雜 組》,《합비군사개론合肥軍事槪論》등이 있다. 리청은 여러해 동안 교육 분야에 종사했다. 민국 38년인 1949년에 원점대原佔大(현재의 선우진) 에 돌아온 후에 점파소학佔坡小學에서 교사로 일했다. 1953년에 어린 자녀 가오란高蘭을 데리고 고향을 떠나서 안휘성 둔사관에 들어가 도 서관 관리원으로 일하며 자료 수집과 편집일도 했다.

어떤 글에서는 리청은 지리학을 전공했고, 경전과 역사서를 넓게 읽었으며, 일생 동안 학생을 가르치고 사람 기르는 것을 천직으로 삼 았으며, 사람을 알아보는 혜안이 있었다고 말한다. 그는 만년에 소년 리커창을 알게 되었다. 리커창은 총명하고 배우기를 좋아했으며 포부 가 컸다. 리청은 늘 "나는 일생에 마음에 드는 4명의 제자 마마오윈馬 茂元·수우·우멍푸·리커창을 두었다는 데 기쁨과 위안을 삼는다"라고 말하곤 했다.

리청은 또 동성파桐城派 최후 세대의 문학가로도 일컬어진다. 동성 파란 동성桐城의 문파文派를 말하는데, 동성 고문파 또는 동성 산문파 라고도 하며 청대 최대의 산문 유파이다.

합비 8중 졸업 후 리커창은 농촌에 배치되어서 처음으로 집을 떠나 게 되었다. 이제 막 타지로 떠나려 하는 리커창은 스승이 자기를 배웅하기 위해 골목에 서 있는 것을 보았다. 그는 차마 그대로 발길을 떼기 어려운 아쉬움을 느꼈을 것이다. 작별 인사를 할 때 스승은 제자에게 항상 힘써 배우기를 게을리하지 말고, 농촌과 사회에서 배우고 책으로 배우라고 간곡히 당부했다.

리청은 1970년대 말에 세상을 떠났다. 당시 봉양현에 배치되어 노동을 하면서, 대묘공사 대묘대대 당지부 서기를 맡고 있던 리커창은 스승의 부음을 듣고 더할 나위 없이 슬퍼했다.

1997년 5월 15일에 공청단 중앙 제1서기를 맡았던 리커창은 《안휘일보安徽日报》에 발표한 〈리청 선생을 추억하며追憶李誠先生〉라는 글에서 은사에 대해 이렇게 썼다.

매일 단정히 탁자 앞에 앉아서 책을 손에서 내려놓지 않으신다. 붓을 들어 표시를 하시기도 하고, 고개를 숙여 나지막이 읊조리기도 하시는 것이 한결같다. 해가 가도 변함이 없으시다.

그는 '사후에 학문으로 명성을 남기려면 살아서 각고의 노력을 해야 한다', '아는 것은 안다고, 모르는 것은 모른다고 해야 한다'고 말한 은사의 말을 되새기며, 은사는 엄정한 학문 정신과 원칙을 지낸 분이었다고 회고했다.

한 언론은 리청과 리커창이 이 시기에 쌓은 사제지간의 정을 소개하며 "농촌에서 지내는 동안 리커창은 매일 들녘에서 일하다 황혼 무렵에 돌아왔지만 스승의 가르침을 항상 마음속 깊이 새기고 합비에서 가져온 책으로 독학했다. 밤에는 등불의 심지를 돋우고 늦게까지 책을 읽었다"라고 썼다.

리청의 언행과 품행은 당시 청소년이었던 리커창의 마음에 깊이 스며들었다.

10년 만에 열린 문, 기상이 하늘을 찌르다

대학 입시 부활, 북경대 | 1977년 8월 리커창은 방송을 통해서 대학 입
법학과에 들어가다 | 학시험이 부활되었다는 소식을 듣고 곧바로
교과서를 입수해 독학으로 입시 준비에 돌입했다. 그는 일을 하는 틈틈이 자투리 시간을 이용해 열심히 공부했다. 아침 일찍부터 밤늦게까지 책과 씨름했다. 당시에는 요원한 꿈같았던 대학에 입학하기 위해서였다.

1977년 12월 10일, 10년 동안이나 문을 닫아 먼지가 뿌옇게 끼어 있던 대학 입시 고사장의 문이 다시 열렸다. 그날 리커창은 수험생 570만 명 중의 한 사람으로 동시대인의 운명을 바꾸게 될 고사장에 들어섰다. 당시 대학 입시 부활이 시대의 전환점이 되리라고 예상한 사람은 많지 않았다.

시험이 시작된 지 30분도 안 되어 많은 응시생들이 낙담한 채 고사장을 나왔다. 끝까지 버틴 응시생 중에서 불과 27만 3000명만이 중국의 최고 학부에 입학할 수 있었다. 그들은 문혁 후 첫 대학 입시의 합격자이다. 일반적으로 1977년의 대학 입학시험은 10여 년 동안 누적된 우수한 인재들 중에서 정예만 뽑은 것이라고들 말한다.

1966년에 시작해 무려 10여 년 동안이나 시험이 실시되지 않아 대학 입시는 당시 사람들에게 상당히 낯선 제도였다. 사람들은 공농병이라는 도장을 받으면 대학에 입학할 수 있어 대입 시험이 무엇인지 거의 잊어버린 상태였다. '암흑의 중세기'에 빠졌다는 말을 듣는 이 세대에게 1977년 겨울, 하늘 저편에서 한 줄기 서광이 비쳤다.

그해 시행된 대학 입학시험은 78학번 대학생들에게는 한바탕의 대혼전이었다. 교재도 참고서도 없어 제대로 시험 준비를 할 수 없었다. 수험생의 학력 제한도 없고, 전년과 올해의 합격률도 비교할 수 없었다. 수험생들은 대학 입시가 부활한다는 소식에 그저 순간적으로 반짝하는 희망에 부풀어 대학 입학의 열망을 품었을 뿐이다.

고사장에 들어갈 때까지도 대다수 수험생들은 도대체 무엇을 공부하고 어떻게 입학을 준비해야 할지 알 수 없었다. 모두 막막하기만 했다. 고등학교 교육 과정 관련 서적들은 순식간에 동이 났다. 몇 해 전에 쓰다 버린 고등학교 숙제장도 인기를 모았다. 수험생들이 고등학교 과정을 복습하기 위해 필요했기 때문이다.

순식간에 배움의 열기가 들판의 불길처럼 중국 대지를 뒤덮었다. 한 수험생은 책을 대하는 당시 사람들의 모습을 이렇게 묘사했다. "굶주린 늑대가 먹잇감을 보는 것 같았다."

대입 수험서를 살 수 있는 신화서점新華書店은 졸지에 가장 붐비는 곳이 되었다.

대입 원서를 제출할 때 리커창의 제1지망은 안휘사범학원安徽师范学院이고, 북경대는 제2지망이었다. 그해 대학 입시는 중화인민공화국 수립 이후 가장 경쟁이 치열했다. 경쟁률은 무려 29대 1이었다. 특히 북경대의 합격선이 제일 높았다. 리커창은 내심 북경대를 원했지만 합격을 자신할 수 없어 북경대를 제2지망으로 돌렸다.

입학시험이 끝나자 바로 견디기 어려운 초조함이 리커창에게 찾아왔다. 20일 전, 10일 전, 5일 전……. 마침내 리커창은 대학 입시 통지서를 받았다. 통지서를 받자마자 그는 흥분해 크게 환호성을 질렀다. 꿈에서도 바라고 바랐던 북경대 법학과 합격 통지서가 그의 손에 들려 있었다. 이 소식은 바로 퍼져나갔고 봉양현이 크게 들썩였다. 리커창은 당시 상황을 이렇게 설명했다. "제1지망으로 안휘사범학원을 쓴 것은 수업료를 내지 않아도 되었기 때문이었다. 그러나 나는 북경대에 꼭 들어가고 싶었다. 그래서 제2지망은 북경대를 써넣었다."

한 글에 의하면 리커창이 북경대에 합격한 이유는 대학에서 합격자를 선발하면서 '사상이 선명하고 혁명 가정 출신이라야 한다'는 요건을 중시했기 때문이라고 한다. 법학과는 '절대 비밀' 전공이었고, 법학과 교재는 표지에 비밀이라는 도장이 찍혀 있었다. 리커창은 혁명 가정 출신이었고 본인도 '안휘성의 마오쩌둥毛澤東 사상 학습 선진 인물'이었다. 이렇게 정치적 밑천이 두둑했던 리커창은 북경대에 합격할 수 있었다.

세계도서출판공사世界图书出版公司가 펴낸 《북경대학의 정신北大之精神》이라는 책에 리커창이 쓴 〈사풍산기師風散記〉가 실려 있다. 이는 그가 당시 북경대를 선택한 이유와 그 후 학교와의 인연에 대해 쓴 글이다.

20년 전, 나는 당시 농촌의 매우 궁핍한 대지 위에서 대학 입시를 준비했고, 이렇게 북경대와 인연을 맺었다.

대학 입학 원서를 쓸 때 전에 만난 적이 있는 학자에게서 편지를 한 통 받았다. 오래 전에 북경대를 졸업한 그는 북경대를 지식과 학문의 금자탑으로 여겼다. 그는 나에게 '10년에 한 번 올까 말까 한 이런 기회를 놓치지 마라. 북경대를 유일한 선택으로 결정하라'고 충고했다. 당시 나는 대부분의 시간을 농촌 사람들과 생존을 위해 바쁘게 일하고 있던 터라 감히 그런 사치스런 희망은 품을 수 없었다. 생존 욕구와 지식을 향한 열망이 교차하며 나를 어지럽게 했다. 결국 나는 제1지망에 내가 살고 있던 안휘성의 사범학원을 써넣었다. 사범학원은 식비를 내지 않아도 된다는 말을 들었기 때문이다. 그래도 나는 여전히 북경대를 동경했고 제2지망에는 북경대를 써넣었다. 아마 북경대는 학생 선발에 우선권을 갖고 있었기 때문에 버젓이 타 대학을 제1지망으로 쓴 나를 뽑은 것이리라. 그 이후 본과本科(학부 과정을 말함-역자 주) 과정부터 석사와 박사 과정을 마칠 때까지 10년 가까이 북경대 학생 신분으로 살았다. 이는 전혀 기대하지 못한 일이었다.

중국에서 이 시기는 '폭발'이라 표현할 정도로 빠르게 지식이 확산되던 때였다. 지식을 전파하는 곳이 늘어나고 그 수단도 날로 다양해졌지만, 그래도 나는 연거푸 시험에 합격해 계속 북경대 학생으로 남았다. 돌이켜보면 내가 북경대에 입학해 졸업할 때까지 줄곧 추구한 것은 지식만이 아니었다. 나는 정신을 도야하고 학문을 연마했다고도 말할 수 있다.

새로운 중국을 꿈꾸는 북경대 | 2005년 8월, 왕쥔타오王軍濤는 〈북경대학의 풍운아, 옛 학우들에 대한 평점: 후핑, 장웨이, 리커창北大風雲舊友評點: 胡平, 張煒, 李克强〉이라는 장문의 글을 썼다. 거기에서 시대의 풍운아, 미명호의 학우들을 이렇게 묘사했다.

27년 전, 중국의 정치, 학술, 인문, 생태 환경과 수많은 사람의 운명을 바꾸는 획기적인 사건이 발생했다. 덩샤오핑이 문혁으로 중단된 대학 교육을 되살리고, 공개적이며 평등하고 합법적인 시험을 통해 학생을 모집해 인재를 육성하기로 결정한 것이다. 사실 이 조치는 일반인이 생각하는 것처럼 중국의 과학기술과 문화를 다시 진흥하겠다는 목적만은 아니었다. 정치적 목적도 있었다. 다시 말해, 4인방四人幇(문혁 기간에 권력을 휘두른 4명의 공산당 지도자. 마오쩌둥의 부인 장칭江靑, 야오원위안姚文元 정치국 위원, 왕훙원王洪文 부주석, 장춘차오張春橋 국무원 부총리를 가리킨다. 마오쩌둥 사망 후 4인방이 체포되면서 문혁이 막을 내렸다―역자 주)보다 젊은 정치 후계자를 양성하려는 목적이 있었다. 철저하게 4인창을 도태시켜서 젊은 인재들이 다시 일어나도록 만들려는 의도였다. 4인방 중의 한 명인 왕훙원도 '젊어야 수구적 늙은이들을 타도할 수 있다'고 말하지 않았던가?

1978년 3월과 10월, 일단의 신입생들이 두 차례에 걸쳐 대학에 들어왔다. 이런 행운아들이 중국의 미래를 한 세대 이상 주도할 것으로 사람들은 예감했다. 이들 중에서 틀림없이 중국을 진흥할 과학자, 문학자, 철학자, 교육자, 예술가가 나올 뿐 아니라 신시대를 열어나갈 정치 지도자가 나올 것이다. 북경대는 아주 빠르게 중국 전역의 기대를 받는 대학이 되었다.

당시 북경대에 입학한 두 기수의 신입생들도 이렇게 자부했고 또 그렇게 자리매김했다. 교문에 들어서자마자 그들은 시간을 아껴서 학업에 몰두해 4인방 때문에 놓쳐 버린 세월을 만회하려 노력했다. 그런데 사상 해방 운동이 심화, 발전해 '민주의 벽 운동(대자보 등을 통한 체제 비판 운동을 말함―역자 주)'이 갑자기 일어나고 중국 정치계가 문혁의 유산과 개혁·개방을 둘러싼 대논쟁을 벌이자 이 '시대의 행운아'들은 그냥 앉아 있을 수만은 없게 되었다. 북경대는 5·4 시기의 정신을 되살려 1980년대에 또다시 중국 정치에서 새로운 조류의 중심이 되었다. 그러자 세계의 관심도 온통 북경대에 쏠리기 시작했다.

당시 북경대생의 정신적 도량과 사상 경향을 되돌아보면서, 사람들은 쉽게 그들의 오만과 경솔, 과도한 자부심을 나무랄지도 모른다. 그러나 이런 질책은 불공평할 뿐만 아니라 부정확하다. 당시 북경대생은 역사상 어떤 대학생들보다도 혹독한 고난의 세월을 이제 막 벗어난 상태였다. 그들은 지극히 폐쇄적인 환경에서 공산당 혁명의 표준적인 선전 교육을 받았기 때문에 이를 추호도 의심하지 않았다. 그들은 미친 듯이 지도자를 추종해 정치 운동에 투신했고 그들이 품은 이상이 파멸하는 과정도 지켜보았다. 그들은 각계 각층의 인민과 함께 천재天灾와 인재人灾를 모두 겪어 몸과 마음에 상처가 깊었다. 그들 대부분이 사회 가장 밑바닥까지 추락했었다.

1970년대 중반의 '4·5 운동四五运动(1976년 4월 5일에 발생한 천안문 사건을 말함―역자 주)'은, 그들이 더 이상 마오쩌둥 혁명을 맹신하지 않으며, 정신적·사상적으로 새로운 중국의 길을 독자적으로 추구하고 있음을 보여준다.

미명호의 학생들은 사상, 학문, 생활과 사회적 실천의 통일을 추구했다. 그들은 계속 우국애민의 정서를 유지할 뿐만 아니라, 선배 지식인들의 포부와 정신적 가치를 계승하고 동시대 세계 지식인들의 인문정신과 하나가 되려고 했다. 고난의 경력과 정신적 역정을 통해 그들은 세상과 인생의 규칙과 이치를 깨달았다. 이 기초 위에 그들은 다시 새로운 지식 구조, 자유와 개방을 놓고 토론·논쟁하면서 개인과 국가 발전에 대한 사고를 재구축하려 했다.

1970년대 말과 80년대 초 북경대는 활기와 자유, 진취적 정신과 사상으로 충만했다. 북경대의 새로운 학우들은 발전적이고 독특한 학원 문화에서 국가 대사와 사회 건설에 대해 신속하고 강력한 목소리를 냈다. 이 때문에 북경대는 공산당 혁명 30년 만에 다시 격동하는 정치와 사상의 중심이 되었고 중국 정국에 영향을 주는 정치적 사건의 주요 발원지가 되었다.

홍루에 눈이 날리고 일시 영걸이로다. 선현은 애국, 진보, 민주와 과학을 썼도다. 과거와 이별하고 양관陽關(옥문관 남쪽에 있는 관문. 지금의 감숙성 돈황 남서쪽에 있다—역자 주)을 천 번 범하니 호기로운 노래로 밤을 지새우고 산천을 회복하는 데 백 년을 기다려야 하네. 지금 우리는 봄바람을 맞는 살구꽃, 청춘으로 운명의 숙제를 완성해가네. 내일 우리는 수림을 이루는 거목이 되어 중국이 세계를 놀라게 하리라.

이는 1950년대에 만들어진 북경대 교가 〈연원정燕園情〉의 한 단락이다. 낭만적 기질과 자유로운 정서 그리고 원대한 포부가 가사에 넘친다. 북경대 전 학장인 차이위안페이蔡元培(신해혁명에 참가했고, 5·4 운동 때 북경대 학장으로서 학문의 독립과 언론 자유를 위해 노력한 중국의 학자이자 교육자—역자 주)는 '서로 포옹하고 받아들이며 사상을 자유롭게 하자'는 학교 이념을 창도했다. 지금까지도 이는 북경대 정신으로 민주와 자유는 과거 북경대 학생들이 흥미진진하게 토론한 주제였다.

비록 중화인민공화국 건국 이후 이러한 학풍이 한동안 사라졌지만 개혁·개방 이후 다른 학교에 비해 북경대의 전통은 여전히 꿋꿋하게 이어져왔다. 북경대 졸업생들은 이상주의 경향이 다분하고 개성이 특출하다는 의견도 있다.

차이위안페이 선생이 수립한 사상·학술 풍토와 그 후 몇 세대 동안 북경대인이 사상·학술·정치 활동을 통해 중국 정치계에서 수립한 유일무이한 북경대 이미지를, 1980년대 초의 북경대가 되살려낸 것이라고 사람들은 생각한다.

그 무렵 사람들은 새로운 북경대 학생들이 중국의 진보를 위해 사상을 수립하고 그들 중에 꼭 정치 지도자가 나올 것을 기대했다. 그 후 20년간 북경대가 중국 발전에 크게 공헌한 것은 사실이지만, 사람들이 기대한 만큼 중국의 정치 발전에 기여한 것은 아니었다.

북경대 학생은 사유가 민첩하고 개성이 특출하며, 시야가 넓고 사회 다원화 과정에 쉽게 적응했지만 이는 관료 사회가 요구하는 신중하고 실무적인 경향과 다소 차이가 있었다. 북경대를 졸업한 지 10년이 되는 중문과 학생 린훙林宏은 "저의 몇몇 동창생도 정계로 진출했지만 아직도 과장급에 머물러 있다"라고 털어놓았다.

그러나 중국과 함께 좌절과 고난을 겪은 북경대의 젊은 이상주의자들은 결코 포기하지 않고 여전히 자신의 이상을 위해 분투하고 전진했다. 그들의 선배처럼 북경대인의 정신적 경지는 이 잔혹한 운명 속에서 남김없이 발굴, 계승되었다.

왕쥔타오의 회고에 의하면, 그는 학생 상대회에서 리커창을 알게 되었다고 한다. 문과 학생 중에서 리커창이 가장 많은 발언을 했고, 그의 견해는 예리하고 깊었다. 사상이 자유롭고 언사가 예리한 학우였다.

왕쩐타오에게 특히 인상적인 것은 리커창의 독보적인 전공 성적이었다. 리커창이 논문을 제출한 적이 있었다. 논문에서 현대의 통제론과 계통론으로 법학 문제를 해석해 공샹루이龔祥瑞 선생의 관심과 호평을 받았다. 학문 간의 경계를 넘는 통섭적 토론이 벌어지면 리커창은 늘 다양하고 기발한 발상과 영감으로 탁월한 견해를 제시했다고 왕쩐타오는 회상했다.

헌법 위에 신도 없다

교우가 바라본 리커창 | 리커창은 1미터 76센티미터의 키에 균형이 잘 잡힌 체형이었다. 약간 검은 피부에, 눈썹은 짙고 눈은 컸으며 코는 우뚝하고 입은 넓었다. 머리카락은 약간 곱슬이며, 귀는 크고 두툼해 복이 있게 생겼는데 그는 언제나 재기가 넘치고 상대를 압도하는 느낌을 주었다. 학우들의 눈에 비친 리커창은 말수는 적었지만 일단 말을 시작하면 분석력이 있그 논리가 치밀했다. 화동정법대학華東政法大學 학장 허진화何謹華는《법제일보法制日報》에 발표한 글에서 리커창을 이렇게 묘사했다.

북경대 법학과에 막 들어갔을 때 리커창이 속한 반은 학생이 모두 82명이었다. 리커창은 제1조에 배치되어 왕즈용王志勇·왕지앤핑王建平·총페이궈 叢培國 등과 함께 공부했다. 그래서 나와 리커창은 평소에 접촉이 별로 많지 않았고, 서로 말도 많이 나누지 않았다. 그는 수업이 없으면 일찌감치 기숙사를 나와 아침을 먹고 도서관으로 향했다. 점심과 저녁을 먹을 때 외에는 문을 닫기 전까지 그는 도서관을 떠나지 않았다.

이 세대 사람들은 문혁 기간에 초등학교와 중고등학교 시절을 보냈기 때문에 외국어에 대한 기초가 없었다. 리커창도 북경대에 들어갔을 때 영어 실력이 별로 좋지 않았다. 그러나 그는 매우 부지런했다. 그는 직접 작은 노트를 만들어 앞장에는 영어 단어를, 뒷장에는 중국어 해석을 적어놓고 공부했다. 단어를 완전히 이해하면 뒷장으로 넘어가고 잘 이해하지 못하거나 기억하지 못하면 뒷장에 쓴 중국어 해석을 보았다. 길을 걸으면서도, 식당에서 차례를 기다리면서도, 버스를 타고 외출할 때도 단어를 외웠다. 이렇게 그는 자투리 시간을 모두 영어 공부에 투자했다. 덕분에 얼마 되지 않아 리커창의 영어 수준은 빠르게 늘기 시작했다. 대학 3학년 때부터는 법학 관련 영어 원서를 번역할 수준까지 향상되었다.

1980년 5월 17일, 허진화는 일기에서 이렇게 썼다.

리커창은 정말 대단한 사람이다. 그가 번역한《영국 헌법사강》은 인민대표대회 상무위원회 법제위원회에서 사용하고 있는데, 1만 자가 넘는다. 그리고 그가 번역한 글 두 편도 우리 학과의 인정을 받아《국외법학國外法學》에 수록되었다. 그가 쓴〈정보 통제와 법률信息控制與法律〉이라는 논문은 이미 법학과에서 타이핑을 해서 《법학연구法學研究》로 보냈다. 그가 리전시앙李振想 학우와 함께 쓴 보도문 "법학과 학생 5·4 과학토론회法律系學生五四科討論會"도 머지않아 《광명일보光明日報》에 수록될 예정이다(물론 이런 내용 중 일부는 다른 학우들에게 들었고 내가 직접 확인한 것은 아니다).

리커창은 나중에 다른 두 학우와 함께 서양의 유명 법 학자 저서를 번역했다(이를테면 영국의 저명한 법관 데닝Baron Denning의 《법률의 정상 절차The Due Process of Law》를 번역했다. 리커창을 포함해 학우 세 명이 번역한 이 책은 1999년에 법률출판사에서 출판되었다).

허진화에게 상당히 깊은 인상을 남긴 또 하나의 일은, 1979년 대학 2학년 때의 일이다. 어느 날 밤에 학우들은 홍콩 영화 〈벗들의 지극한 우정至愛親朋〉을 함께 관람했다. 이 영화는 자본가들이 서로 이익을 얻기 위해 경쟁하다가 결국 친구, 친척, 가족, 부부 사이의 정을 모조리 잃어버린다는 내용으로 자본주의를 부정적으로 묘사했다. 이 영화는 여러 부분에서 발자크 소설의 줄거리와 수법을 모방했고, 다소 과장과 개그가 섞여 있었지만 관객을 흥분시키고 매우 깊은 인상을 주었다.

허진화는 영화를 보고 난 후 격앙된 기분으로 영화평을 썼다. 마르크스가 《자본론》에서 천명한 바 있는 원리, 즉 자본이 잉여 가치를 만나면 활발하게 작동하기 시작하며, 자본주의는 이윤을 위해서 인간 세상의 다양한 온정의 가면을 벗겨버린다는 것이 영화평의 요지였다. 그는 이틀 밤을 새워 단숨에 2만 여자에 이르는 장편의 글을 썼다. 글을 다 쓰고 나서 그는 기숙사의 몇몇 학우들에게 읽게 했다. 모두 이 글에 대해서 별다른 이견이 없었다. 그들은 허진화에게 그 글을 리커창에게 한 번 보여주라고 권했다. 리커창이 서양 경제학 관련 서적을 많이 읽어서 경제 이론에 비교적 밝았기 때문이다. 허진화는 글을 리커창에게 보여주었다.

사흘 후에 허진화는 리커창에게 자기가 쓴 영화평을 어떻게 생각하느냐고 물었다. 먼저 리커창은 학우끼리는 학문에 관해서는 의례적인 말을 할 필요가 없다고 말했다. 이어서 그 글은 비록 노력을 좀 들인 흔적이 있고 마르크스의 《자본론》도 잘 이해하고 쓴, 습작치고는 괜찮은 글이라고 리커창은 말했다. 하지만 만일 정식으로 투고해 발표한다면 두 가지 문제를 해결해야 한다고 그는 지적했다. 첫째, 문장에 군말이 너무 많아서 3분의 2는 삭제해야 하고 둘째, 반드시 제2차 세계대전 이후의 서양의 자본 운용의 새로운 상황과 경제학 이론의 새로운 성과를 보충해야 한다고 조언했다.

리커창의 이 말을 다른 학우가 들었다면 아마도 상처를 입고 크게 실망했을 것이다. 그의 의견은 사실상 허진화의 글 전체를 부정하는 것이었기 때문이다. 그러나 허진화는 리커창의 말이 일리가 있다고 생각했다. 이유는 첫째, 당시에 자기가 쓴 글이 확실히 군말이 많고 장황했는데, 이 점은 리즈민李志敏 교수가 이미 여러 차례 지적을 한 바 있었다. 둘째, 자신이 서양의 자본 상황과 경제학 이론을 잘 이해하지 못했고 심지어는 완전한 공백이라 해도 과언이 아니었기 때문이다.

허진화는 결국 리커창의 의견을 받아들였다. 그 글을 단순한 습작으로 생각하고 고쳐 쓰지도 않았고 투고도 하지 않은 채 줄곧 서랍 속에 방치했다. 대학을 졸업하고 짐을 정리할 때 허진화는 이 글을 다시 보기는 했지만, 그 후 여러 번 이사를 하는 바람에 이 영화평을 언제

어디에서 잃어버렸는지도 모르겠다고 말했다.

민주 헌정의 참뜻을
설파한 공샹루이 북경대 법학과는 교수진이 훌륭하고 시설이
뛰어났다. 교수진 중에서 가장 이름 있는 인물
로는 동서양의 헌법·행정법에 정통한 공샹루이를 들지 않을 수 없다.

공샹루이는 일찍이 정치학을 전공했다. 그는 영국에서 유학하면서
서양의 정치 체계와 법치를 몸소 체험한, 정치학과 법학의 소양을 두
루 갖춘 학자였다. 《중화아녀》는 "총명하고 근면한 리커창이 아주 빠
르게 공샹루이의 애제자가 되었고, 리커창은 그를 대우 존경했다"고
밝혔다.

문혁 동안 공안, 검찰, 법원은 엉망진창이 되었고, 헌법전은 폐지로
변해버렸다. 일부 교수들은 강의 중 헌법에 관한 화제가 나오기라도
하면 입조심을 하며 일절 언급하지 않았다. 그러나 공샹투이는 민주
헌정의 참뜻을 강의실에서 거리낌 없이 설파했다. 리커창은 여기에서
3년 가뭄에 내리는 단비와도 같은 느낌을 받았다.

리커창은 공샹루이 교수에게 무엇이 진정한 자유주의이며 헌정 정
신인지를 배우고 터득했다. 헌법은 지고한 것이므로 최고 권력 기관
이라도 반드시 준수해야 한다고 공샹루이는 주장했다. 헌법 위에서
무소불능, 무소부재의 신이나 전지전능한 지도자가 존재할 수 없다고
가르쳤다. 공샹루이는 학생들에게 헌정의 길은 법치의 길이며, 법치
는 민주주의로 향하는 첫걸음이라고 가르쳤다. 이러한 헌정 개념은
이제 막 문혁에서 벗어난 리커창에게 하늘과 땅을 뒤흔드는 말이었
다. 그는 피가 뜨겁게 끓어오르는 것을 느꼈다. 공샹루이의 지도 아래

북경대 법학과 78학번 학생들의 수업 풍경(1978). 1977년 갑자기 부활한 대학입시로 1978년 3월과 10월 두 차례에 걸쳐 들어온 신입생들로 북경대는 아주 빠르게 중국 전역의 기대를 받는 대학이 되었다. 사람들은 이들이 중국의 미래를 한 세대 이상 주도할 것으로 예감했다.

공샹루이 교수와 법학과 78학번 학우들(앞줄 왼쪽부터 장밍안姜明安, 공샹루이, 천싱량陳興良, 왕지앤핑, 타오징저우陶景洲, 류펑밍劉鳳鳴, 리치지아李啓家, 왕샤오광王紹光, 리커창). 공샹루이는 일찍이 정치학을 전공해 영국에서 유학하면서 서양의 정치 체계와 법치를 몸소 체험한, 정치학과 법학의 소양을 두루 갖춘 학자였다.

리커창은 서서히 공부의 방향을 외국의 헌법과 비교 정치로 돌렸다.

재학 중에 리커창은 이미 학술 연구에서 두각을 나타내기 시작했다. 일찍이 〈법치 기구와 사회 시스템, 정보 및 통제〉라는 논문을 제출해 현대 통제론과 계통론을 가지고 법학의 문제를 해석하려 시도했다. 학교는 이를 우수 논문으로 평가했고, 공샹루이 교수의 호평도 받았다. 공샹루이 교수는 "이 논문은 계통론, 통제론, 정보론 등 최신 과학 방법을 법학 연구에 응용했다"라고 평가했다. 리커창이 번역한 《영국 헌법사강》은 법학과에서 책으로 엮어 강의 참고 자료로 활용했다.

당시 서양 선진국들의 신기술 혁명은 그 파도가 높게 일기 시작해 사회 영역에도 침투하고 있었다. 컴퓨터도 법학과 밀접한 관련을 맺기 시작했다. 공샹루이는 이런 동향을 중국에 소개하는 논문을 썼다. 동시에 그는 자신의 제자들이 미래의 역군으로서 이런 흐름에 지대한 관심을 가져야 한다고 생각했다. 그래서 공샹루이는 원고를 애제자 리커창에게 넘겨주면서 그에게 교정을 부탁했다.

리커창은 나중에 이렇게 회고했다.

나는 그 무렵 아주 젊었고 게다가 선생님들의 진솔한 가르침에 고무되어 아무 거리낌 없이 교수님이 부탁한 대로 문장을 수정했다. 그리고 다시 평상심으로 돌아와 원고를 돌려주었다. 교수님은 수정한 원고를 읽어본 후 그 자리에서 잘 썼다고 하시면서 나와 자신의 이름을 함께 적어서 한 법학 잡지사에 보내 발표하셨다. 당시에 법학 잡지는 종류가 매우 적었다. 잡지 편집부는 빨리 이 논문을 발간하기를 원했다. 논문을 공 교수님이 쓰셨기 때문이라고 이유를 짐작해 본다.

북경대에서 학생과 교수가 맺은 평등한 관계는 지식과 진리 추구 그리고 존중에 기초했다. 지식과 진리 앞에서 개인의 체면과 존엄은 아무 것도 아니다. 이것은 일종의 사도師道라고 부를 수 있다.

78학번을 지도한 북경대 법학원 양둔시엔楊敦先 교수는 그해 입학한 법학과 학생 82명을 황포黃埔 1기라고 불렀다. 황포 1기는 사상이 자유로운 것이 보통 학생들과 매우 다르다고 양 교수는 회고했다. 양둔시엔 교수에게 가장 인상이 깊은 학생은 리커창이었다. 그는 늘 입법과 국가 정치 체제의 상호 관계를 탐구하곤 했다. 학우들과의 토론에도 상당히 적극적이었다. 학우 진흥량은 "나는 인민대 대학원에 진학한 후에도 이따금 북경대으로 돌아와 리커창과 철학 이론 문제를 토론하곤 했다"라고 밝혔다.

시간의 티끌을 모아 박사에 이르다

배움의 열정은 당원의 의무 | 리커창이 대학을 졸업하고 나서 보낸 첫 1년은 언론의 표현을 빌리자면 "덕식재학德識才學이 함께 발전한 때"로 규정할 수 있다. 그는 여전히 북경대 법학과에서 근무했다. 직위도 법학과 교사였다. 전공은 외국 상법이었고 늘 수업 준비를 해야 했다. 그는 공청단 직무를 수행하면서 학술 논문인 〈경제 개혁 중의 시장의 법률 통제〉을 썼다. 〈법률 기제를 개선해 경제 발전에 적응함〉을 번역했으며, 20만 자에 이르는 《법률의 정상 절차》를 공동 번역했다.

리커창은 공상루이 교수와 함께 논문 〈법률 업무의 전산화法律工作的計算機化〉를 썼다. 그는 이 논문에서 법률 업무에 컴퓨터를 도입하고 인재를 육성해야 한다는 견해를 제시해 학계에서 호평을 받았다. 그는 또 경제, 경제법, 정치학, 법률 이론을 공부했고 이와 관련된 소련·동유럽 경제 개혁 분야의 중국어와 영어로 쓰인 전문 서적을 20여권 읽었다. 그는 북경대의 일본어 강좌와 법학과에 개설한 영어 강의 과목을 계속 유지할 것을 주장했다.

이를 보면 리커창이 시간을 얼마나 잘 활용하는지 알 수 있을 것이다. 공청단에서 근무한 사람들은 대개 공청단 업무가 너무 번잡해 규칙적인 생활이 불가능하다는 점을 인정한다. 그러나 리커창은 불규칙으로 이어지는 번잡한 업무를 처리하면서도 생활의 리듬을 잘 유지했다. 오전에는 학생 신분으로 강의를 듣고, 공청단 안팎의 회의에 참석했으며, 틈새 시간을 활용해 책을 읽었다. 오후에는 공청단위원회 활동에 시간을 많이 할애했다. 저녁에는 다시 학생으로 돌아가 공부하고 사색했다. 밤 10시 전후에는 학생 비상근 공청단 간부들과 업무를 협의했다. 그에게는 밤 11시부터 다음 날 새벽 1시 사이가 책을 쓰고 학문에 몰두할 수 있는 가장 여유 있는 시간이었다.

리커창은 취임 첫날, 공청단의 통상적 회의는 1시간을 넘겨서는 안되며 이를 넘기면 누구나 자유롭게 퇴장할 수 있다고 선언했다. 그는 1여 년간 통상적인 회의는 모두 30분 안에 마쳤다. 그는 한 번도 회의로 시간을 낭비한 적이 없다. 그는 효율을 중시하고 시간을 아껴 쓰는 습관을 가지고 있었다. 일단 일을 시작하면 정신을 집중해 처리했다. 책을 한 번 읽기 시작하면 놀라울 정도로 몰두했다. 그는 생명의 가치란 매분, 매초 안에 있기 때문에 '시간을 최대한 압축적으로 활용해 청춘의 가장 순수한 결정체를 만들어야 한다'고 생각했다.

리커창은 《중국청년》과의 인터뷰에서 다음과 같이 밝혔다.

자신은 한 사람의 공산당원으로서 모든 것은 당의 방침에 따르지만, 그냥 소극적으로 방침만을 기다리는 것은 아니다. 공청단은 청년 간부를 육성하는 중요한 기지이다. 관건은 청년 간부들이 자각해 당이 요구한 혁명화·연소화·지식화·전문화의 과제에 따라 자신을 위한 잠재적 목표를 세우고, 이 목표를 행해 어떻게 한 발 한 발 나아가려 하느냐에 달려 있다. 적지 않은 동지들이 전쟁 시기와 건국 초기에 혁명을 위해 전공을 공부하지 못하고 직업 혁명가가 되었다. 오늘날 시대의 요구에 부응하기 위해 그들조차도 열심히 배우고 연구한다. 나는 이제 고작 스물일곱 살로서 배움에 뜻을 두는 나이이다. 시대의 요청에 부응해 폭넓게 전문 지식을 쌓아야 자신의 영역에서 국가 실정에 맞는 대책을 연구하고 수립할 수 있다.

그래서 리커창은 늘 이렇게 자신을 채찍질했다.

개인은 사회에 너무 많은 것을 요구해서는 안 된다. 이 세계가 자기를 위해서 존재한다고 생각해서도 안 된다. 오히려 사회와 시대가 개인에게 요청하는 과제와 목표를 향해 자신을 내던지며 전심전력해야 한다. 개인은 사회를 위해 자신을 '다재다능한 인재'로 단련시켜야 한다.

여기서 말하는 '다재다능한 인재'란 폭넓고 깊이 있는 지식과 용감하고 진취적이며, 창조적 재능을 충분히 발휘하는 사람을 말한다.

북경대 공산당위원회의 전략적 목표는 바로 여기에 있었다. 공산당위원회는 리커창에게 두 가지 과제를 부여했다. 하나는 업무 계획이고, 또 하나는 학습 계획이었다. 공산당위원회는 그에게 이 두 가지 과제가 모두 똑같이 중요하다고 일러주었다. 리커창은 실천을 하면서 점차 당 지시의 중요성을 느꼈다.

"나의 발걸음조차 모두 당의 배려와 돌봄 덕택이다. 당은 어머니와 같다. 당을 떠나는 것은 마치 가을의 낙엽처럼 생명력이 완전히 없어지는 것이다"라고 그는 말했다.

인터뷰에서 리커창은 또 이렇게 밝혔다. "공부와 일을 병행하면서 나는 전공학과 교사와 공청단 간부라는 두 가지 시각에서 문제를 관찰했다. 학생들을 새로운 시대에 맞는 새로운 인간으로 길러내기 위해서는 정치와 직무 수행이 서로 불화해 으르렁 거리거나 충돌하는 구조에서 벗어나서 통일적 적정선을 찾아내야 한다고 느꼈다."

리커창은 사회와 민족을 위해 헌신하는 정신을 갖고, 사상의 폭이 넓으며 흡수력이 강해야 사회 전체를 위해 물질적 부와 정신적 가치를 효율적으로 창출할 수 있다고 생각했다.

1982년 12월 상순, 북경대 법학과 교사들에게 해외 유학을 갈 수 있는 기회가 찾아왔다. 리커창에게도 더 깊이 전공을 연구할 수 있는 해외 유학의 길이 열렸다.

《중국청년》에 따르면, 그는 출국 서류를 작성할 때 머릿속에서 1년 전에 친한 친구 몇 명이 그에게 손을 흔들며 '미국에서 보자!'고 외쳤던 모습이 생생하게 떠올라 가슴이 두근거렸고 출국 후 반드시 3년 과정을 단축해 2년 만에 마쳐 그들과 함께 귀국하겠다고 결심했다. 그해 12월 하순에 그는 공청단 11대에 참석해 공청단 중앙위원회 상위常委에 당선되었다. 해외 유학이냐, 공청단이냐. 선택해야 할 순간이 왔다. '글과 책이 없는 데서도 공부하고, 뜻이 맞는 동지들과 함께 일하며, 잠재적 목표를 향해 정진한다.' 인생의 기로에 선 그는 이 세마디 말을 선택의 기준으로 삼았다. 그는 결국 공청단에 남았다.

국유 기업 주식체 개혁론을 개창한 리이닝 | 어떤 사람은 리커창이 다른 사람에 비해 늘 한 발 빨랐다고 말한다. 공청단 중앙에서 일하면서 그는 북경대 경제학원에서 석·박사 학위를 취득했다. 북경대 재직 연구생으로 수학하며 중국의 농촌 경제에 큰 관심을 기울였다. 리커창은 1988년에 〈농촌 공업화: 구조 전환 중의 선택〉이라는 논문으로 경제학 석사 학위를 취득했다. 지도 교수는 샤오쥐지蕭灼基이다.

'연원의 경제 대가'로 불리는 샤오쥐지는 중국 최초로 상품 경제와 시장 경제를 연구하고 주장했다. 그는 중국 최초로 주식 제도와 증권 시장을 연구한 이론가이기도 하다. 그가 편찬한 500여만 자에 이르는 《중국증권전서中國證券全書》는 지금까지도 증권 시장에 관한 가장 전문적인 참고 서적으로 인정받고 있다. 그는 거시 경제와 증국 증권 시장을 장기간 연구해 경제 발전 추세에 대한 판단이 정확하다. 덕분에 그는 '샤오증시蕭股市', '북경대의 경제 예언가'로 정평이 나 있다. 그는 신농촌 건설에 깊은 관심을 갖고 농업세를 취소할 것을 건의했다. 그는 개혁·개방 과정에서 입은 농민들의 손해는 적절한 보상을 받아야 한다는 이득반환론利益迴歸論론을 주장했다.

중국의 개혁·개방 과정에서 주식과 증권 이론을 전담한 리이닝. 리커창은 그의 지도 아래 박사 학위를 취득했다. 리커창의 박사 논문은 중국 경제학계에서 권위를 인정받는 쑨야팡孫冶方학술상을 받았다.

그 후 1955년, 리커창은 저명한 경제 학자인 리이닝의 지도 아래 박사 학위를 취득했다.

현재 북경대 광화관리학원 2층 전시장에는 리이닝 전 대학원장의 저서가 진열되어 있다. 그중에서 《번영으로 나아가는 전략적 선택》이라는 책이 눈에 띈다. 이 책은 리이닝이 리커창, 리위안차오, 멍샤오쑤孟曉蘇의 석사 논문을 보완하고 주식 제도에 관한 내용을 추가한 것이다. 부록에 실린 〈개혁은 막을 수 없는 추세〉는 리이닝 교수가 직접 작성한 글이다. 경제일보출판사에서 출판한 이 책은 경제 학계의 주목을 받았다. 그런데 놀라운 사실은, 이 책의 모든 주장이 정부의 인정을 받아 점차 실행에 옮겨졌다는 것이다.

리커창, 리위안차오와 함께 리이닝의 제자인 멍샤오쑤 역시 한때 이름을 날린 인물이다. 멍샤오쑤는 1982년 초에 북경대를 졸업하고 중앙선전부 신문국에서 일했다. 그때 중앙판공청에서 비서가 필요해 당시 중앙정치국 위원이며 서기처 서기인 후치리가 직접 비서 물색에 나섰다. 그는 기골이 장대하고 비범하며 선비 같은 풍채를 갖춘 멍샤오쑤를 선발했다. 그리하여 33살의 멍샤오쑤는 중앙판공청에서 일을 시작했다. 얼마 지나지 않아 그는 중앙정치국 위원이며 국무원 부총리인 완리萬里의 비서로 임명되었다. 그 후 7년 반 동안 그는 줄곧 중국 개혁·개방의 선두 주자로 불리는 완리의 곁을 떠나지 않았다. 그는 당시 중앙의 중대한 경제 정책이 제정되고 수립되는 모든 과정을 낱낱이 지켜보았다. 중남해에 있을 때 멍샤오쑤는 공업, 농업, 과학기술, 문화, 정치, 외교 등의 업무에 관여했고 일부 중요 문서의 기고와 수정에도 참여했다. 이를 통해 그는 풍부한 국정 경험을 쌓았고 중앙

지도자들의 영향을 받아 정치적, 사상적으로 크게 성장했다.

다년간 국가 경제 정책 수립과 경제 개혁에 관여하면서 멍샤오쑤는 이론의 중요성을 깊이 깨닫게 되었다. 완리의 동의로 그는 1988년에 북경대 대학원에 입학해 저명한 경제 학자인 리이닝, 샤오쥐지, 류팡위劉方域의 제자가 되었다.

멍샤오쑤의 졸업 논문 제목은 〈중국 경제 개혁의 전략 문제〉이다. 리커창의 졸업 논문 제목은 〈농촌 산업화: 구조 전환 중의 선택〉이고 리위안차오는 〈기업집단의 발전 경로〉이다. 멍샤오쑤는 국무원에서 경제 정책 수립에 참여하면서 쌓은 경험을 바탕으로 논문을 썼다.

1991년 7월, 국무원 발전연구센터는 '개혁의 시장 지향성을 견지해야 한다'고 주장한 논문을 《관리세계管理世界》에 발표해 개혁의 시장 지향성에 관련해 열띤 논쟁을 불러일으켰다. 그해 말, 덩샤오핑은 남방을 시찰했다. 1992년 초 덩샤오핑의 남방 연설은 중국 시장 경제의 발전 방향을 명확히 설정했다.

"지금까지 16년이 지났다. 당시 우리 4명의 예견이 모두 정확했다는 것이 증명되었고 현재 국가에서 이를 실천하고 있다." 멍샤오쑤는 자랑스럽게 말했다.

2009년 11월 22일, 리이닝은 여든 살 생일에 즈음해 2009년 중국경제이론혁신상을 받았다. 중국인민대에서 거행된 시상식에서 리위안차오는, 시상식 현장 직원이 그의 앞에 놓은 수장首長이라고 표기한 명찰을 자신의 이름 세 글자로 바꾸었다. "교수님은 저의 지도 교수입니다. 선생님 앞에서 저는 영원히 학생입니다. 절대 수장이 아닙니다."

리위안차오는 "오늘은 선생님의 80세 생신입니다. 제자로서 선생님의 중국경제이론혁신상 수상을 축하드립니다. 이 자리를 빌려 선생님께 인사 올리고 싶습니다." 리위안차오는 자리에서 일어나 리이닝 교수를 향해 허리 굽혀 인사를 했다.

'중국경제이론혁신상'은 경제학계에서 공개 투표로 해마다(혹은 격년) 중국 경제 발전에 중대한 영향을 미친 경제이론가에게 수여하는 상이다. 상금은 50만 위안이며 현재 중국에서 가장 상금이 많은 상이다.

리위안차오는 리이닝이 개창한 국유 기업 주식제 개혁론에 대해 다음과 같이 말했다. "30여 년간 이 이론은 개혁·개방의 물결 속에서 사람의 이목을 끄는 이슈로 부상했습니다. 저도 이 이론을 배우고 연구했고 지금은 실천하고 있습니다. 현재 국유 기업의 자산액은 17조 위안을 초과해 세계적으로 월등한 경제 역량으로 부상했습니다. 개혁의 수혜자로서 우리는 리이닝 교수님한테 감사해야 합니다."

리위안차오는 "교수님의 이론과 저서는 모두 아주 작은 방에서 탄생했다"라며 당시의 상황을 이렇게 기억했다.

저와 선생님은 그 작은 방에 앉아 토론하곤 했는데 공간이 좁아 몸을 돌려 책을 꺼내기조차 힘들었습니다. 이 열악한 환경에서 선생님은 천하를 마음에 품고 이론과 사상 정립에 몰두했습니다. 그때는 우려와 비판의 목소리가 높았습니다. 하지만 선생님은 한편으로는 혁신 사상을 선전하고 다른 한편으로는 진리를 추구하며 실사구시적 행동으로 이론을 발전시키고 완성해나갔습니다.

이것은 바로 학자가 새로운 이론을 정립하는 과정을 우리에게 보여준 모범이라고 생각합니다. 서둘러 이루려 하지 않고 설익은 이론으로 다른 이를 가르치려고 하지 않았으며 한순간의 영향력도 추구하지 않았습니다. 진정으로 사회에 공헌할 수 있고 역사와 인민에 책임질 수 있는 학문을 추구했습니다. 이러한 태도는 현재 우리가 마땅히 본받아야 합니다.

리위안차오는 또 리이닝 교수가 졸업 논문을 지도하면서 문장 부호까지 꼼꼼하게 검사하고 수정해주었다고 회억했다.

그때 저는 평범한 간부에 불과했고, 선생님은 인정받는 대학자였습니다. 교수님은 저의 졸업 논문을 지도하면서 제목부터 구성, 요점에 이르기까지 정말 심혈을 기울여 지도했습니다. 마지막 수정본에서는 문장 부호까지 수정해주었습니다.

재미있는 점은 리위안차오는 자신의 은사를 높이 평가했지만 같은 리이닝의 제자인 리커창은 공개 석상에서 한 번도 은사에 대해 언급한 적이 없다는 것이다. 반면 스승 리이닝은 오히려 제자와의 경계선을 분명히 그었다.

2008년 3월 초, 양회 기간에 대만 기자가 리이닝에게 경제에 관련해 리커창에게 어떤 건의를 할지 물었다.

리이닝의 대답은 단 한마디였다. "나는 현재 전국정협위원이다. 중앙의 정책에 관해 건의할 사항이 있으면 전국정협이라는 루트를 통할 것이다."

관영 매체가 리커창의 은사이자 길잡이라고 말하는 샤오줘지와 리이닝 사이에는 재미있는 이야기가 있다. 북경대의 경제 대가로 인정받는 두 교수의 주장을 놓고 일부 네티즌이 논쟁거리를 많이 만들어냈다. 두 교수의 주장을 이렇게 바꿔 표현한 것이다

리이닝: 중국의 빈부 격차는 결코 심하지 않아. 빈부 격차를 더욱 확대해야 사회가 발전하지. 국유 자산은 밥 한 그릇과 같아. 그 뒤에 침을 뱉어야 해.
샤오줴지: 총리한테 편지를 보낸다면 나는 세 가지를 쉽게 말하지 말라고 건의하겠어. 경제가 과열되었다고 쉽게 말하지 말고 부동산 거품이 존재한다고 쉽게 말하지 말며 위안화 절상을 쉽게 말하지 달라.

일부 네티즌은 다음과 같이 말도 했다.

원자바오 총리가 일부 민생 정책을 시행해 주룽지 전 총리가 남긴 문제를 해결했고 일정한 효과도 보았다. 그렇다면 새 정부는 무엇을 할 것인가? 국가의 경제 정책은 대부분 총리가 결정한다. 하지만 리커창은 모든 사람을 불안하게 한다. 그의 스승이 바로 리이닝, 샤오줴지이기 떠문이다. 자본주의를 주장하는 두 교수가 키운 제자라면…….

이에 대해 한 네티즌은 "리이닝, 샤오줴지가 자본주의를 주장하고 리커창이 두 사람의 제자라고 해서 그가 반드시 자본주의를 추구할 것이라고 말할 수는 없다. 스승은 스승이고 제자는 제자이다. 스승은 제자한테 영향을 미칠 수는 있지만 제자가 스승을 맹목적으로 따르는 것은 아니다"라고 반박했다.

나는 아마추어가 아니다

중공 17대 이후 중국 관영 매체는 "리커창, 박사 학위를 가진 가장 젊은 부총리"라는 제목으로 리커창을 찬양하는 기사를 썼다. 당시의 기사는 아래와 같다.

리커창은 올해 53세로 부총리 네 명 중에서 가장 젊다. 그는 1983년부터 공청단 중앙에서 일했다. 1998년 6월 리커창은 공청단 중앙서기처 제1서기에서 지방 당서기로의 변신에 성공했다. 북경대 법학 학사와 경제학 박사 학위를 가진 리커창은 43세에 가장 젊은 성장이자 박사 학력을 소지한 첫 번째 성장이 되었다. 47세에는 가장 젊은 지방 당서기로 우뚝 섰다. 젊음과 유능함. 이는 리커창이 주목받는 이유이다. 중공 17대에서 일부 평론가들은 고위직 관리의 학위에는 과장이 존재한다고 모두 알고 있지만 리커창의 학문적 성취로 볼 때 그의 학위는 거짓이 없는 진짜라고 주장했다.

일부 해외 언론은 설령 그가 경제학 박사 학위를 갖고 있어도 중국과 같은 대국의 경제를 제대로 총괄하지 못할 것이라고 평가했다. 중국의 거시 경제에 대한 리커창의 이해나 조정 능력은 엄격한 검증을 거쳐야만 했다. 하지만 리커창은 〈사풍산기〉라는 글에서 자신의 박사 학위 취득에 관해 다음과 같이 소개했다.

1990년대 초, 나는 재직 중에 북경대에서 경제학 박사 과정을 밟았다. 당시 북경대는 재직, 재학을 막론하고 박사 과정을 밟는 학생들에 대한 요구가 거의 비슷했다. 특히 공공 과목의 경우 시험을 자주 치러 근무지를 떠나 공부에만 매진해도 결코 녹록치 않았다.

나는 일과 학업을 병행했다. 잦은 시험에 대비하느라 늘 피곤에 시달려 심지어 큰 병에 걸리기도 했다. 학교 측은 시험을 연기할 수는 있지만 면제할 순 없다고 했다. 솔직히 시험 준비가 가장 힘들고 시간도 많이 걸렸다. 어쩔 수 없이 나는 병을 치료한 다음 나보다 열 살 어린 동창생들과 함께 시험을 치렀다. 나는 그때 학생들에게 부여된 기회와 도전은 모두 균등하다고 느꼈다.

나는 박사 논문을 쓰고 나서 나름대로 완성도가 높다고 생각해 리이닝 교수한테 논문 답변 절차에 들어가게 해달라고 요청했다 리 교수는 심사위원 명단을 보여주었다. 당시 규정에 따르면 논문 심사는 고급 직함을 가진 심사관 10여 명이 참가하면 그것으로 충분했다. 그러나 리 교수가 보여준 명단에는 국내 경제학 분야의 대가들이 다수 포함되었고 권위 있는 학자도 있었다. 심사관들은 논문 자체의 질을 중시하지 논문의 형태나 기타 학술 외적인 문제는 일절 상관하지 않는다고 리 교수가 말했다. 리 교수는 이렇게 하는 것이 나에게도 유리할 뿐만 아니라, 논문을 제대로 검증받을 수 있다고 했다. 리 교수가 보여준 명단 때문에 나는 논문을 수정했고 논문 답변도 반년 뒤로 미루었다. 이 일을 통해 나는 엄격한 가르침이란 지식에 대한 존중과 진리에 대한 숭상에 기초한다는 사실을 깨달았다.

아마추어 박사설에 대한 리커창의 반격이었다.

"리커창은 왕성한 정력으로 직무와 공부라는 두 마리 토끼를 잡았다"라는 제목의 인터넷 글도 그의 박사 학위는 진실하다고 증언한다.

"리커창은 1988년부터 1994년까지 북경대 경제학원 경제학 전공의 재직 연구생(대학원생)으로 있었고 경제학 석·박사 학위를 취득했다"라고 이 글은 증언했다. 당시 리커창은 공청단 중앙서기처 서기 겸 전국청년연합회 부주석, 공청단 중앙서기처 제1서기 겸 중국청년정치학원 원장 등 여러 가지 직무를 맡고 있었다.

대학원 석·박사 과정을 마치는 데는 학생일 경우 각 3년이 걸린다. 재직 중이면 상황에 따라 더 길어질 수도 있지만 이는 반드시 그런 것은 아니었다. 리커창은 6년 동안 석·박사 과정을 이수했으니 표면적으로는 정규 과정을 다 거친 셈이다. 물론 그가 이 기간에 직무도 병행했다는 사실을 보면 사업과 공부라는 두 마리 토끼를 한번에 잡은 왕성한 정력에 탄복하지 않을 수 없다.

리커창의 박사 학위 논문 제목은 〈공업화 과정 중의 구조 전환: 국제 비교와 중국의 경험工業化進程中的結構轉換: 國際比較與中國的經驗〉이다. 지도 교수는 우수칭吳樹青이었다. 국무원 학위위원회의 규정에 의하면 논문이 통과되면 반드시 중국 국가도서관에 제출해야 한다. 논문은 중국 국가도서관 학위논문소장센터에 소장된다. 중국 국가도서관 학위논문소장센터에서 제공한 자료에 따르면 리커창의 전공은 정치경제학이고 연구 분야는 사회주의 경제 이론이며 학위 수여 기관은 북경대이다. 학위 수여 일은 1994년이고 논문은 총 183쪽이며 도서관 소장코드는 bslw/1998/f40/6이다.

책을 목숨처럼, 시간을 금싸라기처럼

독서광
리커창

"책을 목숨처럼, 시간을 금싸라기처럼 여기고 미친 듯이 언어를 배운다. 이는 리커창의 잘 알려지지 않은 모습이다." 리커창과 친분이 깊은 사람들의 평가이다.

리커창은 독서를 즐겼는데, 학창 시절부터 이를 유감없이 보여주었다. 당시 문과 학생 중에서 리커창은 발언이 비교적 닳았고 견해도 매우 독특하고 날카로웠다. 이는 그의 독서량과 관계가 있다. 리커창은 하남성과 요령성에서 근무하면서 북경에 갈 때마다 시간을 내어 서점에 들리곤 했다. 그는 정치, 경제, 법률, 관리, 문화 등 다양한 분야를 섭렵했고 외국 서적에도 많은 관심을 보였다.

'이칭박매壹淸博媒 봉황 사이트'에는 "독서인 리커창"이라는 제목의 글이 실려 있다. 이 글에서 작가 이칭一淸은 리커창과 책 때문에 생긴 일화를 소개했다.

나(이칭)와 리커창은 원래 서로 잘 알지 못하는 사이였다. 나는 줄곧 출판일에 전념했고 리커창은 정치권에서 일했기 때문이다. 한번은 리커창이 책 때문에 나를 찾은 적이 있다. 그때 리커창은 박사 과정을 밟으며 공청단 중앙서기처 제1서기와 중국청년정치학원장을 겸하고 있었다. 어느 날 쉬셴핑徐憲平이 나에게 전화를 걸었다.

"공청단 중앙의 리커창과 류펑이 찾아왔는데 혹시 시간이 나면 그쪽으로 책을 구경하러 가겠네. 자네가 출판한 《증국번曾國藩》이라는 책을 이미 봤네. 좋은 책이 있으면 좀 소개해 주게. 리커창은 책을 좋아하는 사람이니까."

그때 마침 나는 음악 관련 책들을 만들었는데 좋은 책이 많았다. 편집자의 입장에서 돈을 벌 수 있고 시장 효율이 높은 책은 모두 좋은 책이다. 책을 좋아할지, 싫어할지는 보는 사람의 마음에 달렸다고 생각했다.

약속 시간에 쉬셴핑이 리커창, 류펑과 함께 찾아왔다. 나는 새로 출간한 음악 총서를 내놓았는데, 책에는 온통 콩나물 같은 음표뿐이었다.

"이 책으로 대충 때우려고?" 쉬셴핑이 물었다.

"자네가 좋은 책을 내놓으라 했잖아. 내 생각에는 이 책이 가장 좋아. 게다가 자네는 좋은 책에 관한 기준을 나한테 제시한 적이 없잖아."

리커창은 웃음을 지었고 류펑도 따라 웃음을 터트리는 바람에 우리는 다 같이 배를 잡고 웃었다.

사실 나는 쉬셴핑이 어떤 책을 요구하는지 알고 있었다. 대부분 문화 서적이나 찰기札記(독서하면서 얻은 느낌이나 요점을 기록한 글─역자 주)류이다. 특히 고대 철학, 입헌 정치, 변증이나 변론에 관한 책에 관심이 많았다. 출판인은 어떤 책을 좋아하는지에 따라 상대방의 관심사와 취향을 대충 파악할 수 있다.

모두 비슷한 또래인지라 우리는 서로 스스럼없이 농담을 주고받았다. 우리는 함께 고대 서적 코너로 가서 좋은 책을 고르느라고 시간 가는 줄 몰랐다. 리커창은 혹시 출판사를 귀찮게 하는 것이 아닌가 해 조심조심 책을 골랐고 가격도 조심스럽게 물으며 꼭 돈을 내고 책을 사겠다고 말했다.

나는 농담으로 말했다.

"아니 서기께서 지금 뭐하십니까? 왜 팔로군처럼 인민의 바늘 하나 실 하나도 가져가지 않겠다고 하는 겁니까?"

리커창은 나의 농담에 역시 농담으로 받아쳤다.

"지금 '박사처럼 바보 같다'는 말이 유행하지 않습니까? 저는 지금 그 바보가 되기 위한 단계에 있습니다."

결국 책은 몇 권 가져가지는 않았지만 우리는 모두 즐거운 한때를 보냈다. 고대 서적을 뒤지면서 좋은 책을 고르는 과정이 독서코다 재미있기 때문이다. 리커창은 떠나면서 앞으로 좋은 책이 있으면 꼭 연락하라고 부탁하면서 좋은 책은 공유해야 한다고 말했다.

구천서 민주자유당 중앙청년위원장과 함께(1994)

8
리커창과
한국

중국이 한국 경제와 남북 관계에 미치는 영향력이 미국·일본에 버금갈 정도의 상황에서 한국과 중국 정부는 전략적 협력 동반자 관계를 더욱 긴밀히 하기 위해 다방면의 노력을 시도하고 있다. 향후 10년, 중국의 경제를 책임지게 된 리커창이 아시아 경제 협력 방안, 특히 한국과의 경제 협력 방식에 대해 어떤 청사진을 품고 있는지 가늠해 보는 것은 커다란 의미가 있다.

리커창과 한국의 인연은 20년 전으로 거슬러 올라간다. 한국과 중국 수교 2년 후, 한중 양국의 교류 확대와 청년 간의 우호 증진을 위해 1994년 리커창은 공청단 제1서기로 한국을 방문했다. 그러나 중국 공청단의 역할과 파워에 대해 인식이 부족했던 한국에서 리커창은 일반 청년대표단 정도의 조용하고 조촐한 환영과 대접을 받았다. 훗날 그가 중국 최고 지도자로 성장할지 누구도 예상하지 못했다. 첫 방한 이후 12년 만인 2006년, 리커창은 중국 요령성 당서기로 다시 방한했고 2011년에는 중국 국무원 부총리로서 남북한을 잇달아 방문해 한국과의 인연을 이어갔다. 2011년 당시 리커창의 방문은 중국 외교사의 새로운 장을 열었다. 리커창은 남북한 방문 시점에 일정한 간격을 두지 않았다. 중국 최고 지도자들이 정치적 민감성 때문에 북한과- 한국을 나누어 방문하던 관례를 타파한 것이다.

2011년 방한한 리커창은 중국이 한반도 및 동북아 지역의 평화와- 안정 수호를 바란다는 점을 명확히 했고, 한중 FTA 구축 촉진과 인적 교류 및 협력 확대를 골자로 한 여섯 가지 제안을 발표했다. 리커창은 찬사를 한몸에 받고 한국 방문을 마쳤다.

새로운 정부의 경제 사령탑으로서 향후 10년간 리커창은 아시아의 경제 협력에서 주도적인 역할을 담당할 것으로 보인다. 특히 중국·아세안 자유 무역 지대, 한·중·일 경제 무역 협력, 중국·인도 경제 무역 협력 등에서 큰 활약이 기대되고 있다.

"당시 한국 정치권은 공청단에서 중국의 최고 지도자가 탄생할 줄은 미처 생각하지
못했다. 그들이 서서히 중국 최고 지도부로 성장하는 것을 지켜보고 나도
깜짝 놀랐다. 공청단이 전국 규모의 인재풀이라는 것을 이제서야 알게 되었다."
_구천서(한반도미래재단 이사장)

"중국은 북한의 핵무기 보유를 반대하며, 한반도 비핵화를 실현하기를 희망한다는
일관되고 확실한 입장을 갖고 있다."
_리커창(2013년 한국 정부와의 면담 중에서)

"중국의 커다란 내수 시장의 잠재력과 한국의 경쟁력이란
중·한 양국의 경제적 상호 보완성을 기초로 양국 간 협력을 증진해나가자."
_리커창(2013년 한국 정부와의 면담 중에서)

잠룡을 알아보지 못하다

새로 당선된 중공 18대 정치국 상무위원들의
약력을 보면 한반도와 인연이 각별한 인물을
몇 명 찾을 수 있다. 전인대 상무위원장을 맡은 장더장張德江은 북한
김일성종합대 경제학과 출신이다. 장가오리張高麗 부총리는 이름 두
자가 한국을 연상시키는 고려高麗일 뿐만 아니라 북한에서 공부했다
는 소문이 있다. 시진핑 주석은 성 당서기 시절 한국을 여러 차례 방
문해 한국 인맥이 만만치 않다. 리커창은 한국과 어떤 인연이 있을까?

리커창과 한국의 인연은 20년 전에 시작되었다. 당시 막 외교 관계
를 수립한 한중 양국은 다양한 영역에서 협력과 교류가 시급했지만

정보와 인맥이 없어 실질적인 교류가 거의 이루어 지지 않았다. 1988년 서울 올림픽과 1992년 한중 수교를 계기로 중국인들, 특히 호기심 많고 개방적인 중국의 젊은 세대는 한국에 관심을 갖기 시작했다. 그들은 한국을 한국 전쟁 때 총부리를 겨눴던 적대국에서 빠른 경제 성장으로 활력이 넘치는 아시아의 용으로 인식하기 시작했다. 이러한 상황에서 중국 청년의 사상, 활동과 교류를 총괄하는 공청단은 한국과의 교류·협력을 담당하는 공식 창구로 부상했다. 당시 중국 공청단 제1서기는 리커창이었다.

중국 정치 체제에서 공청단은 청년, 대학생, 중고등학생을 아우르는 준 권력 기관이다. 하지만 한국은 이에 상응하는 정치 조직이 없다. 공청단은 한국 파트너를 물색하는 데 어려움을 겪었다. 결국 중국 공청단은 한국의 집권당 청년 조직을 교류·협력의 파트너로 선정했다. 이들의 만남을 통해 한중 청년은 교류의 물꼬를 트기 시작했다.

한중 양국의 교류 확대와 청년 간의 우호 증진을 위해 1994년 리커창은 공청단 제1서기로 한국을 방문했다. 수교한 지 2년 만이었다. 그를 맞이한 한국의 청년대표는 당시 여당인 민자당 청년위원장인 국회의원 구천서(현 한반도미래재단 이사장, 한중경제협회 회장)이다. 구 이사장은 당시 중국 공청단을 바라보는 국내 정치권의 분위기를 이렇게 증언했다.

그때는 수교한 지 2년밖에 안 되어 국내 정치권은 중국 정부 인사에 관심은 있었지만 리커창이 이끈 공청단을 크게 주목하지는 않았다. 중국 공청단의 역할과 파워에 대해 인식이 부족했기 때문이다. 그냥 일반 청년대표단 정도로만 생각했다.

구천서 이사장은 "당시 한국 정치권은 공청단에서 중국의 최고 지도자가 탄생할 줄은 미처 생각하지 못했다"라며 "그들이 서서히 중국 최고 지도부로 성장하는 것을 지켜보고 나도 깜짝 놀랐다. 공청단이 전국 규모의 인재풀이라는 것을 이제서야 알게 되었다"라고 털어놓았다.

구 이사장은 리커창과의 첫 만남에서 많은 이야기는 나누지 못했다. 그의 방문 일정이 빠듯했기 때문이다. 첫 만남에서 구 이사장은 리커창이 토론을 매우 즐기는 사람이라는 느낌을 받았다. 토론 주제는 경제 분야에 집중되었다. 중국 경제가 나아가야 할 방향, 한국 경제의 미래 등 70퍼센트 이상이 경제 문제였다. 경제학 박사답게 그는 지식이 풍부했고 화술이 뛰어났다. 그러나 모임은 일종의 상견례 성격을 띠어 깊은 얘기를 나눌 수 없었다. 리커창도 의미 있는 논의를 할 수 있는 위치가 아니었다. 정치적인 이슈보다 주로 의례적인 말을 교환했다. 첫 만남에서 리커창은 활력이 넘치고 절제력 있는 정치인이라는 인상을 주었다.

만찬 석상에서도 다른 중국 대표들은 술을 과하게 마셨지만 그는 술을 잘 마시지 않았다. 주량 탓인지는 모르겠지만 절제하는 습관이 몸에 밴 정치인이었다.

"리커창은 1955년 생이니까 나보다 다섯 살 아래인데 그는 나를 포함해서 자기보다 나이 많은 한국 측 인사에게 깍듯하게 예의를 지켰다"라고 구 이사장은 기억했다.

리커창은 '중국은 잠재력이 엄청나다'와 같은 말을 자주 했다. 당시 한국 정치인들은 북한에 대한 중국 청년 정치인의 입장을 듣고 싶었지만 그는 북한과의 동맹 관계와 정치적 민감성을 의식했는지 북한 문제는 언급을 피했고, 주로 한중 간 청년 교류의 강화에 관해 말했다.

"첫 만남에서 그의 소탈하고 솔직한 성격이 돋보였지만 대국의 청년 지도자로서의 강력한 카리스마는 별로 느끼지 못했다." 오랜 시간이 흘렀지만 구천서 이사장은 당시 기억을 생생하게 떠올렸다.

기약 없던 첫 만남이었지만 한중 양국의 청년 정치인은 교류의 물꼬를 트고 서로 우의를 돈독히 하는 계기를 만들었다. 1년 뒤 구천서 이사장은 한국 청년정치대표단의 일원으로 중국을 방문해 리커창과 재회했다.

중국에서 한국 청년정치대표단을 맞이한 인물이 중국 공청단 제1서기 리커창이었다. 그는 중국의 국가 영빈관인 조어대釣魚台로 한국 대표단을 초대했다. 첫 만남의 다소 서먹서먹한 분위기와 달리 두 번째 만남은 친숙한 분위기에서 마음껏 대화를 나눌 수 있었다. 손님에서 주인으로 변신한 리커창은 홈그라운드에서 한층 더 여유 있게 한국 대표단을 맞이했다. 그는 강한 자신감과 화려한 언변으로 참가자들에게 또 한 번 깊은 인상을 남겼다.

리커창과 한국의 청년 정치인은 주로 경제 발전과 농촌 문제를 논의했다. 리커창은 한국의 빠른 경제 발전과 새마을 운동에 깊은 관심을 보였다. 그는 한국을 아시아의 네 마리 용(싱가포르, 홍콩, 대만, 한국) 중에서 가장 역동적인 국가로 평가했다. 특히 리커창은 "대만은 중소기업 위주로 성장했지만 한국은 대기업 중심으로 경제를 크게 발전시켰다"라며 한국식 성장 모델에 큰 관심을 보였다. 그는 "한국의 경제 발전은 미국과 일본의 방식을 적극적으로 받아들였기 때문에 가능했다. 이는 한국으로서는 현명한 선택이었다"라고 평가하며 "중국은 한국의 성장 모델을 본보기로 삼아 기업을 발전시켜야 한다"라고 역설했다.

리커창은 중국 농촌과 지방 발전에 대한 계획과 포부에 관해서도 많은 얘기를 했다. 핵심은 지역을 나누어 단계적으로 농촌을 발전시키겠다는 것이다. 그는 당시 중국의 청년 조직의 간부에 불과했다. 중국의 거시 경제를 주도할 수 있는 위치가 아니었다. 하지만 이미 그는 중국의 거시 경제를 설계하고 있었다. 그가 준비된 지도자라는 것을 보여주는 대목이다. 최근 리커창이 중국 경제의 성장 동력으로 추진하는 도시화와 농업 현대화는 20년 전 그가 주장한 농촌 경제 발전 방향의 연장선상에 있는 이론이다.

한국 청년정치대표단은 리커창이 태자당 출신도 아니면서 엘리트 코스를 밟고 있는 것을 높이 평가했다. 한중의 청년 정치인들은 앞으로 국가를 이끌어가는 지도자로 함께 성장하자고 약속했다.

"당시 모임에 참석했던 정치인 중에서 강창희 의원은 한국의 국회의장이 되었다. 장관 등 고위직에 오른 사람도 여러 명 있다. 리커창은 중국 총리가 되었다. 우리는 젊은 시절의 약속을 지킨 셈이다"라고 구 이사장은 담담하게 밝혔다.

첫 방한 이후 12년 만인 2006년, 리커창은 중국 요령성 당서기로 다시 방한했고 2011년에는 중국 국무원 부총리로서 남북한을 잇달아 방문해 한국과의 인연을 이어갔다.

2006년 리커창 당서기가 한국을 방문했을 때, 구천서 이사장은 북경대에서 박사 과정을 밟고 있어 재회하지 못했지만 2011년에는 한

중경제협회 회장으로 그를 만났다.

10여 년 만의 만남에서 구천서 이사장은 1990년대 공청단 시절의 청년 지도자 리커창과는 완전히 다른 느낌을 받았다. "그에게서 '나는 대국의 지도자'라는 자부심을 느낄 수 있었다. 국제 무대에서 중국의 성장으로 자신감이 생긴 것 같았다. 특히 중화사상과 중국 문화에 대해 자부심이 강했다."

북경대 동문으로서 새로운 유대 관계를 맺은 왕년의 두 청년 지도자는 서로의 손을 잡고 20년 지기의 우정을 과시하며 1시간가량 환담했다. 그들은 남북통일이 중국과 한국의 경제 발전에 기여할 것이라는 데 의견이 일치했다. 구천서 이사장은 리커창에게 "세계적인 지도자가 되길 바란다"고 말했다. 리커창은 만면에 미소를 띠고 "북경에서 다시 만나자"고 화답했다.

청년 조직의 간부에서 출발해 중국 최고 지도자의 반열에 오른 리커창 총리가 20년간 한국의 정재계 인사들과 맺은 끈끈한 우정을 바탕으로 앞으로 한중 양국의 협력과 교류 수준을 어떻게 발전시킬지 귀추가 주목된다.

큰형님 노릇은 그만

2005년 남북한을 동시 방문하다 | 2011년 10월 23일, 리커창은 북한과 한국을 공식 방문했다. 부총리 신분으로 처음 남북한을 방문한 것이다. 사실 리커창은 2005년 9월 6일부터 9월 26일까

지 남북한을 친선 방문한 적이 있었다. 당시 그는 요령성 당서기, 성인대 상무위원회 주임이었다.

2005년 9월 6일, 북한 노동당 평안북도위원회의 요청으로 리커창은 요령성 대표단을 인솔해 4일간 북한을 방문했다. 북한 방문 기간에, 김영남 북한 최고인민회의 상임위원회 위원장이 리커창 일행을 접견했다. 접견 후 북한 노동당 중앙서기국 김기남 서기는 대표단 일행을 위해 주연을 베풀었고 평안북도 공산당위원회 김평해 책임서기가 리커창 일행과 회담을 진행했다. 리커창은 대표단과 함께 평양과 신의주의 공장 몇 곳과 건설 현장을 참관했고 북한의 관련 부처와 광범위한 교류를 진행했다.

평안북도 신의주에서 대표단은 유치원과 화장품 공장을 방문해 북한의 의무 교육 현황과 기업 생산 관리 등을 둘러보았다. 평양에서 대표단은 청산리 협력 농장을 방문해 작업 현장을 둘러보고 농민의 집을 직접 방문해 농민의 생활상을 돌아보았다. 평양시 보통강건축자재 합영회사에서 리커창은 요령성의 민영 기업과 북한이 공동으로 투자·경영하는 물자 시장을 시찰하고 기업의 경영 상태를 파악했다. 현지에 투자한 요령 기업을 방문해 북한 시장을 한층 더 개척하라고 격려했다.

대표단이 평양을 방문하는 동안, 북한 김영남 위원장과 김기남 서기가 리커창을 접견했다. 양측은 북중 우의를 한층 발전시키고 국경지대의 우호 교류와 협력을 강화하는 등 공동 관심사를 놓고 깊이 있는 대화를 나누었다.

리커창은 요령성을 대표해 평안북도에 심양 금배金杯 픽업트럭 10

대를 증정했다. 대표단은 평양 5·1 체육장에서 북한 아리랑 예술단 공연을 관람하기도 했다.

북한 방문을 마치고 2주 후인 2005년 9월 26일, 리커창은 요령성 우호경제무역 대표단을 인솔해 한국을 친선 방문했다. 리커창 일행은 정부종합청사에서 당시 이해찬 국무총리와 회담했다. 한국 국회의사 당에서 리커창 일행은 김덕규 국회부의장의 환영을 받았다. 이어 반기문(현 유엔 사무총장) 외교통상부 장관이 관저에서 연회를 베풀어 리커창 일행을 환영했다.

리커창 일행은 서울을 떠나 경기도 수원시를 찾았다. 경기도는 1993년에 요령성과 우호 협정을 맺었다. 리커창은 당시 손학규 경기도 지사를 만나 회담을 가졌다. 그는 "세계적 기업들이 입지해 있는 경기도는 통신, 반도체, 자동차, 기계 분야에서 선진적인 기술과 성공 노하우를 갖고 있다"라고 평가하면서 향후 두 지역이 교류와 협력을 확대할 것을 희망했다. 손학규 지사는 "앞으로 기업의 요령성 투자를 지원하겠다"라고 화답했다.

회담이 끝난 후, 리커창 일행은 삼성전자, 포항제철, SK, STX, 두산 중공업 등을 방문하고 한국 기업들이 요령성과 손잡고 각종 프로젝트를 진행할 것을 희망했다. "요령성은 한국과의 경제 협력을 대외 개방을 확대하는 중요한 채널로 삼고 있다. 특히 한국 대기업과 협력을 강화해 뛰어난 성과를 이룩하기 위해 노력하고 있다"라고 리커창은 밝혔다. 이에 우리 기업들은 협력의 뜻을 내비쳤다. 한국 방문 기간에 외교통상부, 경기도, 한중우호협회와 한중친선협회의 도움으로 요령성 우호경제무역 대표단은 다양한 형식의 투자 설명회와 프로젝트 상담회를 개최했다. 여기에 참가한 많은 경제계 인사들과 한국 기업들은 요령성 투자 프로젝트를 확정하고 투자 의향을 밝혔다.

한국 경제계 인사들이 참석한 투자 간담회에서 리커창은 다음과 같이 말했다.

동북 진흥 전략, 환발해環渤海 발전 열풍과 더불어 요령성 경제는 빠르게 성장하고 있어 국내외에서 투자처로 각광받고 있다. 특히 국무원 판공청에서 〈동북 노후 공업 기지의 대외 개방 촉진에 관한 실시 의견〉을 발표해 한국을 비롯한 외국 자본의 투자 확대에 절호의 기회를 제공했다. 요령성은 부동산이 저렴하고 인적 자원이 풍부하며 노동력 수준이 높고 동북 3성의 약 1억 명의 인구를 아우르는 광활한 시장을 갖고 있다. 요령성은 한국 투자자들이 국유 기업의 개조, 하이테크 산업, 인프라 건설, 서비스업·관광업 등 요령성에 적극적으로 투자할 것을 기대한다. 요령성은 끊임없이 투자 환경을 개선하고 대외 개방을 강화하며 한국 투자자들이 200퍼센트 이상의 투자 수익률을 실현하도록 노력할 것이다. 우리는 요령성을 중한 양국의 경제 협력과 교류가 가장 활발한 지역으로 만들 것이라고 약속했다.

자신만만한 중재자 남북한을 동시 방문한 지 6년이 지난 2011년, 리커창은 다시 한반도를 찾았다. 이번에는 중국 제1부총리, 차기 총리의 자격으로 한반도에 등장했다. 2011년의 한반도 정세는 2005년과 현저하게 달랐다. 북한은 한국에 팽팽히 맞서며 한반도의 긴장을 고조시켰고 천안함 사건, 연평도 포격 사건 등 여러 차례 도발을 감행했다. 결국 중국도 북한이 일으킨 소용돌이 속에 빠져들었다. 한반도 문제에 대한 중국의 입장은 전 세계의 이슈가 되었다. 이런 이유로 리커창의 한반도행에 세계의 이목이 쏠릴 수밖에 없었다.

18대 이후 출범한 중공 최고 지도부의 핵심 인물로서 리커창은 줄곧 외부에서 국내 문제를 능수능란하게 처리하는 해결사로 불렸다. 이번에 그는 동북아에서 가장 복잡하고 골치 아픈 한반도 문제와 맞닥뜨렸다. 이는 리커창에게 매우 큰 시험이지만 외교 능력을 발휘할 수 있는 호기이기도 했다.

중국이 발전하려면 한반도의 평화와 안정이 필요하다. 한국과 북한이 분쟁에 말려드는 것은 중국에 아무런 이득이 없다. 2011년 중국 지도자의 남북한 방문은 중국이 이미 남북한과의 교류에서 주도권을 장악했다는 자신감의 표현이었다. 중국이 한국과 북한에 대해 서로 다른 입장을 표명하고 쌍방의 민감한 정치적 문제도 깊이 고려하는 것을 볼 때, 중국은 남북 사이에서 최대한 균형 외교를 펼친다고 볼 수 있다.

이번 리커창의 남북한 방문 일정 역시 잇닿아 있고 일정 발표도 한 번에 했다는 사실에 주목해야 한다. 남북한의 정치적 민감성으로 그동안 중국 지도자들은 한국과 북한을 방문할 때 보통 적어도 한 달 이상 간격을 두었다. 2005년 후진타오 중국 국가주석은 10월에 북한을 방문하고 11월에 한국을 방문했다. 시진핑 국가부주석도 2008년 6월에 한국을 방문한 후, 2009년 12월에 북한을 방문했다. 원자바오 총리는 2010년 10월에 북한을 방문하고 2011년 5월에 한국을 방문했다.

북한 방문 중 김정일 북한 국방위 원장 및 3남 김정은과 함께 기념 촬영(2011). 2005년 이후 2011년에 다시 한반도를 찾은 리커창은 차기 총리의 자격으로 한반도에 등장했다. 당시 한반도는 천안함 사건, 연평도 포격 사건 등과 같은 북한의 도발로 긴장이 고조된 상태였다. 한반도 문제에 대한 중국의 입장은 전 세계의 이슈가 되었고, 이런 이유로 리커창의 한반도행에 세계의 이목이 쏠릴 수밖에 없었다.

하지만 리커창은 23일부터 25일까지 북한을 방문하고, 26일과 27일에 한국을 방문해 남북한 방문 일정을 연이어 소화했다.

먼저 북한을 찾은 리커창은 한국보다 북한에서 하루 더 머물렀다. 한국을 방문할 때 리커창은 부총리로서 순수한 정부 차원의 교류였다. 하지만 북한 방문에는 정치국 상무위원이라는 자격을 추가해 당과 정부 사이의 교류임을 보여주었고 남북한에 대해 여전히 '친함과 소원함에 구분이 있다'는 것을 나타냈다. 대부분의 중국 지도자들은 그동안 국제 회의에 참석하거나 다른 나라를 방문하는 길에 한국에 들렀다. 하지만 2011년 리커창의 방한은 '특별 방문'이었다는 데 주목해야 한다. 중국 정부는 북한에 과중한 압력을 가하는 것도 한국의 미움을 사는 것도 바라지 않았다.

중국 외교부에 따르면, 리커창의 방문 목적은 한반도 및 동북아 지역의 평화와 안정 수호이다. 여기서 한반도 문제에 대한 중국의 입장을 알 수 있다. 우선, 자국의 안전을 고려해 주변국을 평화롭게 유지하고 둘째, 한반도의 세력 균형을 유지하기 위해 미국, 일본, 한국 3국이 북한을 압박하지 않도록 노력한다는 사실이다. 최근 북한에 대한 중국의 강력한 지원은 두 번째 사항을 여실히 증명한다.

해외 여론은 중국이 북핵 관련 6자 회담의 재개에 큰 역할을 발휘하지 못한다고 보고 있다. 그러나 북핵 문제에 중미 양국이 서로 다른 입장과 이익을 갖고 있지만 한반도 정세를 안정적으로 유지하려 한다는 점에서는 이해관계가 일치한다는 것에 주목해야 한다.

리커창은 북미 양국이 제네바에서 6자 회담 재개를 놓고 새로운 대화를 진행하던 시점에 한국을 방문했다. 미국 측은 "24일과 25일에 진행된 새로운 양자간 대화는 여전히 탐색적인 성격을 띠고 있다. 미국은 이를 계기로 북한이 2005년도 6자 회담에서 결정한 비핵화 승낙을 이행할 것인지, 실질적인 행동으로 비핵화를 추진할 것인지를 판단할 것이다"라고 밝혔다. 국제전략문제연구소의 마크 피츠패트릭은 "이번 회의는 실질적 소득을 거두기 힘들 것이다. 하지만 쌍방이 대화 테이블에 마주 앉았다는 사실 자체가 큰 진전이다"라고 말했다. 이는 6자 회담의 재개라는 측면에서는 중국과 미국의 이익이 일치한다는 사실을 보여준다.

이렇듯 복잡한 배경하에서 진행된 리커창의 남북한 방문은 수많은 해외 언론의 주목을 받았다. 방문을 앞두고 많은 매체들은 중국이 어떤 외교 전략을 펼칠지 다양한 예측을 내놓았다.

중국은 장위姜瑜 외교부 대변인을 통해 "북한과 한국은 모두 중국의 중요한 이웃 나라이며 중북, 중한은 줄곧 많은 교류를 진행했다. 이번 방문 기간에 리커창 부총리는 남북한의 지도자와 회담을 갖고 양국 관계와 국제 문제에 대해 의견을 교환할 것이다. 이번 방문이 중북, 중한 관계를 한층 발전시킬 것이라고 믿는다"라고 밝혔다.

한국은 조선 호텔에서 개최된 한미동맹국제회의에서 김성환 외교통상부 장관의 기조 연설 발표를 통해 "만약 중미 양국 중 한 나라만 선택하라고 한다면 이는 한국 외교에 가장 준엄한 시련이며 그야말로 '악몽'이나 다름없다. 만약 미중의 지지가 없다면 한국은 통일을 실현할 수 없다. 이러한 차원에서 볼 때, 한국은 한미 전략동맹의 기초 위에서 중국과의 협력 관계를 지속적으로 발전시켜야 한다"라고 밝혔다. 다음은 김성환 장관의 기조 연설 중 일부분이다.

천안함 사건이 일어난 후 많은 사람들이 한중 관계를 우려했지만 양국은 오히려 이를 계기로 한반도 문제에 대해 속마음을 털어놓고 의견을 교환할 수 있게 되었다. 현재 한국은 미국의 신뢰를 충분히 받는 전략적 파트너이고 한미 관계도 한층 강화되었다. 한미 양국은 6자 회담 재개를 위해서는 북한이 비핵화 조치를 이행해야 한다고 생각한다. 한미 동맹은 북한의 도발을 사전 차단하고 한반도 통일을 실현하는 중요한 초석이다. 한미 양국은 '전략 동맹 2015', '국방 협력 방침'을 이행하기 위해 2015년까지 전시 작전통제권을 한국에 이양하는 등 협상을 진행하고 있다.

프랑스 AFP통신에 따르면, 중국은 북한의 동맹국으로서 경제난에 시달리는 북한의 '구명 튜브' 역할을 하고 있다.

리커창의 2011년 남북한 방문에는 두 가지 목적이 있다. 하나는 중북, 중한 간의 관계와 협력이다. 다른 하나는 남북이 서로 화합하고 6자 회담 재개를 통해 서로 공감대를 형성하는 것이다. 이렇게 되면, 중국은 한반도를 포함한 동북아에서 자신의 외교적 지위를 격상시킬 수 있다.

닷새 동안 리커창 부총리가 남북한을 오가며 관계 조율에 나선 것은 예전의 그 어느 방문보다도 깊은 의미를 담고 있다. 당시 한국의 이명박 대통령과 회담에서 리커창은 "얼마 전 김정일 위원장과 깊은 대화를 나누었다. 나는 김정일 위원장에게 한반도 비핵화 실현이 한반도의 평화와 안정을 위해 매우 중요하다고 강조했다"라고 말했다. 리커창이 북한을 방문했을 때 현재 북한 정권을 장악한 김정은도 만난 것으로 알려졌다. 이는 중국과 북한의 차기 최고 지도자 사이에 이미 서로 교류가 있었음을 의미한다.

당시 리커창과 남북한 지도자 사이의 교류에서 경제 의제가 높은 비중을 차지했지만 핵심 의제는 여전히 6자 회담이었다는 사실에 주의해야 한다. 이는 한반도 문제에 관한 정책 결정에서 리커창이 보다 중요한 역할을 할 것임을 시사하는 대목이다.

리커창은 김황식 국무총리와의 회담에서 6자 회담의 저개에 관련해 "당사국은 민첩성을 보여주고 서로 마주보며 노력하자展示靈活, 相向而行"고 제안했다. 이는 리커창의 유연하면서도 실무적인 스타일이 이미 외교 방면에서도 발휘되고 있음을 보여준다.

2011년 당시 리커창의 방문은 중국 외교사의 새로운 장을 열었다. 리커창은 남북한 방문 시점에 일정한 간격을 두지 않았다. 중국 최고 지도자들이 정치적 민감성 때문에 북한과 한국을 나누어 방문하던 관례를 타파한 것이다. 이러한 외교 행보는 중국이 북한과 한국 사이에서 균형 외교에 더욱 힘쓰고 있다는 메시지를 외부에 표출한 것이다. 중국은 이미 남북한 사이에서 외교 주도권을 장악했다.

리커창은 남북을 오가며 한반도에서 중국의 존재감을 우감없이 과시했다. 리커창의 남북한 동시 방문은 중국이 북한의 '큰형님'이라는 기존의 이미지를 벗어던지고 남북한의 조정자와 중재자가 되었음을 알리는 신호탄이었다.

영국 로이터통신, 미국 AP통신, 프랑스 AFP통신, 일본 교토통신 등은 "리커창이 동북아에서 가장 복잡하고 골치 아픈 한반도 문제의 해결을 추진했으며 6자 회담 재개를 호소해 지역 평화와 안정을 찾게 했다"라고 보도했다.

리커창이 귀국한 후, 중국 외교부도 성명을 발표해 이번 방문을 긍정적으로 평가했다. 장즈쥔張志軍 외교부 부부장은 다음과 같이 발표했다.

리커창 부총리는 중북, 중한 우호 협력 관계가 새롭게 발전하고 한반도와 동북아 지역에 새로운 전기가 나타나는 시점에 남북한을 방문했다. 이는 중국 지도자들이 중북, 중한의 전략적 신뢰 관계를 증진하여 각 분야에서 실무적 협력을 심화하고 동북아의 평화와 안정을 촉진하기 위해 취한 중대한 외교적 조치였다. 5일이라는 짧은 방문 기간에 리커창 부총리는 북한과 한국 지도자들과 효율적 대화를 나누었고 남북한 각계 인사들과 광범하게 접촉했다. 남북한은 모두 열정적으로 리커창 일행을 맞이했다. 리커창의 이번 방문은 풍부한 성과를 거두었고 국제 여론의 주목을 받았다.

경제 협력의 알맹이를 노리다

한중 간의 새로운 협력 관계를 열다 | 리커창이 한국을 방문하기 전에 언론에서는 이미 리커창 중국 국무원 부총리가 수요일 저녁쯤 이명박 대통령, 김황식 국무총리와 회담을 갖고 양해각서를 체결할 것이라고 보도했다. 하지만 한국 국무총리 비서실은 양해각서의 공개를 거절했다.

10월 26일 리커창 중국 부총리는 김황식 국무총리와 함께 중한 정부 간 협의 조인식에 참석했다. 27일, 리커창은 한국 4대 경제 단체에서 주최한 오찬에 참석하고 축사를 했다.

양측은 정부종합청사 9층에서 전자상 거래, 노무 협력, 검역 협력과 통화 스와프에 관해 양해각서와 협의를 체결했다.

후샤오롄胡曉煉 중국인민은행 부총재와 김재천 한국은행 부총재는 중국인민은행과 한국은행 간 위안화·한화 통화 스와프 협정을 체결했다. 이로써 한중 간 통화 스와프 규모는 1800억 위안에서 3600억 위안으로 증가했다. 리커창은 "통화 스와프 협정은 양국 간 무역 투자를 확대하고 지역 금융을 유지하고 경제를 안정시키는 데 중요한 의미가 있다"라고 강조했다.

2002년 6월 한중 양국의 중앙은행은 치앙마이 이니셔티브 프레임워크에 기반해 40억 달러 규모의 통화 스와프 협정을 체결했다. 2008년 12월, 한중 양국은 양자 간 통화 스와프 프레임워크 협의를 체결했고 2009년 4월에 공식 협정을 체결했는데 통화 스와프 규모는 1800억 위안(38조 원, 약 260억 달러)에 달했다. 그중에서 달러, 유로 등 국제 준비 통화와 교환할 수 있는 비율은 30퍼센트이며 기한은 3년으로 정했다. 이번 재계약은 교환 비율과 기한에는 변화가 없지만 규모는 2배 늘었다.

통화 스와프의 목적은 참여국에게 국제 수지 단기 유동성 곤란을 해결하는 융자 지원을 제공하는 것이다. 이는 금융 위기 극복을 위한 국제성 구조 메커니즘을 보완하는 장치다.

중한 양국 간 통화 스와프 재계약은 양국이 '아세안+한중일(10+3)' 지역의 금융 안정 강화라는 측면에서 중요한 성과를 거두었음을 보여주며 2012년 5월 이스탄불에서 개최된 '10+3' 국가 재무장관회의의 정신과도 일치하다.

조인식이 끝나고 후샤오롄 부총재는 "세계 금융 위기의 여파가 완전히 해소되지 않고 유럽 채무 위기가 경제 성장과 금융 안정에 지속적인 영향을 미치고 있는 상황에서 중한 양국이 통화 스와프 협정을 재계약하고 통화 스와프 규모를 확대한 것은 시장 신뢰 강화와 금융 안정에 큰 도움이 될 것이다. 리스크 감소와 무역투자 촉진에도 유리하다"라고 밝혔다.

김재천 부총재는 "한중 양국이 통화 스와프 규모를 확대한 가장 중요한 이유는 금융 시장을 안정시키고 양국 간 본위 화폐 결제를 지지하고 촉진하는 데 있다. 장기적으로는 양국 간 금융 분야의 협력을 끊임없이 확대하고 양국 기업의 상대국에 대한 투자에도 촉진 작용을 할 것이다"라고 설명했다.

한국의 여론도 한중 통화 스와프 재계약에 큰 관심을 쏟으며 "이번 재계약은 동아시아 금융 협력에서 한중 양국이 제 역할을 다하고 한중 무역 투자를 발전시키는 데 도움이 되었다"라고 평가했다.

조인식이 끝난 후 리커창은 전국경제인연합, 대한상공회의소, 한국무역협회, 중소기업중앙회 등 4대 경제 단체가 주최한 만찬에 참석했다. 그는 박수갈채 속에서 "중한 경제 협력을 강화하고 동북아의 안정적 발전을 촉진하자"라는 제목으로 축사를 했다. 리커창은 "중한 경제는 상호 보완성이 강하고 양국 간의 무역 투자 추진은 상호 경쟁력 보완에 유리하다. 이는 양국이 경제 발전을 유지하는 데 매우 중요할 뿐만 아니라 지역 발전에 새로운 활력소가 된다"라고 밝혔다.

여기에서 리커창은 중한 협력을 한층 강화하기 위해 여섯 가지 제안을 발표했다.

첫째, 중한 FTA 구축을 촉진하고 예정대로 FTA 협상을 가동해야 한다.

둘째, '녹색 산업 협력 메커니즘' 등 제도적 장치를 통해 녹색 산업 등 신흥 분야의 협력을 강화하고 순환 경제와 저탄소 발전을 적극적으로 추진해야 한다.

셋째, 새로운 투자 협력 방식을 개척해야 한다. 중국은 한국 기업이 중국의 첨단 제조업, 서비스업에 투자하고 서부 대개발, 동북 노후 공업 지대의 진흥, 중부 지역 굴기 등 중국 정부의 지역 구상에 참여하도록 유도하며 중국 기업의 한국 투자를 격려해야 한다

넷째, 금융 협력과 혁신을 추진해야 한다. 한중 양국은 통화 스와프 규모를 1800억 위안에서 3600억 위안으로 확대하고 양국의 중소기업 협력에 금융 지원을 확대하며 공동으로 지역 금융 시장의 안정과 발전을 추진해야 한다.

다섯째, 양자 간·다자 간에 긴밀하게 협력한다. 이미 구축한 정부와 민간의 교류 시스템을 충분히 활용하고 경제 협력 과정에서 발생할 수 있는 문제점을 원만하게 해결해야 한다. 세계 경제 구조 개혁에 대한 입장과 정책을 조율하고 한국은 기업 운영, 인원 교류 등에서 중국 기업에 보다 많은 도움을 주어야 한다. 양국 기업은 제3국의 인프라 건설, 시장 개척 등에서 협력을 강화한다.

여섯째, 인적 교류와 협력을 확대한다. 2012년부터 중국은 매년 한국 청년 300명의 중국 방문을 추진하고 2015년까지 중국어 교사 1400명을 한국에 파견한다. 한중 양국은 문화 교류를 한층 강화하고 협력의 새로운 장을 열어 양국 간 협력에 지속적으로 동력을 제공해야 한다.

회의는 성공적이었다. 한중 양측은 회의 성과를 높이 평가했다. '내 안에 네가 있고, 네 안에 내가 있다'는 말은 이미 한중 간 경제 협력과 발전의 현주소를 은유적으로 보여주었다. 중국 측 대표는 "'협력해 함께 이익을 도모하자合作共赢'는 중국이 대외 관계에서 가장 많이 사용하는 표현이다. 중한 양국은 이웃하고 있기에 '먼 친척보다 가까운 이웃이 낫다近親不如近邻', '물 옆에 있는 고루에 먼저 달이 뜬다近水樓臺先得月(가까운 곳에 있어 기회가 더 많다는 뜻 – 역자 주)'와 같은 편리함이 있다"라고 말했다.

중한 경제 협력은 양국 국민에게 실질적인 이익을 가져다주며 양국 관계에서 가장 활발한 영역이 되었다. 한국 측 대표는 "2012년은 한중 수교 20주년을 맞는 해이다. 올해에 양국 관계는 새로운 역사적 출발점에 서게 되었다. 양국 간의 경제 무역 협력은 풍성한 열매를 맺을 것이다"라고 밝혔다.

리커창은 찬사를 한몸에 받고 한국 방문을 마쳤다. 리커창 본인이나 중국 정부에나 2011년의 한반도행은 매우 큰 의미를 담고 있었다.

아시아 황금시대, 중국은 열려 있다

중국 총리의
외교 책임

1998년 주룽지가 국무원 총리를 맡은 이래 중국의 국가 지도자 체제에서 국무원 총리가 담당하는 외교와 관련해 몇 가지 관례가 생겼다. 국가주석(당 중앙총서기)은 외교 총괄 외에 대미 외교와 대국 외교(예를 들어 러시아 외교)를 직접 담당하며 중미 관계와 밀접한 관련이 있는 대만 문제도 담당한다.

국무원 총리는 주로 국내 경제·사회 업무를 주관하는 동시에 외교도 일부 담당한다. 여기에는 일부 중요 국가의 방문을 포함한다. 예를 들면 미국, 유럽, 아시아의 주요 국가 방문이다. 양자 간 경제, 무역, 지역 혹은 세계 경제 협력, 에너지, 기후 변화 등은 국무원 총리가 직접 담당한다.

국무원 총리로서 리커창의 주요 외교 영역은 아시아이다. 특히 동남아와 동북아 지역이 주요 활동 무대이다. 동아시아 외교의 주요 목표는 경제 협력과 지역 통합의 촉진이다. 그의 아시아 경지 구상은 앞으로 10년간 중국과 동아시아 국가 간의 경제 무역 협력과 발전에 큰 영향을 미칠 것이다.

중국과 아세안, 중국과 한·일과의 관계에서 경제 무역고- 지역 경제 통합은 중국 정부의 주된 의제였다. 새로운 정부의 경제 사령탑으로서 향후 10년간 리커창은 아시아의 경제 협력에서 주도적인 역할을 담당할 것으로 본다. 특히 중국·아세안 자유 무역 지대, 한·중·일 경제무역 협력, 중국·인도 경제 무역 협력 등에서 큰 활약이 기대된다.

리커창은 2012년 4월 2일 '박오 아시아포럼 2012년 연례회의'에 참석해 기조 연설을 했다. 그는 아시아 국가 간 협력 강화에 관한 다섯 가지 제안을 내놓았다. 첫째, 국내 시장에 입각해 경제를 발전시킨다. 둘째, 개방적이고 포용적인 자세를 유지한다. 셋째, 서로 이익을 도모하고 원원을 달성한다. 넷째, 단결과 화해를 촉진한다. 다섯째, 평화적인 발전을 견지한다.

이러한 '아시아 컨센서스'는 향후 10년간 아세안, 일본, 한국, 인도

리커창은 응웬 떤 중 베트남 총리와 하노이에서 열린 양국 상공업계 오찬회에 공동 참석(2013), 아세안 틀 안에서의 협력 확대를 제안했다. 중국은 얼마 전 향후 10년 간 중국-아세안 '2+7' 협력 틀을 제시했으며 중국과 아세안 간 자유무역지대 업그레이드를 위한 협상을 가동해 지역 경제 단일화 추진을 가속화할 예정이라고 밝혔다.

등 아시아 주요 국가 간의 협력·발전을 이해하는 데 중요한 의미를 갖는다. 분석가들은 "리커창은 연설을 통해 외부 세계에 평화적이고 조화로운 아시아를 건설할 것이라는 메시지를 보냈다. 중국은 아시아 각국과 손잡고 아시아의 건전하고 지속 가능한 발전을 추구하려는 염원을 표출했다"라고 평가했다.

이웃이 잘돼야 내가 산다 | 리커창이 박오 포럼에서 언급한 아시아 컨센서스에는 대체적으로 세 가지 의미를 담고 있다. 우선, 아시아의 지도자와 인민은 아시아가 세계 경제 성장의 핵심 역량임을 명확히 인식해야 한다는 점이다. 아시아는 미래에 자신감을 가져야 한다. 오늘날 아시아의 경제 총량은 전 세계의 3분의 1을 차지하고 있다. 세계 경제의 중심도 빠르게 아시아르 이동하고 있다. 아시아는 세계 최대의 시장이자 노동력을 갖추고 있으며, 교육 수준이 높고 인구 구조상 젊은층이 두텁다.

이는 아시아의 번영과 발전이 필연임을 보여준다. 리커창이 언급한 것처럼 아시아 경제는 빠르고 지속적으로 발전해 세계 경제 성장의 핵심 동력이 될 것이다. 언론 보도에 따르면, 닐슨 글로벌 부회장인 릭 카스는 리커창의 연설에서 '세계 경제의 황금 시대'를 엿보았다고 한다.

리커창이 주도한 아시아 컨센서스의 두 번째 의미는 아시아 경제가 거대한 성장 잠재력을 가지고 있다는 사실이다. 아시아의 경제 발전은 아직 편중되어 있다. 중국, 인도, 동남아시아(싱가포르 제외) 각국은 여전히 개발 도상국에 속한다. 캄보디아, 라오스, 비트남, 미얀마, 방글라데시는 산업화, 도시화, 주민 소득 증가 등에서 아직도 선진국과 엄청난 격차를 보이고 있다. 하지만 이런 후진국에는 거대한 발전 기회가 숨어 있다.

아시아 국가들은 개방 수준이 높고 자원이 풍부하며 거대한 시장을 가지고 있다. 특히 이 지역의 선진적 경제체와 보완성이 뛰어나다. 아시아 경제는 앞으로 10년에서 20년간 지속적으로 발전할 수 있는 잠재력을 갖고 있다.

아시아 컨센서스의 세 번째 의미는, 바로 아시아 경제 성장의 관건은 깊이 있고 전면적인 협력과 일체화라는 점이다. 유럽과 미국 경제의 구조적 모순이 두드러지면서 세계 경제 성장에 동력을 제공할 수 있는 능력이 빠르게 떨어지고 있다. 아시아는 더 이상 유럽과 미국의 시장에 의존할 수 없는 상황이다. 아시아 경제 발전의 기회는 아시아 내부의 내생형, 포용형 성장에 있다.

리커창은 아시아의 내생형, 포용형 성장을 실현하려면 다음과 같은 네 가지를 중시해야 한다고 지적했다.

첫째, 개방적이고 포용적이어야 한다. 아시아 각국은 전 세계에 문을 활짝 열어야 한다. 둘째, 경제 발전과 협력의 과정에서 상호 이익과 원원 전략을 견지해야 한다. 셋째, 공동으로 각종 도전과 대형 자연재해에 대처해야 한다. 넷째, 평화적 발전을 견지해야 한다. 지역 내부 간, 국가 간에 협상을 통해 건설적 방안을 모색하고 이견을 해소하며 분쟁을 예방해야 한다.

이러한 개방, 원원 전략, 협력과 평화적 발전을 지향한 아시아 컨센서스에 힘입어 중국은 향후 10년간 GDP 성장률 8퍼센트와 도시 인구 증가율 15~20퍼센트를 달성할 것이다(도시화 수준을 현재의 51퍼센트에서 70~80퍼센트로 높임). 이는 아시아 각국에 거대한 시장을 제공하며 아시아 인접국의 자본, 지식, 노하우를 흡수할 수 있게 할 것이다.

리커창이 보여준 아시아 경제에 대한 관점과 아시아 컨센서스는 최근 30여 년간 중국이 개혁·개방을 추진하면서 아시아 각국과의 협력, 공동 발전과 호혜호리互惠互利를 강화했던 취지와 일맥상통한다. 1997년 아시아 금융 위기가 발발한 후, 중국은 아세안·중국 자유 무역 지대를 건설하자고 제안해 아세안의 적극적인 호응을 얻었다. '조기 수확 계획(중국·아세안 자유 무역 지대에서 먼저 농산물 거래를 촉진하자는 계획-역자 주)'은 곧바로 시행되었다. 중국인은 비교적 싼 가격에 태국, 베트남의 질 좋은 과일을 구매할 수 있게 되었다. 2010년 자유 무역 지대가 정식으로 건설되었고 중국과 아세안 회원국 간의 무역 총액은 1년 만에 24퍼센트나 증가했다.

현재, 아시아에는 지역 일체화 붐이 불고 있다. 아세안·일본, 아세안·한국, 아세안·인도 간에 FTA 협정이 체결되었고 중국·일본, 중국·한국의 자유 무역 지대 건설도 적극 추진되고 있다. 아세안의 각 회원국 역시 '아세안 헌장'의 프레임하에서 2015년에 아세안 공동체를 건설할 예정이다.

리커창이 박오 포럼에서 제안한 아시아 경제 구상은 향후 10년간 중국 정부가 아시아 지역의 일체화를 추진하고 아시아의 내생적, 상호 이익적, 포용적 발전을 실현하기 위한 주요 지도 이념으로 자리 잡을 전망이다.

리커창은 중국 최고 권력 기구인 중공 정치국 상무위원회에 속해 있다. 7인으로 구성된 정치국 상무위원회는 중국의 정치, 외교, 군사, 경제, 사법, 감사, 당 조직 등 모든 국정을 장악하고 있으며 리커창은 그중에서 경제와 민생을 책임지고 있다. 리커창을 정확하게 이해하려면 이른바 '대통령 그룹'으로 일컫는 정치국 상무위원회의 다른 위원도 알아야 한다. 또한 시진핑의 집권 10년 이후 그 뒤를 이어 차세대 최고 지도자가 될 것으로 보이는 후춘화를 살펴보는 것도 의미 있는 일이다. 정치국 상무위원 6명과 후춘화의 일대기는 중국의 과거와 현재를 이해하고 미래를 예측하는 훌륭한 참고 자료가 될 수 있을 것이다. 이하 관련 내용은 신화통신의 자료를 번역해 중공의 시각이 다수 반영되어 있지만 그간 잘 알려지지 않은 이야기도 있어 중국 정치의 구조와 특징을 이해하는 데 큰 도움이 될 것으로 믿는다.

2012년 11월 중공 18대에서 선출된 7인의 정치국 상무위원

9
중국을 이끄는
지도자들

장가오리　　류윈산　　장더장　　시진핑　　리커창　　위정성　　왕치산

시진핑 習近平

출생: 1953년 6월(북경)

소속: 중화인민공화국 최고 지도자(서열 1위)

학력: 청화대학 대학원 법학 박사

● 중국 최고 지도자로 등극

일찍이 리커창과 함께 제17기 정치국 상무위원으로 선출된 시진핑은 중앙에서 5년간 경력을 쌓은 후 2012년에 중공의 최고 지도자가 되었다. 당내 서열을 보면 시진핑은 리커창의 앞에 있지만 사람들은 두 지도자를 '시·리習李'라고 부르기를 좋아한다. 전 중국 국가 지도자인 시중신習仲勳의 차남으로 태어나 아버지가 걸었던 정치의 길을 이어 나가는 시진핑. 일개 현의 당서기에서 중공 총서기가 되기까지 그동안 얼마나 많은 풍상고초와 예기치 못한 일을 겪었을까?

2012년 12월 7일 시진핑은 중공 총서기로 당선된 지 23일 만에 처음 지방 시찰을 감행했다. 가장 먼저 찾은 곳은 중국 개혁·개방의 전초 기지인 광동성이다. 그는 먼저 심천으로 갔다. 이번 시찰에서 그는 행차를 간소화하고 인민과 직접 접촉하며 친절하게 교류했다. 다음 날 시진핑은 심천시 연화산蓮花山에 도착, 관광객이 지켜보는 가운데 덩샤오핑 조각상에 화환을 바쳤다. 시진핑은 곧바로 인파 속으로 들어가 군중들과 악수하고 손을 흔들어 인사했다.

광동성을 시찰할 때 시진핑은 "당과 전국의 각 민족, 인민은 개혁·개방으로 강성 대국을 실현하는 길을 확고부동하게 견지하며 개혁의 체계성, 정체성, 협동성에 더욱 치중해 개혁이 주춤하지 않고 개방이 발걸음을 멈추지 않게 해야 한다"라고 강조했다. 시진핑은 이번 광동 시찰에서 20년 전 덩샤오핑이 남방을 시찰할 때와 같은 길을 택했다. 이는 매우 큰 의미를 시사한다. 일부 매체는 시진핑을 "참신한 정치 풍토를 조성하고, 개혁·개방을 확고부동하게 추진히, 중화 민족을 이끌고 차이나드림을 실현할 수 있는 지도자"라고 극찬했다.

59세의 시진핑은 2012년 11월 15일 중공 제18기 1중 전회에서 중공 중앙총서기로 선출되어 신중국 수립 후 가장 젊은 중공 최고 지도자가 되었다. 91년이라는 여정을 걸어온 중공은 마오쩌둥, 덩샤오핑, 장쩌민을 핵심으로 하는 3대 중앙 지도 그룹과 후진타오를 총서기로 하는 당 중앙 지도 그룹에 이어 새로운 사령탑을 맞이했다.

중국이 전면적으로 샤오캉 사회를 건설하는 결정적 단계로 진입할 때 시진핑은 중앙 정치 무대로 나아가 역사의 바통을 이어받았고 세계 2위의 경제 대국의 지도자로서 세계 무대의 선두에 우뚝 섰다.

전 중국, 전 세계가 모두 시진핑을 주목하고 있다.

— 어떻게 당원 8200만 명의 세계 최대 정당을 이끌고 인민을 위해 봉사할 것인가?

— 어떻게 13억 인민을 이끌고 '중공 창립 100주년에 전면적인 샤오캉 사회를 건설하고 신중국 수립 100주년에 부강, 민주, 문명, 조화의 사회주의 현대화 국가를 건설한다'는 목표를 위해 분투할 것인가?

— 어떻게 중국을 이끌고 세계 평화와 발전을 위해 공헌할 것인가?

중공 제18기 1중 전회가 끝나는 날 오후, 시진핑은 국내외 기자 500여 명 앞에서 "자신은 어깨에 무거운 짐을 짊어지고 있다"고 솔직하게 털어놓으며 새로운 중앙 지도부의 사명을 '민족, 인민 그리고 당에 대한 책임', 세 가지로 개괄했다. 이는 중화 민족의 역사적 책임을 자신의 '국가 경영의 신념과 목표'로 삼았다는 것을 보여준다.

● 인민의 아름다운 생활이 우리의 목표

"인민의 아름다운 생활의 실현이 곧 우리가 분투해야 할 목표입니다." 이는 시진핑이 총서기로 선출된 후 첫 공개 석상에서 한 말이다. 여기서 그가 중공을 이끌고 인민을 위해 봉사하려는 결심을 남김없이 보여준다.

총서기 취임 후, 시진핑은 다른 중공 중앙정치국 상무우원들과 함께 〈부흥의 길複興之路〉 전시회를 참관하면서 "지금 많은 사람들이 차이나드림을 이야기하고 있습니다. 제 생각에는 중화 민족의 위대한 부흥을 실현하는 것이 바로 근대화 이래 중화 민족의 가장 위대한 꿈이라고 생각합니다"라고 밝혔다.

시진핑은 늘 인민의 꿈을 자신의 꿈으로 간주했다. 43년 전 그는 지식 청년 신분으로 섬서성의 농촌으로 내려가 장장 7년을 노동에 종사했다. 그가 처음으로 맡은 관직은 중공의 조직 '세포'인 생산대대(행정촌)의 당지부서기였다. 2007년 오랫동안 기층과 지방에서 일한 시진핑은 중공 정치국 상무위원으로 당선되며 중앙서기처 서기와 중앙당교교장을 겸임했다. 이후 그는 중화인민공화국 부주석과 중앙군사위원회 부주석에 오른다. 5년간 그는 당과 국가의 국정 방침의 연구·제정에 직접 참여했고 중앙의 중대한 결정의 배정과 실행에 참여했다.

섬서성에서 북경, 하북에서 복건, 절강에서 상해, 서부 빈곤 지역에서 국가 정치 문화의 중심부, 동부 미발달 지역에서 연해 발달 지역까지 시진핑이 걸어온 정치 경력은 농촌, 현, 시, 성(직할시)과 당 중앙과 행정, 군사 등 요직을 포함한다. 그는 늘 입버릇처럼 한 지역의 관리가 되면 그곳에 행복을 가져다주어야 한다고 말했다. 그는 "항상 우환을 걱정하며 늘 인민의 요구를 떠올려야 한다"라고 말했다. 강성 국가와 부유한 인민을 실현하기 위해 그는 중국적 사회주의 사업의 5위 일체에 관해 일련의 논증과 주장을 제기했다.

—경제 건설: 발전을 견지하는 것이 진리라는 것을 잊지 말아야 한다. 그러나 맹목적이며 무모한 발전은 삼가야 한다. 과학적 발전을 견지하고 자원을 낭비하는 발전을 피해야 한다. 호수 물을 퍼내 물고기 잡는 식의 눈앞의 이익에만 급급하고, 장래를 생각하지 않는 발전을 피하고 벽돌을 이리저리 옮기는 식의 불필요한 발전을 삼가야 한다.

—정치 건설: 국가의 모든 권력은 인민에게 있다는 이념을 견지해야 한다. 적극적이고 안정적으로 정치 개혁을 추진하고 중국적 사회주의 정치 발전을 확고부동하게 견지하며 헌법을 준수하고 헌법 정신을 발양하며 법에 따라 나라를 다스리고 법에 따라 정치를 해야 한다.

—문화 건설: 인재 육성과 민족정신 배양을 중시해야 한다. 특히 '우리의 피와 살로 신중국의 장성을 쌓자'라는 국가國歌의 정신을 발양해야 한다.

—사회 건설: 사회주의 초기 단계라는 기본 국정에 기초해, 경제 발전을 토대로 끊임없이 인민의 생활을 보장, 개선하며, 바른 행복관을 형성하고, 근면한 노동으로 행복을 증진한다는 생각을 강화하며, 마음과 뜻을 합쳐 조화로운 사회를 건설해야 한다.

−생태 문명 건설: 자원 절약, 환경 보호라는 기본 국책을 견지하고 지속 가능한 발전을 지향하며, 인류가 앞으로 계속 발전할 수 있도록 공헌해야 한다.

중공은 중국 인민을 이끌고 차이나드림을 실현하는 영도의 핵심이다. 시진핑은 당의 최고 지도자가 되기 전에 오랫동안 지방의 당과 행정 지도자로 일했다. 중앙으로 옮겨 근무하면서 시진핑은 중앙서기처의 일상 업무를 관할하게 되었는데 주로 당 내 업무를 주관해 당 건설의 중요성을 누구보다도 깊이 인식하고 있다. 그는 당 내 법규를 중시해 많은 당 내 법률 문건의 제정을 지도했다.

시진핑은 엄격하게 당을 관리하고 다스려야 한다고 반복해 강조했다. 11월 17일 그는 제18기 중공 중앙정치국 제1차 집단 학습에서 "물건은 반드시 먼저 썩은 후 벌레가 생긴다物必先腐, 而後蟲生. 많은 사실이 증명하다시피 부패가 심하면 당과 국가는 망한다는 사실을 명심하고 우리는 항상 이를 경계해야 한다"라고 말했다.

그는 정책 결정의 전 과정에 대한 조사·연구를 대대적으로 제창하며, "반드시 인민과 함께 어울리고, 인민의 의견을 광범위하게 청취하며, 특히 인민이 '가장 바라고, 가장 급하며, 가장 우려하고, 가장 원망하는' 문제를 절대 놓치지 말고 주도적으로 조사·연구해야 한다"라고 역설했다.

2008년부터 중공은 당 내에서 과학적 발전관을 심도 있게 학습·실천하는 사업을 전개했고 시진핑은 중앙지도소조 조장을 맡았다. 그는 지방과 중앙 부처에 찾아가 업무를 살펴보고, 전형적인 사례를 예로 들면서, 명확하게 의견을 제기하고, 구체적으로 지도했다. 2년간 진행한 사업으로 당과 국가는 모두 과학적 발전관을 인식했고, 경제사회 발전을 추진하는 강력한 역량을 쌓았다.

시진핑은 중공 18대 보고초안작성소조와 중공 당규수정소조의 담당자였다. 영향력이 큰 이 두 문건은 중공 18대에서 통과되어 향후 중국 발전을 지도하는 강령 성격의 문건이 되었다.

시진핑은 군대와 깊은 인연이 있다. 그는 일찍이 중앙군사위원회 비서실에서 3년간 일했기에 군대에 애정이 각별하다. 지방에서 일할 때 그는 현 인민무장부 제1정치위원, 시(지역) 군관구 공산당위원회 제1서기, 성 고사포예비역사단 제1정치위원, 성 군구 공산당위원회 제1서기와 대 군구 국방동원위원회 담당자 등 군대 직책을 맡은 적이 있어 군부 사정을 잘 안다. 시진핑은 군대를 옹호하고, 사랑하며, 적극적으로 군부대를 위해 많은 애로 사항을 해결했다. 중앙군사위원회 부주석으로 임명된 후, 시진핑은 국방과 군대 건설의 지도 업무에 적극적으로 참여했고 중공 제18기 1중 전회에서 중공 중앙군사위원회 주석직을 이어받았다.

시진핑은 대만·홍콩·마카오에도 관심이 깊다. 17년간 복건성에서 일하면서 그는 대만과 양안 관계(대만과 대륙의 관계)를 깊이 이해하게 되었다. 그의 재직 중에 복건성 하문시에 중국 대륙 최초의 대만상인 회관이 설립되었다. 복주시는 대만의 투자 기업 위주의 공업 단지를 최초로 조성했다. 그는 대만 동포의 근심과 어려움을 해결했다. 수많은 대만 동포들은 그를 가장 친근한 벗으로 생각했다.

시진핑은 중앙에서 홍콩·마카오를 관리하는 일을 하며, 수차례나 이 지역의 유명 인사를 접견하고 사회 실정과 민심을 파악했다. 내륙과 홍콩·마카오의 경제 협력을 적극 추진하고 홍콩·마카오가 장기적으로 번영, 발전할 수 있는 중요한 조치를 시행했다. 홍콩·마카오가 세계 금융 위기로 심각한 타격을 받자 그는 홍콩, 마카오로 달려가 각

계각층의 사람을 만나 "정신만 차린다면 방법은 많다"라며 용기를 북돋아주었다. 2012년 양회 기간에 홍콩, 마카오의 전인대 및 정협위원과의 좌담회에서 시진핑은 "형제가 합심하면 쇠도 자를 수 있다兄弟同心, 其利斷金"라는 말을 인용하며 "홍콩·마카오 동포들이 합심, 단결해 아름다운 미래를 만들라"고 당부했다. 이는 홍콩·마카오의 사회 각층에서 적극적인 반향을 일으켰다.

2008년 초 시진핑은 북경올림픽과 북경장애인올림픽 준비사업지도소조 조장으로 임명되어 '특색 있고 수준 높은' 지구촌 스포츠 축제를 만들기 위해 심혈을 기울였다.

● 인민이 부모다

'정부 앞에 붙은 인민이란 두 글자를 절대 잊어서는 안 된다', '간부 마음에 인민이 차지하는 정도만큼 간부는 인민 마음을 차지한다', '인민과 서로 마음이 통해야 하고 고락을 같이 해야 하며 인민과 단결하고 분투해야 한다'…… 이같이 시진핑은 때와 장소를 가리지 않고 가장 소박한 언어로 인민에 대한 진실한 사랑을 표현했다.

마음에 늘 인민을 담고, 시시각각 인민을 떠올리며, 인민이 원하는 연설을 하고, 인민을 위해 분투하는 등 시진핑이 인민을 위한 마음을 품게 된 것은 그가 온갖 고생을 겪으며 성장한 독특한 경력에서 비롯되었다.

1962년부터 시진핑은 중공 원로였던 아버지 시중쉰이 누명을 쓰는 바람에 어린 나이에도 차별을 받았다. 문혁 시기에 그는 비판을 당하고 배고픔에 시달렸으며, 거리를 떠돌아다니고 수감되기도 했다.

1969년 초, 16살이 채 안 된 시진핑은 섬서성 북부 농촌에 있는 생산대에서 노동을 하겠다고 자청해 결국 연천현 문안역공사 양가하대대로 갔다. 그는 토굴집에서 거주했는데 벼룩에 온몸이 물려 물집투성이가 되기도 했다. 그 시절 시진핑은 하루도 빠짐없이 농사짓고, 석탄을 나르고, 강둑을 쌓고, 인분을 나르는 등 궂은일을 마다하지 않았다. 200근이나 되는 밀을 지고 10여 리 산길을 어깨 한 번 바꿔 메지 않고 걷는 시진핑이 마을 사람 눈에는 고통과 어려움을 참고 견디는 훌륭한 젊은이로 보였다. '일할 때 몸을 사리지 않고', '지식이 풍부하며 꾀도 많은' 시진핑은 점차 주민의 신임을 얻기 시작했다. 얼마 후 그는 공청단과 공산당에 가입하고 생산대대의 당지부서기를 맡았다.

황토 고원에서의 농촌 생활은 힘들었지만 시진핑에게는 자신을 단련하고 성장시키는 과정이었고 자신의 재능을 뽐낼 수 있는 첫 무대였다. 논밭 면적을 늘리기 위해 농한기인 겨울이 오면 그는 주민을 이끌고 앞장서서 강둑을 수리했고, 맨발로 얼음을 깨고 수로를 청소하곤 했다. 그는 마을 대장장이를 조직해 철공소를 꾸렸다. 대장간에서 농기구를 직접 만들어 쓰고 나머지는 인근 마을에 팔아 생산대 수입을 늘리기도 했다. 사천 지역에서 메탄가스를 이용한다는 기사를 보고는 직접 사천으로 달려가 메탄가스를 이용하는 방법을 알아내 섬서성 북부 지역 최초로 메탄가스 늪을 만들었다. 시진핑은 주민을 이끌고 섬서성 최초의 메탄가스 사용 마을을 만들어 주민이 밥 지을 때 땔감이 부족하거나 조명이 어두운 문제를 단숨에 해결했다. 그는 마을 지식 청년에게 배급하는 밀가루 찐빵을 주민들에게 나눠주고 자신은 맛없는 옥수수떡을 먹었다. 북경에서 지식 청년들 중 우수 인재를 뽑아 삼륜 오토바이를 부상으로 준 적이 있다. 오토바이는 농촌에서 보기 힘든 물건이었는데 그는 오토바이를 경운기, 제분기, 풍구와 양수기 등 농기계로 바꿔 주민들이 사용하게 했다.

시진핑은 학업을 중단했지만 지식에 대한 열망은 하루도 식은 적이 없었다. 그는 농촌에서 매일 독학하며 지식욕을 채웠다. 양가하에 막 도착했을 때 그는 책이 가득한 상자를 갖고 왔다. 시진핑은 낮에는 자투리 시간을 이용해 책을 읽었다. 양을 방목할 때는 황토 고원에 홀로 앉아 독서 삼매경에 빠졌다. 저녁이 되면 석유등을 벗 삼아 밤늦게까지 책을 파고들었다. "시진핑은 밥을 먹으면서 벽돌만큼 두꺼운 책을 손에서 놓지 않았다"고 주민들은 기억한다.

1975년 시진핑은 추천을 받아 청화대에 입학하게 되었다. 그가 떠나는 날, 온 마을 주민들이 기다랗게 줄을 지어 그를 환송했다. 일부 촌민은 그를 배웅하며 걷고 또 걸었다. 주민들은 시진핑에게 "빈하중농貧下中農(빈농·중·하농의 합칭—역자 주) 훌륭한 서기"라고 쓴 액자를 선물하며 그를 진심으로 칭송했다.

섬서성 북부를 떠난 후에도 시진핑은 늘 그때 그 시절의 주민들을 잊지 못했다. 그는 마을에 전기가 들어오게 하고, 다리를 새로 놓고, 초등학교 건물도 새로 지어주었다. 복주시 당서기 시절, 시진핑은 일부러 양가하를 방문해 집집마다 찾아가 안부를 물었고, 가난한 노인들에게 위로금을 전달했다. 아이들에게는 책가방, 학용품과 아침 일찍 학교에 갈 수 있도록 알람시계를 선물했다. 그가 복건성에서 일할 때에는 중병에 걸린 주민 한 명을 복건성으로 데려와 병을 치료했다. 비용은 모두 자신의 호주머니를 털어 해결했다.

황토 고원에 자리 잡은 자그마한 농촌 마을의 순박한 주민들과 한데 어울리고, 함께 일하며 먹고 잔 7년의 세월은 시진핑과 현지 주민 사이에 깊은 우정을 쌓게 해주었다. 시진핑은 이 때 절절하게 중국 농촌의 실정을 이해하고, 무엇이 인민의 희노애락이고, 무엇이 중국의 기본 국정인지 체득했다. 인민에 대한 무한한 애정과 그가 발 딛고 있는 중국이라는 대륙에 대한 무거운 책임은 어느덧 그의 인생 항로의 출발점이 되었다.

시진핑은 자신의 일생 중 가장 큰 도움이 된 것 "하나는 혁명 대선배이고 또 하나는 섬서성 북부의 농민입니다"라고 털어놓았다. 어린 나이에 황토 고원으로 갔을 때 시진핑은 한동안 갈팡질팡하며 방황했다. 하지만 22살에 황토 고원을 떠날 때 그는 '인민을 위해 실질적으로 도움이 되는 일을 하겠다'는 확고한 인생 목표를 수립했다.

1979년 청화대 졸업 후 시진핑은 국무원 비서실, 중앙군사위원회 비서실에서 일하게 되었다. 1982년 일부 젊은이들이 개혁·개방의 물결을 타고 직업을 바꾸어 상업에 종사하거나 외국 유학을 떠났지만 시진핑은 하북성 정정현으로 자리를 옮겼다. 1981년 당시 정정현의 1인당 평균 수입은 150위안도 안되었다. 처음 현지 주민들은 사회에 갓 발을 내디딘 젊은 공산당위원회 부서기를 반신반의했다. 튀기 싫어하고 고개를 파묻고 일에만 전념하는 시진핑은 사무실에서 잤고, 구내식당에서 다른 사람들과 함께 밥을 먹고, 나무 아래에 앉아 사람들과 담소를 나누곤 했다. 시진핑은 늘 자전거를 타고 농촌에 내려가 주민들의 안부를 묻고 애로 사항을 청취했다. 얼마 지나지 않아 그는 모든 주민과 친하게 되었다. 시진핑의 마음에서 가장 큰 자리를 차지한 것은 바로 인민이었다. 기층은 그가 가장 많이 찾는 곳이다.

1988년 시진핑은 복건 영덕 지구의 당서기를 맡았다. 당시 영덕 지구는 중국에서 가장 빈곤한 18개 지역 중의 하나였다. 이 농촌 마을을 전부 돌아보기 위해 시진핑은 늘 흔들리는 지프차에 며칠씩 몸을 싣고 험난한 산길을 달리곤 했다. 차가 너무 흔들려 허리도 제대로 펴지 못할 지경이었다. 그럴 때면 시진핑은 차를 잠깐 멈추고 쉬었다. 차로 갈 수 없는 궁벽한 산골에 갈 때면 그는 위험을 무릅쓰고 직접 산길을 걸어가곤 했다.

하당향下黨鄕에 갈 때 시진핑은 아침 7시부터 5시간이나 걸어서 겨우 마을에 도착했다. 주민들은 그를 열렬히 환영했다. 주민들에 따르면 그는 이 마을을 찾은 '직급이 가장 높은 관리'였다. 시진핑은 수천 명의 주민들이 대대손손 살아온 초가집의 개조 사업을 추진했다. 또한 어부들을 위해 해안에 주택을 마련해 어업 후 집에서 편히 쉴 수 있게 했다.

영덕 당서기로 재직할 때 시진핑은 "기층 처리 네 가지 요구"를 제출했다. 민원 접대, 현장 업무, 조사·연구, 정책 홍보를 기층에서 처리해야 한다는 내용이다. 복주 당서기 시절, 그는 지도 간부가 직접 기층에 내려가 민원을 해결해주는 제도를 마련했고 복주의 5개 구역과 8개 현을 모두 방문했다. 시진핑은 복주시 간부를 거느리고 이틀간 민원을 낸 700여 명을 만났다. 현장에서 해결하거나 혹은 해결책을 내놓은 민원이 200여 건에 달했다. 후에 그는 절강성에서도 이 제도를 대대적으로 추진했다. 시진핑은 "인민을 만나는 일은 지도 간부의 능력과 수준을 평가하는 시험장과 같다. 방문한 인민은 시험관이고 서신이나 사건은 시험 문제이며 인민의 만족이 바로 시험 문제의 정답이다"라고 역설했다.

2003년 9월 그는 절강성의 주요 3급 간부들과 문제투성이에, 주민들의 의견이 비교적 많은 포강현浦江縣을 방문했다. 그는 주민을 찾아가 실태를 조사하고 문제를 해결했다. 사람들에게 이 사실을 널리 알려 더 많은 사람들이 찾아오게 했다. 포강 시찰을 계기로 절강성은 지도 간부가 인민을 만나는 운동을 대대적으로 전개했다. 지도 간부가 주민을 찾아가 조사·연구하고 문제를 해결하는 장기 시스템이 전 성의 각급 정부에 보편화되었다.

2005년 설 즈음에 시진핑은 장광長廣탄광 절강광구를 찾았다. 그는 직접 승강기를 타고 1000미터 아래의 채광 현장으로 내려갔다. 그는 허리를 굽혀 좁고 낮은 채광 동굴을 따라 1500여 미터를 걸어가 탄광 노동자들을 만나 안부를 물었다.

시진핑은 언론을 통해 인민들과 소통하는 것을 매우 중시했다. 그는 일찍 저신哲欣이라는 필명으로 《절강일보浙江日報》에 232편의 칼럼을 발표했다. 평등한 위치에서 친숙한 언어로 소통하고 인민들이 관심을 쏟는 문제에 알기 쉽게 이치를 설명해주는 그의 칼럼은 큰 인기를 모았다. 인민들은 이를 두고 "가장 알기 쉬운 말로 가장 큰 문제를 알려준다"라며 찬사를 아끼지 않았다.

시진핑은 사람을 대할 때 너그럽고 친절했으나 인민의 이익과 관련된 문제 앞에서는 원칙을 강경하게 고수했다. 그는 "오사모烏紗帽(옛 관리가 쓰던 관모-역자 주)를 손에 들고 인민을 위해 일해야지 오사모를 품에 꼭 껴안고 자신만을 위하는 관리가 되어서는 안 된다"라고 입버릇처럼 말했다.

영덕에서 일부 간부들이 규정을 어기고 사사로이 개인 주택을 건축한 사건을 조사할 때 시진핑은 조사를 진행한 일부 간부들이 난감한 표정을 짓자 상을 치며 일어나 "우리가 몇 천 명 간부의 미움을 사는 것이 맞는가? 몇 백만 인민의 미움을 사는 것이 맞는가?"라고 호되게 비판했다. 절강에서 근무할 때 그는 간부의 업무 풍트 수립을 대대적으로 추진했다. 1년 사이에 많은 간부들이 직무 유기로 처벌을 받았다.

시진핑은 인간미 넘치는 지도자로도 소문이 자자하다. 그는 스승의 은혜를 잊지 않고 늘 명절이 되면 스승에게 안부 인사를 했다. 정정현에 있을 때 현 최초의 소형 승용차를 원로 간부들이 수시로 사용하도록 배려했다. 특별히 원로 간부 병실과 활동실도 지어주었다. 복주에 있을 때 시진핑은 형편이 어려운 가정의 아이가 공부할 수 있도록 장기적으로 후원했다. 그들이 학교를 졸업하고 사회에서 일을 시작할 때까지 후원을 중단하지 않았다.

다년간 기층 생활을 직접 체험하고 인민과 가까이 소통하는 사업 태도로 그는 많은 인민들에게 '평민 서기'라는 찬사를 받았다. 시진핑은 "우리 공산당 당원에게 인민은 바로 부모님이나 다름없다. 부모님을 사랑하는 마음으로 인민을 사랑하고 인민의 이익을 도모하고 인민을 행복의 길로 이끌어야 한다"라고 밝혔다.

● 성공한 곳에 내가 꼭 있어야 하는 것은 아니다

중공 중앙총서기로 당선된 후, 시진핑은 사상 해방을 적극적으로 선도하고 개척·혁신을 계속할 것이라는 결심을 여러 곳에서 내비쳤다. 시진핑은 자유로운 사상, 폭넓은 시야, 미래를 내다보는 지혜와 투철한 개혁 정신을 가진 지도자다.

중국 경제 특구 중의 하나인 하문에서 일할 때 시진핑은 '1985~2000년 하문경제사회발전전략' 제정을 지도했다. 이 전략은 하문시의 발전 계획의 실행과 경제 정책 제정의 주요한 근거가 되었다. 하문시의 금융 체제 개혁, 경제 특구 관리·건설 등 지도 기관의 담당자로서 그는 경제특구를 발전시키는 일련의 정책과 조치를 연구·제정했다. 시진핑은 하문을 계획단열시計劃單列市(성급에 해당하는 경제 관리 권한을 가진 도시—역자 주)로 승격시켰고 계획단열시와 관련된 중대 정책을 직접 지도하고 해결해 하문의 장기적 발전을 위해 유리한 조건을 조성했다.

지도자라면 '현실에 입각해 미래를 내다보고 기꺼이 기반을 구축하며, 미완성 사업도 즐겁게 맡아야 한다'고 그는 여겼다. 시진핑은 "정치 업적을 정확하게 인식하고, '성공 축하 무대에 내가 꼭 있어야 하는 것은 아니다'는 경지에 이르러야 하며, 일시적 공로와 명예를 탐하지 말고 설계도를 그리기 시작하면 끝까지 멈추지 말고 끊임없이 일해야 한다"라고 강조했다.

하북성 정정에서 일할 때 드라마 〈홍루몽紅樓夢〉 제작팀이 야외 촬영 기지를 찾는다는 소식을 듣고 시진핑은 기회가 찾아왔음을 직감했다. 그는 제작팀을 찾아가 협상을 진행하면서 주위의 반대를 무릅쓰고 관련 부처를 설득했다. 그 결과 현 정부는 거액을 투자해 정정에 영화 촬영 기지인 영국부榮國府를 조성했다. 영국부는 금세 전국적인 관광 명소가 되었다. 완공 첫 해에 이미 관광·입장료 수입으로 1000여만 위안을 벌어, 투자금을 전부 회수하고 수익을 창출하는 데 성공했다. 그때 시진핑은 이미 정정을 떠나 하문 부시장으로 자리를 옮긴 후였다. 시진핑이 수립한 '정정 관광 방식'은 정정현에 큰 이익을 안겨주었다. 〈홍루몽〉 촬영이 끝난 후에도 170여 편의 드라마가 이곳에서 촬영되었다. 많을 때는 관광객이 130여 만 명을 넘었다.

1992년에 시진핑이 제정한 '복주3820프로젝트福州3820工程'는 3년, 8년, 20년으로 나누어 단계별로 발전 전략의 목표, 절차와 정책 등을 제시했다. 당시 제정한 주요 목표는 이미 수년 전에 전부 실현되었다. 투자 협상을 하거나 건설을 시작한 초대형 프로젝트들, 예를 들어 관제전자冠捷電子, 중화영관中華映管, 동남자동차東南汽車 남방알루미늄南方鋁業 같은 특색 있는 산업군을 구축했고 향후 20년간 복주시 발전을 위한 튼튼한 토대를 다져놓았다. 이 기업들은 현재까지도 여전히 복주에서 선두를 달리고 있다.

복건 성장으로 근무할 때 시진핑은 2001년에 최초로 밥상 오염(식품 안전-역자 주) 문제를 해결하고 '식품안심공정食品放心工程' 사업을 전개해 인민의 찬사를 받았다.

1999년에 시진핑은 디지털 복건을 건설하자는 제안을 하고 2000년 복건성 인민대표대회에서 정식으로 이를 채택했다. 그는 디지털 복건 건설지도소조 조장을 맡아 이 사업을 추진했다. 10년 넘게 이 보이지 않는 디지털 그물은 점차 사방팔방으로 퍼져나가 주민의 생산 활동, 공공 행정 서비스와 도시 관리 등에 영향을 미쳐 인민의 생활 방식을 바꿔놓았다. 2010년 복건성은 중국에서 유일하게 모든 병원이 원카드 솔루션卡通(성 모든 병원에서 카드 한 장으로 진료가 가능한 시스템─역자 주)을 구축한 성이 되었다.

2002년 시진핑은 무평현武平縣의 임업 개혁을 인정하고 지지했다. 복건성은 전국에서 가장 먼저 '재산권 명확화, 경영권 활성화, 처분권 시달, 수익권 확보'를 주요 내용으로 하는 임업권 제도 개혁을 실시했다. 이 개혁은 나중에 전국적인 임업 개혁의 모범 사례가 되었다.

"금산金山, 은산銀山을 만들고 사시사철 녹음이 우거지고 시냇물이 흐르는 청산靑山으로 만들어야 한다." 시진핑은 "생태 환경을 중시하고 생태적 우위가 경제적 우위로 전환하도록 한다"라고 말하며 "자연 환경은 현재는 물론이고 자손에게도 행복을 가져다줄 수 있어야 한다"라고 강조했다.

복건성 장정長汀은 토양 침식이 심각한 지역이었다. 2002년 시진핑은 최초로 생태성 건설에 관한 전략적 구상을 제시했다. 그 후 복건성은 중국에서 최초로 생태 건설 시범성이 되었다. 10여 년간의 꾸준한 노력으로 장정은 황무지 수천 헥타르를 개간했고 산과 들은 녹음으로 우거졌다. 복건성은 중국에서 가장 생태 환경이 뛰어난 성이 되었다.

중국에서 경제가 가장 발달한 절강성에서 2002년부터 재직한 시진핑은 대량의 연구와 심층 조사를 통해 2003년에 '여덟 가지 우위 발휘, 여덟 가지 중요 조치 추진'을 내용으로 하는 '88전략八八戰略'을 실시해 절강성의 장기 발전을 위한 튼튼한 토대를 쌓았다.

경제 발전 방식을 근본적으로 변화시키고 경제 구조를 전략적으로 조정하기 위해 그는 생동감 있는 '새 두 마리'론을 제기했다. 이는 등롱환조 중에 봉황열반鳳凰涅槃을 실현한다는 내용이다. 등롱환조란 도시의 설비·기술을 농촌에 전파해 새 프로젝트를 진행하거나 신제품을 개발한다는 개념으로 다른 지역과 적극적으로 협력·교류하고 발전 공간을 확대해 투자 대비 이익을 극대화한다는 것이 핵심이다. 봉황열반은 작은 것을 희생해 전체를 보전한다는 개념으로 조방형粗放型(생산 요소 대량 투입형 성장—역자 주) 성장 방식에서 벗어나 봉황이 불 속에 뛰어들어가 새로운 생명을 얻듯이 산업과 기업의 환골탈태換骨奪胎를 실현한다는 내용이다.

2004년 시진핑은 정강성 무의현武義縣에서 촌지부와 촌의원회 외에 '촌사무감독위원회'를 설립한 경험을 전수해, 농촌의 권력을 상호 견제할 수 있는 균형 기구를 설립해 촌민 업무를 투명하게 감독하게 했다. 촌민 자치는 공동으로 건설하고 공동으로 나눈다는 이념을 바탕으로 추진되었다. '기층 민주'는 더 이상 추상적 개념이 아닌 농촌의 일반적 생활 방식이 되어 촌민 생활에 융합되었고 기층 민주의 건설에 성공 사례를 제공했다. "이 기구는 매우 간단하다. 촌민들이 촌간부들을 직접 감독하고 그들이 허튼 짓을 못하게 하는 것이다"라고 촌민들은 설명했다. 2010년 전국인민대표대회 상무위원회는 촌민위원회조직법을 수정해 '농촌에서는 촌사무감독위원회 혹은 기타 형식으로 농촌 사업을 감시하는 기구를 설치해야 한다'고 명확히 규정했다.

시진핑은 '절강성에 발을 딛고 서서 절강성을 발전시켜야 한다'며 다음과 같은 세 가지로 절강성의 경제 상황을 비유했다.

첫째, 절강 경제는 대대로 내려오는 '조상님' 경제다. 예로부터 절강성은 공업과 상업이 발전했고, 의리를 지키고 이익을 추구하는 전통이 있기 때문이다. 둘째, 불가피하게 나타난 '조물주' 경제이다. 조물주가 천연 자원을 부족하게 만들어 절강성은 이를 극복하기 위해 무에서 유를 창조하는 것을 추구할 수밖에 없도록 만들었기 때문이다. 셋째, 적극적으로 참여하는 '인민' 경제이다. 인민의 창업 의지와 시장 경제 관념이 상대적으로 강하기 때문이다.

"절강은 절강 지역을 벗어나 발전을 거듭해야 한다. 배를 빌려 바다로 나가고 사다리를 빌려 높은 곳에 올라가며 상해와 긴밀하게 협력하고, 강소 등 인근 성과 협력과 우의를 더욱 강화해 열세를 극복해야 한다'라고 그는 지적했다. 이러한 전략을 실행해 그는 절강성의 발전을 직접 추진했고 장강 삼각주 지역의 행정 일체화를 가속화했다.

2007년 시진핑은 국제적 대도시인 상해 당서기를 맡았다. 상해 도착 후 그는 장강 삼각주 지역의 일체화를 계속 추진할 것을 적극 요구했다. 상해 발전 계획에 대해 그는 "상해 발전은 절대로 자기의 이익만 추구하거나 자신만 혜택을 보려고 해서는 안 된다'라고 말하며 "국가는 장강 삼각주 지역의 발전을 총체적인 계획하에 추진해야 한다. 상해는 이 지역에서 '선두 주자' 역할을 해야 한다'라고 지적했다.

시진핑은 '마음을 넓게 하고 최고를 추구해야 한다海納百川, 追求卓越'는 상해 정신에 "진보적이고 지혜롭고 겸손해야 한다. 대범함과 도량을 잃어서는 안 된다開明睿智, 大氣謙和'는 구절을 추가했다. 상해 언론은 "상해의 정신은 완성도가 한층 높아졌고 내포도 더욱 풍부해졌다.

외부 세계를 깊이 고려하는 상해의 높은 수준을 잘 표현했다"라고 평가했다. 다른 지방의 수많은 간부와 인민도 "상해가 새로운 모습으로 변하고 있다"라고 감탄을 금치 못했다.

● 필요한 곳에서 일하고 앞장서야 한다

시진핑은 중공 중앙정치국회의를 열어 업무 풍토 개선과 인민과의 긴밀한 연대를 내용으로 하는 약법팔장約法八章(8개 조항의 간단한 법−역자주)을 지킬 것을 요구했다. 더욱 깊이 인민 속으로 들어가 행차를 간소화하고 회의와 연설은 최소화하며, 교통 통제를 완화하고 근검 절약을 적극 실행하겠다고 약속했다. 이는 국내외에서 호평을 받았다.

"필요한 곳에서 일해야 앞장설 수 있다." 시진핑은 실질적 업무를 재차 강조하면서 "인민이 가장 관심을 쏟는 문제를 중시하고, 인민에게 필요한 일을 해야 한다"라고 지적했다. 그는 "실제 필요한 일은 하지 않은 채 탁상공론에만 빠지면 아무리 청사진이 훌륭해도 신기루와 다름없다"라고 말했다.

하북성 정정시에서 근무할 때 "빈곤과 낙후성을 탈피하려면 가장 중요한 것이 인재 발굴이다"라고 주장했다. 그는 인재를 전국적으로 모집한다는 광고문을 친필로 작성하기도 했다.

1983년 초의 일이다. 찬바람이 몰아치는 한겨울에 시진핑은 현장인 청바오화이程寶懷와 함께 석가장시石家莊市로 가서 의료 화장품을 개발하는 연구원을 직접 찾아 나섰다. 하지만 이 연구원의 연락처가 없어 한 집 한 집 문을 두드려가며 찾다보니 밤 10시가 넘어서도 찾지 못했다. 그때 시진핑은 어두운 골목길을 누비며 연구원의 이름을 목이 터질 듯이 불렀다. 마침내 연구원을 찾았고 이들은 새벽까지 시간이 가는 줄 모르고 이야기꽃을 피웠다. 연구원은 즉석에서 시진핑의 요청을 수락했다. 곧이어 이 연구원은 연구 성과와 프로젝트를 가지고 정정에 자리 잡았다. 지금 그는 매년 정정을 위해 30여만 위안의 수익을 창출하고 있다.

같은 해, 시진핑은 전통 관념 타파와 인재 초빙에 관한 '9개 규정'을 제정하고 공식 발표했다. 《하북일보河北日報》는 "정정현의 문은 유능한 인재를 위해 언제나 열려 있다"라는 제목으로 이를 대서특필해 하북성에서 큰 반향을 일으켰다. 그는 중국의 유명 전문가, 대학교와 연구소에 인재 초빙 편지 100여 통을 보내고 전문가 수십 명을 직접 찾아가는 성의를 보이며 초빙에 응할 것을 요청했다. 2년도 안 되어 정정현은 각 분야의 유능한 인재 683명을 유치했다. 유명한 수학자인 화뤄겅華羅庚을 비롯한 지명도 높은 전문가를 경제 고문으로 초빙하는 데 성공했다.

"착실하게 실천하려면 실사구시實事求是를 견지해야 한다." 정정에서 일할 때, 시진핑은 당시 현 공산당위원회 부서기인 뤼위란呂玉蘭과 함께 주위의 압력을 무릅쓰고 상부에 양곡 징수 부담이 과도하다고 사실대로 보고했다. 그 결과 양곡 징수량을 2800만 근 낮추어 정정현이 발전할 수 있는 계기를 마련했다.

복건성 영덕으로 자리를 옮긴 후, 시진핑은 "만사는 실제에서 시작한다"는 원칙을 견지하며 각 지역의 특성에 따라 실질적 문제를 대거 해결했다. 부세의 고향(부세는 참조기와 비슷한 어류로 영덕 해역에서 산란한다-역자 주)이라는 독특한 영덕의 지역 특성에 착안해, 시진핑은 자원을 집중 연구할 것을 요구했다. 그의 전폭적인 지원으로 부세의 인공 양식에 성공했고 현지 주민의 소득은 대폭 증가했다.

시진핑은 정부 기관의 모든 업무는 "인민을 근본으로 생각해야 한다"라고 강조했다. 복주에서 근무할 때 시진핑은 "특별한 일은 특별한 방법으로 즉시 처리한다"라는 원칙을 실천했다. 그는 수많은 대만 기업의 투자를 유치해 복주의 경제를 발전시켰다. 1992년 시진핑은 전국 최초로 12개 국유 대·중형기업에 삼자기업三資企業(중국 내에 설립한 중외합자, 중외합작, 외자 기업의 총칭-역자 주) 경영 방식을 도입했다. 《복주사무처리지침서福州辦事指南》와 《복주시민사무처리지침서福州市民辦事指南》를 출판해 외국 투자자의 기업 활동과 시민의 일상생활을 편리하게 하고, 업무 효율을 크게 향상시켰다.

2000년 복건성에서 시진핑은 솔선해 정부 기관의 효율 향상을 적극 추진했다. 그는 직접 성기관효율건설지도소조 조장직을 맡았다. 그는 "정부 기관의 직능 전환을 촉진하고, 심사비준 사항과 절차를 줄이며, 유한정부有限政府(법과 사회의 통제를 받는 정부-역자 주)와 봉사형 정부를 수립해야 한다"라고 주장했다. 이 덕분에 2001년 말 기준으로 복건성에서는 행정 심사 비준 사항이 606개나 감소했다. 이는 전체 심사 비준 사항의 40.4퍼센트를 차지한다. 2001년 복건성은 전국에서 최초로 성 정부령의 형식으로 '정부업무공개실시방법'을 반포하고 전성 모든 현(시·구)에서 정부 업무를 공개했다. 효능 훈계제를 실행하고, 정부 기관을 엄격하게 관리해 '열심히 일하면 훈장을 받고 게으르면 벌을 받는다'라는 분위기를 조성했다. 정부기관업무효율신고센터를 설립해 인민이 민원을 제기할 수 있는 채널도 마련했다. 이는 정부 기관과 인민이 소통하는 '마음과 마음을 잇는 다리'라고 불렸다.

2002년 8월 시진핑은 중앙 언론을 통해 '시장을 향해 성실·신용으로 발전을 촉진하며, 지역 우위에 입각해 정부 서비스를 강화하고, 민간 경제의 활성화를 통해 지역 경제 발전을 촉진'한 '진강경험晉江經驗'을 전국적으로 보급했다. 같은 해 그는 남평시南平市가 농촌에 간부를 파견한 것과 관련해 '농촌과 도시를 잇고 농촌으로 중심을 옮겨 농촌 사업 토대를 단단히 다져야 한다'는 생각과 과학기술 특파원, 촌 당지부 서기와 향진 유통 보좌관을 농촌에 파견하는 업무 메커니즘을 고안했다. 이 남평 메커니즘은 복건성에서 널리 보급되어 농촌 간부와 주민 간의 관계를 밀접하게 했고 농촌 간부 사회에 '상층을 찾지 않고 기층을 찾으며, 인맥보다 정치적 성과를 중시하는' 풍토를 조성했다.

절강성 당서기 시절, 시진핑은 평안절강平安浙江, 녹색절강綠色浙江, 문화절강文化浙江, 법치절강法治浙江과 해양강성海洋强省의 건설을 추진했다. '네 가지 절강'을 건설하려면 착실히 실천하는 길밖에 없다고 시진핑은 판단했다. 그는 거시적 견지에서 업무를 배정하면서 기층에서 모범 사례를 수립하는 데 주력했다. 그는 절강성 남서부의 미발달 지역인 순안현淳安縣 풍수령진楓樹嶺鎮 하강촌下姜村을 연결 고리로 삼아 2년도 안 되어 다섯 번이나 하강촌을 찾았다. 시진핑은 하강촌을 '성 공산당위원회 정책의 효과를 관찰하는 기층 창구'에 비유했다. 하강촌은 깊은 산골에 위치해 교통이 불편했다. 현 소재지까지는 산길로 60킬로미터를 가야 했다. 시진핑은 조사·연구를 할 때마다 농가를 둘러보고 밭에서 일을 거들며 농민의 목소리에 귀를 기울였다. 2005년 3월 22일 그는 하강촌에 건설하는 메탄가스 늪을 시찰하면서 현지 간부와 주민에게 "30여 년 전에 농촌에서 일할 때드 나는 메탄가스 늪을 만드는 고수였다. 지금은 조건도 많이 좋아졌으니 곤리를 강화해 하강촌을 전 현의 메탄가스 늪 건설의 본보기로 만들어야 한다"라고 지시했다.

절강성은 인구는 많지만 면적은 작은 연해 지역이다. 절강성 당서기로 부임하자마자 시진핑은 절강성 면적의 2.6배에 달하는 연해에 주목하기 시작했다. 그는 수차례 주산군도舟山群島로 가서 조사·연구를 했다. 그는 "새로운 세기, 새로운 단계에 절강에서 경제 발전의 잠재력이 가장 큰 곳은 어디일까? 바로 바다이다!"라고 선언했다. 2002년 12월 시진핑은 절강성을 해양 경제 강성으로 발전시켜야 한다고 주장했다. 대량의 조사·연구와 논증을 거쳐 절강성은 〈해양경제강성 건설에 관한 의견〉, 〈절강해양경제강성 건설계획요강〉 등 문건을 발표했다. 그 후 절강성의 해양 경제는 연평균 19.3퍼센트 성장해 2005년 해양 경제의 총 생산액은 절강성 GDP의 8퍼센트를 차지했다.

시진핑은 영파와 주산항의 일체화를 적극 추진했고 주산의 여러 섬을 연결하는 프로젝트를 시행했다. 전 성의 항구를 통합해 대규모로 수출·수입을 할 수 있는 인프라를 마련했다. 2011년 국무원은 주산군도신구舟山群島新區 조성을 비준했다. 신구 조성의 일환으로 당시 세계 최장 해상교량인 항주만대교杭州灣大橋 건설을 추진했다. 이는 중국 교량 건설 역사에서 하나의 이정표로 남았다. 인민들은 이를 장강 삼각주를 이어주는 경제다리經濟橋, 비약의 다리騰飛橋로 불렀다. 2006년에

닝보·주산항의 화물 물동량은 4.2억 톤에 달해 전국 2위, 세계 3위를 기록했다.

2003년 시진핑은 "도시 건설의 이념으로 신농촌을 건설하고, 소강 시범 마을小康示範村鎭을 전면적으로 건설하며, 도농의 격차를 점차 줄이고, 모든 인민이 현대 문명을 누리도록 해야 한다"라고 지적했다. 이를 계기로 절강성은 '농촌 천 곳이 시범을 보여 농촌 만 곳을 다스린다千村示範, 萬村整治'는 사업을 전면 시행했다. 이에 따라 도시의 공공 서비스의 농촌 확대로 도농 발전을 총체적으로 도모해, 공업이 농업을 촉진하고 도시가 농촌을 이끄는 시스템의 기초를 닦았다. 2007년 말에 5년 예정의 프로젝트를 앞당겨 완수해 전 성 농촌의 3분의 1을 전면 정비했고 농촌의 3분의 2가 통일적으로 쓰레기를 수집·처리하도록 만들었다. 많은 농민들은 "토지 개혁, 가족 도급제, 세금 개혁에 이어 당과 정부가 농민에게 또 하나의 큰 기쁨을 안겨주었다"라고 찬사를 보냈다.

절강 당서기로 있는 동안, 그의 '네 가지 절강'은 점차 실현되고 있었다. 2005년 절강성의 생태환경지수는 전국 1위를 차지했다. 2006년 인민의 94.77퍼센트가 안전에 대해 만족을 표시해 절강성은 전국에서 가장 안전한 성이 되었다. 2006년 절강성의 지속 가능 발전 능력은 상해, 북경, 천진에 이어 전국 4위로 뛰어 올랐다. 절강성은 전국에서 가장 먼저 모든 현과 향이 빈곤 상태에서 벗어났다. 절강성의 경제 총량은 2004년에 1조 위안을 돌파했고 1인당 GDP는 2005년에 3000달러를 넘어서 2006년에는 4000달러에 육박했다.

2007년 시진핑은 위기에 처한 상해의 당서기로 급파되었다. 부임

후 한 달간, 그는 민생, 발전, 상해엑스포와 반부패 사업 등 현안을 조사·연구했다. 시진핑은 많은 간부와 마음을 터놓고 얘기하고 인민들에게 직접 의견을 구했다. 그는 상해 제9차 당대표대회를 성공적으로 개최해 상해의 위기를 극복하고 간부와 인민의 사기를 북돋았다. 상해의 이미지를 새롭게 제시하며 그는 상해 발전을 위해 향후 5년의 새로운 청사진을 그렸다.

"현위서기는 관할 농촌을 모두 돌아보고 시위서기는 관할 향진을 모두 돌아보며 성위서기는 모든 관할 현시를 돌아보아야 한다." 정정에서 일할 때 시진핑은 모든 농촌을 돌아보았고 영덕에서는 부임 3개월 만에 9개 현을 모두 시찰했고 나중에는 거의 모든 향진을 돌아보았다. 절강성 당서기로 근무할 때 그는 1년 넘게 전 성의 90개 현시를 시찰했다. 상해에서 시진핑은 7개월 만에 전 시의 19개 구와 현을 돌아보았다. 중앙에서 일을 시작한 시진핑은 전국의 31개 성급 행정 구역에 골고루 발자취를 남겼다.

● 내가 잘 지내려면 남을 잘 지내게 해야 한다

얼마 전 시진핑은 중국에서 활동하는 외국 전문가들을 접견한 자리에서 "중국은 책임을 질 줄 아는 나라이다. 우리는 외부 세계와 관계를 잘 맺고, 우호적 환경을 조성해 국가를 발전시키고, 세계 평화와 발전을 위해 더 크게 공헌할 것이다"라고 피력했다.

"중국은 세계를 더 이해해야 하고 세계도 중국을 더 이해해야 한다." 시진핑은 지방에서 근무할 때부터 줄곧 대외 교류를 중시했고 국제적 인맥도 두텁다. 그는 세계 60여 개 국가와 지역을 방문했고 많은 외국 손님을 접대했다. 중앙에서 일하면서 그는 외국 귀빈을 대거 접견했고 5년도 채 지나지 않아 40여 개 국가를 방문해 세계 각계 인사와 교류했다.

시진핑은 해외의 각계 인사에게 중국 인민은 자기 나라와 세계를 어떻게 생각하는지 허심탄회하게 소개했고 상대에게도 귀 기울여 그들을 이해하려고 노력했다. 시진핑과 접촉한 많은 외국의 정계 인사들은 그를 자신감이 넘치고 실무적이며 지혜롭고 우호적인 지도자라고 평가했다.

시진핑은 늘 해외 인사들에게 "국제 사회는 점점 좁아져 내안에 당신이 있고 당신 안에 내가 있는 하나의 운명 공동체로 변하고 있다. 중국의 지속적인 고속 성장은 세계 평화와 발전에 힘입었고 세계 각국이 공동 발전할 수 있는 소중한 기회와 넓은 공간을 제공했다. 양자는 상호 존중과 실무 협력을 토대로 공동 번영과 발전을 실현해야 한다"라고 역설했다.

2012년 7월 청화대에서 열린 '세계평화포럼'에서 시진핑은 "국가의 발전을 꾀한다면 먼저 다른 나라를 발전시키고, 자신의 안전을 도모하려면 먼저 상대방의 안전을 도모하며, 자신이 잘 지내려면 먼저 다른 사람이 잘 지낼 수 있도록 해야 한다"라고 밝혔다. 시진핑은 리콴유 전 싱가포르 총리를 만난 자리에서 "나라가 강성해도 패권을 추구하지 않을 것이다. 중국은 평화 발전의 길을 걷고, 공동 번영을 추구하는 개방 전략을 펼치고, 절대로 패권과 확장을 추구하지 않겠다는 선언과 약속을 대대손손 지킬 것이다"라고 천명했다.

"우리는 어려움 속에서 일심협력하고, 마음을 합쳐 장애를 극복하며, 보다 평등하고 균형 잡힌 새로운 글로벌 동반자 관계를 수립하며, 인류의 공동 이익을 증진하는 보다 아름다운 지구촌을 함께 건설해야 한다." 이는 시진핑이 해외를 방문하면 반복적으로 전하는 메시지이다. 2012년 시진핑은 5일간의 미국 방문 기간에 27개 행사에 참석했다. 그는 오바마 대통령을 비롯한 정계, 경제계, 민간 인사와 전방위적으로 교류했다. "중미 양국이 시종일관 공동 이익이라는 맥을 잘 잡는다면 상호 존중과 공동 번영의 새로운 파트너십을 형성할 수 있다"라는 시진핑의 중미 관계에 대한 기대는 미국 각계에 큰 반향을 일으켰다. 그는 카터 전 대통령을 접견할 때 "중미 양국은 긍정적인 에너지를 축적해야 한다"라고 강조했다.

시진핑은 러시아를 방문해 "중국은 중러 양국의 관계 발전을 중시한다"는 메시지를 전했다. 그는 "중러의 전략적 협력 관계는 이미 세계에서 가장 중요하고, 가장 활력이 넘치며, 가장 풍부한 내포를 가진 대국 관계가 되었다. 중러 관계는 시종일관 중국 외교가 우선적으로 고려해야 할 방향이다"라고 말했다. 그는 '중러 집권당 대화 체제 제2차 회의' 개막식에 참석해 러시아의 여러 당파 지도자들과 광범위하게 교류했고 중러 관계의 내포를 더욱 풍부하게 했다.

시진핑은 개도국과 관계를 공고히 하는 것은 중국 대외정책의 출발점이자 지향점이라고 보았다. 남아프리카공화국에서 시진핑은 '양국 정무위원회 제4차 회의'에 출석해 남아공 측과 함께 양국 협력의 비전을 제시했다. 그는 사우디아라비아에서 "중국은 중동과 걸프 지역 국가에 중요한 발전 기회를 제공할 것이다"라고 밝혔다. 칠레에서 시진핑은 "중국과 중남미는 정치, 경제, 인문, 국제 관계의 4개 영역에서 서로 훌륭한 파트너가 될 수 있도록 노력해야 한다"라고 강조하면서 중국·중남미 간 향후 10년의 관계 발전 청사진을 제시했다.

국제 무대에서 시진핑은 실무적이고 효율적인 업무 방식을 아낌없이 보여주었다. 이탈리아 통일 150주년 기념식에 참석한 시진핑은 하루 만에 20여 개 국가·국제 조직의 지도자와 우호적으로 교류했다. 독일을 포함한 유럽 5개국을 방문했을 때 그는 5건의 경제 무역 조인식에 참석했고 6곳의 경제 포럼에 참석해 각국과 협력 계약 93건을 체결하도록 추진했다. 계약 총액만 74억 달러에 달했다.

문화는 인류가 공동으로 창조한 정신적 자산이다. 시진핑은 세계 문화 교류를 추진해 조화로운 세계를 건설하는 것이 중요하다고 생각했다. 2009년 메르켈 독일 총리와 프랑크푸르트 도서전시회에 참석한 시진핑은 개막식 환영사에서 "우리는 서로 다른 나라에 살지만 문화 교류로 중국에는 공자가, 독일에는 괴테가, 영국에는 셰익스피어가 있다는 것을 알게 되었다. 문화 교류의 추진은 인류의 진보와 세계 평화를 위한 중요한 동력이다"라고 역설했다.

2010년 러시아를 방문한 시진핑은 크렘린궁 대강당에서 푸틴과 함께 러시아의 '중국어의 해' 개막을 알렸다. 그는 인사말에서 "문화는 교류로 더욱 풍부해지고, 마음은 교류가 있어 서로 나눌 수 있으며, 우정은 교류로 더욱 깊어질 수 있다"라고 말했다.

시진핑은 중국 문화의 지혜를 잘 활용했다. 그는 진솔하고 직설적이며 생동감 있고 해학적인 어휘를 구사해, 이치를 깨우쳐주고 의혹을 해소하는 데 능했다. 미국 방문 기간에 시진핑은 선례가 없는 중미 관계를 "길은 어디에 있는가? 길은 바로 발밑에 있다"라고 비유하며 중국 지도자의 자신감과 박력을 보여주었다. 중국의 인권 상황에 대한 질문에 그는 "인권에서 세계 최고는 없다. 오직 더욱 좋은 것만 있다"라고 진솔하게 대답했다. 그는 또 "각국은 상황과 발전 경로가 다르다. 신이 발에 맞는지는 신을 신은 사람만이 안다"라고 비유적으로 답했다.

국가 간에 교류를 하려면 우선 양국 국민이 친해져야 한다. 시진핑은 항상 "양국 간의 우호적 토대가 튼튼한지는 양국 인민 사이의 우의가 얼마나 깊은지를 보면 알 수 있다"라고 말했다. 그는 수행한 외교관에게 "생명의 본질은 운동에 있고 외교의 본질은 활동에 있다. 중국의 외교관은 많이 다녀보고, 많은 친구들과 깊은 우정을 쌓아야 한다"라고 말했다.

주요 경력

1969~1975년 섬서성 연천현延川縣 문안역공사文安驛公社 양가하대대梁家
河大隊 지식 청년, 당지부 서기

1975~1979년 청화대 화학공업학과 기본유기합성 전공

1979~1982년 국무원 비서실, 중앙군사위원회 비서실 비서

1982~1983년 하북성 정정현正定縣 공산당위원회 부서기

1983~1985년 하북성 정정현 공산당위원회 서기, 정정현 무장부 제1 정치위
원, 공산당위원회원회 제1 서기

1985~1988년 복건성 하문시廈門市 상무위원·부시장

1988~1990년 복건성 영덕甯德 지구 당서기, 영덕 군관구 공산당위원회원회
제1 서기

1990~1993년 복건성 복주시 당서기, 시 인민대표대회 상무위원회 주임, 복
주 군관구 공산당위원회원회 제1 서기

1993~1995년 복건성 공산당위원회 상무위원, 복주시 당서기, 시 인민대
표대회 상무위원회 주임, 복주 군관구 공산당위원회원회 제1
서기

1995~1996년 복건성 공산당위원회 부서기, 복주시 당서기, 시 인민대표대
회 상무위원회 주임, 복주 군관구 공산당위원회원회 제1 서기

1996~1999년 복건성 공산당위원회 부서기, 복건성 고사포예비역사단 제1
정치위원

1999~2000년 복건성 공산당위원회 부서기·대리성장, 남경군구南京軍區 국
방동원위원회 부주임, 복건성 국방동원위원회 주임, 복건성

고사포예비역사단 제1 정치위원

2000~2002년 복건성 공산당위원회 부서기·성장, 남경군구 국방동원위원회 부주임, 복건성 국방동원위원회 주임, 쿡건성 고사포예비역사단 제1 정치위원

2002~2002년 절강성浙江省 공산당위원회 부서기·대리성장, 남경군구 국방동원위원회 부주임, 절강성 국방동원위원회 주임

2002~2003년 절강성 공산당위원회 부서기·대리성장, 절강성 군구 공산당위원회원회 제1 서기, 남경군구 국방동원위원회 부주임, 절강성 국방동원위원회 주임

2003~2007년 절강 당서기, 성인민대표대회 상무위원회 주임, 절강성 군구 공산당위원회원회 제1 서기

2007~2007년 상해시 당서기, 상해 경비구 공산당위원회원회 제1 서기

2007~2008년 중앙정치국 상무위원, 중앙서기처 서기, 중앙당교 교장

2008~2010년 중앙정치국 상무위원, 중앙서기처 서기, 중화인민공화국 부주석, 중앙당교 교장

2010~2012년 중앙정치국 상무위원, 중앙서기처 서기, 중화인민공화국 부주석, 중공 중앙군사위원회 부주석, 중화인민공화국 중앙군사위원회 부주석, 중앙당교 교장

장더장 張德江

출생: 1946년 11월(요령성 태안台安)

소속: 중국 전국인민대표회의 상무위원장(서열 3위)·중화인민공화국 국무원 부총리

학력: 김일성종합대학 경제학부 학사

중공 18대에서 중공 정치국 상무위원에 입성한 장더장은 중공 역사상 최초의 북한 유학파 출신이자 한국어에 능통한 최고 지도자다. 장더장 인생의 절반은 줄곧 조선족·한반도와 밀접한 관련이 있다. 중공 서열 3위 지도자로서 그와 한국의 인연이 향후 한중 관계와 중국의 소수 민족 문제에 어떤 영향을 미칠 것인지 우리는 그의 정치 경력에 나타난 정치 이념과 인생관에서 답을 찾을 수 있다.

"간부들이 아무리 높아도 모두 인민의 일원입니다. 마음에 항상 인민을 품고 있어야 합니다." 이는 20여 년 전 길림성 공산당위원회 부서기 장더장이 전국 양회에서 신화통신 기자와의 인터뷰에서 남긴 말이다.

장더장은 '정치는 인민을 위해 존재한다'는 이념으로 대학교 지도자에서 관리의 길로 나아갔다. 그는 여러 지방과 중앙에서 경험을 쌓아 중앙정치국 위원 연임에 성공했다. 11월 15일 열린 중공 제18기 1중 전회에서 66세의 장더장은 중공 중앙정치국 상무위원으로 당선되어 중공 최고 지도부에 입성했다.

11월 20일 장더장은 중경시 당서기직을 사임했다. 위험과 재난이 임박한 시기에 중경시 당서기로 부임한 장더장은 중대한 사명을 저버리지 않고 국면을 안정시켰고 발전 방식을 명료하게 해, 경제·사회의 과학적 발전을 추진했다. 장더장은 그날 열린 중경시 지도간부대회에서 "8개월간 간부·인민과 두터운 우정을 쌓았다"라고 말하며 "중경은 저의 마음속에 있습니다. 중경의 발전을 축복합니다"라고 기원했다.

● 대담하게 책임지고 용감하게 중책을 맡다

2011년 2월 중순부터 리비아의 정세가 급격히 악화되기 시작했다. 리비아에 거주 중인 중국인의 생명과 안전을 지키기 위해 중공 중앙과 국무원은 시급히 대책을 세우고 각 부처 간의 협력을 통해 신중국 수립 이래 최대 규모의 교민 철수 임무를 원활하게 수행했다. 12일간 교민 3만 5860명이 바다, 육지, 하늘 등 다양한 루트를 통해 조국의 품으로 안전하게 귀환했다.

이 '국가 행동'의 총지휘자가 바로 국무원 부총리 장더장이었다. 리비아의 국토 면적은 무려 176만 제곱킬로미터에 달한다. 리비아 전역에 분산된 중국 교민 3만여 명을 위급 상황에서 안전하게 철수시키는 일은 매우 까다롭고 어려운 임무였다. 위난의 시기에 임명된 장더장은 국무원 비상지휘부 전체회의를 긴급 소집했다. 외교부, 상무부, 교통운송부, 국유자산감독관리위원회, 민항국 등 관련 부처를 조직·조정해 질서 정연하게 '만리대철수萬里大撤離' 작전을 수행한 그는 '인민을 위한 외교'라는 숭고한 정신을 전 세계에 유감없이 보여주었다.

현재 장더장은 국무원 부총리로 공업, 교통, 사회보험 등을 관할하며 국무원 안전생산위원회 주임도 맡고 있다.

장더장은 공업 분야를 주관하는 부총리로서, 구조 조정과 최적화로 품질과 경쟁력을 높여야 한다고 여러 차례 강조했다. 그는 "국유자산 보호증식이라는 핵심적인 임무를 위해서는 국유 기업 개혁을 강화해야 한다"라고 지적했다. 최근 중국의 국유 기업은 빠르게 발전하고 있다. 《포춘Fortune》이 선정한 글로벌 기업 톱 500에 진입한 중국 국유 기업은 2007년의 20개에서 2011년에는 54개로 급증했다. 국유 기업 개혁은 큰 성과를 거두었다. 현대적 기업 제도 수립을 예로 들면 현재 국유 기업의 90퍼센트 이상이 회사제·주식제 개혁을 완성했고 중앙 부처가 관리하는 기업의 회사제·주식제 구조 조정 범위는 2007년의 64.5퍼센트에서 2011년의 72.3퍼센트으로 확대되었다.

장더장은 국무원 안전생산위원회 주임으로 재직하며 중대한 재난 사고가 발생할 때마다 조건이 아무리 열악해도 언제나 가장 먼저 현장에 도착해 구조 업무를 지휘했다. 2010년 3월 28일 산서성 왕가령王家嶺탄광에서 심각한 물 침투 사고가 발생했다. 장더장은 밤새 사고 현장으로 달려가 과학적 방안을 제시해 위험에 처한 광부 115명을 안전하게 구조했다. 7월 23일 융원선甬溫線(절강성 영파寧波와 온주를 잇는 철도—역자 주) 대형 철도 사고가 발생하자 장더장은 중앙을 대표해 즉시 현장에 도착해 구조 활동을 지휘했다. 장더장은 구덩이에 쌓아둔 열차 잔해를 보고 "잔해를 매립하지 말고 현장을 잘 보존하고 사고 차량을 적절하게 보관해야 한다"라고 지시해 사고 원인을 조사·분석할 수 있도록 조치했다. 이와 같은 성공적인 사고 구조 사례를 통해 일을 대담하게 처리하고 복잡한 문제를 명쾌하게 해결하는 장더장의 업무 능력을 엿볼 수 있다.

장더장은 국무원 부총리로서 여러 차례 외국을 방문했다. 2011년 7월 장더장은 중북우호협력공조조약 체결 50주년 행사를 위해 북한을 방문했고 모교인 김일성종합대학을 둘러보기도 했다.

● 여러 성에서 일하며 풍부한 경험을 쌓다

2012년 3월 장더장은 중경시 당서기를 겸임하게 되었다. 지방 1인자로 네 차례나 임명된 것이다. 1995년부터 13년간 장더장은 길림, 절강, 광동의 당서기를 역임했다. 길림, 절강, 광동은 발전 단계는 모두 다르지만 장더장이 부임한 후 괄목할 만한 성과를 올렸다. 장더장이 5년간 당서기로 근무한 광동성을 예로 들면 광동의 GDP는 1.35조 위안에서 3.1조 위안으로 증가했고 경제 성장의 질과 독자적 혁신 능력도 한층 향상되었다. 광동은 개혁·개방과 경제 발전에서 줄곧 전국의 선두를 달렸다.

장더장은 광동에서 선구적인 '범주삼각구역(9+2)泛珠三角區域(중국 남방의 9개 성과 2개 특별행정구−역자 주)' 협력 구상을 제시해 주강 수계를 축으로 지리적으로 가깝고, 인적 관계가 친밀하며 경제적 왕래가 빈번한 9개 성과 홍콩·마카오 사이의 협력을 강화했다. 2004년 6월 '범주강삼각주지역 협력 및 발전포럼'이 홍콩·마카오, 광동 3개 지역에서 성황리에 열렸다. 장더장의 강력한 추진으로 신중국 수립 이래 가장 크고 넓은 지역대협력의 서막이 열렸다.

장더장이 농업 대성인 길림에서 정무를 주관할 때 길림성의 양식 생산량은 연속 신기록을 세웠다. 전 성의 1인당 양식 점유량·전출량·수출량과 상품률은 줄곧 전국 1위를 달렸다.

1996년 11월 농민 몇 명이 의가량(매매 쌍방이 협의해 가격을 결정한 양식−역자 주) 가격을 보전받지 못할까 우려하는 내용의 편지를 장더장에게 보냈다. 편지를 읽은 후 장더장은 폭설을 무릅쓰고 전국적 식량 기지인 농안현農安縣을 찾아가 "풍년이 왔지만 농민 수익은 오히려 감소하는 현상은 절대 허용할 수 없다. 보호 가격 정책을 지속적으로 견지할 것이다"라고 현장에서 약속했다.

장더장은 민간 경제를 중시했다. 장더장은 "민간 경제가 발달하면 경제 전반이 발전하고 인민 생활도 부유해짐을 입증하는 사례가 많다"라고 지적했다. 장더장이 정무를 주관한 절강과 광동에서는 비공유제 경제의 비중이 모두 70퍼센트를 초과했다. "땅이 있으면 싹이 나고 햇볕이 있으면 자라는 것이 민간 경제의 원리이다. 적합한 땅과 햇볕을 제공하면 민간 경제는 왕성하게 성장한다"라고 말하며 "환경을 조성해 민간 경제의 새로운 발전을 촉진해야 한다"라고 그는 강조했다.

세계 경제 성장이 부진하자 장더장은 민간 기업이 직면한 도전을 날카롭게 통찰했다. 장더장은 2012년 3월 전국 양회 절강대표단 토론회에서 "민간 자본은 물이고 실물 경제는 밭이다. 물이 보이지 않게 땅 속으로 흐르게 하기보다는 우물을 파서 물과 밭 모두 만족하는 출구를 마련해주는 것이 훨씬 좋다"라고 지적했다. 장더장은 절강성 기업가에게 "눈앞의 이익에 현혹되지 말고 근본을 지키면서 최선을 다해 기업을 경영해야 한다"라고 조언했다.

2012년 3월 중경 당서기를 겸직한 후 장더장은 '과학적으로 발전해, 시민을 부유하게 하고 중경을 번영시키자'는 목표를 제시, 추진했다. 장더장은 취임 후 얼마 지나지 않아 민간 경제 발전에 관한 회의를 특별 소집해 '2015년까지 전 시의 비공유제 경제가 GDP의 65퍼센트를 차지해야 한다'는 목표를 제시했다. 장더장은 수차례 각 분야의 민간 기업 대표 좌담회를 열어 정부가 어떻게 하면 민간 기업을 더욱 잘 지원할 수 있는지 토론했다. 회의에 참석한 대표들은 "정부가 이처럼 진솔하게 민간 기업을 대하는 것은 매우 보기 드물다"라고 고백했다.

● 지식 청년 출신으로 인민과 사이가 돈독하다

장더장은 1946년 11월에 요령성 태안현台安懸에서 태어났다. 그는 1968년에 길림성 장춘시長春市에서 연변 조선족자치주 왕청현 라자구 공사로 하방되어 '원로3기老三屆(문혁의 혼란으로 교육을 제대로 받지 못한 1966~1968년에 졸업한 중·고등학생-역자 주)'로 불리는 지식 청년 출신이다. 1972년부터 1975년까지 장더장은 연변대에서 공부했고 그후 연변대 조선어학과 총지부서기를 맡았다. 1978년부터 1980년까지 장더장은 북한의 김일성종합대에서 유학했다.

지식 청년으로 일하면서 장더장은 고통과 괴로움을 참고 견딜 수 있는 품성을 길렀고 기층을 더욱 깊이 이해하게 되었다. 장더장이 하방되어 농촌에서 일할 때 회계를 맡은 지인에 따르면, 장더장은 7대 집체호集體戶(문혁 시기 농촌에 정착해 활동한 청년 지식인 집단-역자 주)의 호주로서 지식 청년들 사이에서 신망이 높았고 고난을 이겨내는 열정으로 귀감이 되었다. 장더장은 이러한 평판에 힘입어 당시 하방 지식 청년 100여 명 중에서 처음으로 공산당에 입당하는 영예를 누렸다.

1983년 37세의 장더장은 연변대 부교장을 사임하고 정계에 입문했다. 그는 길림성 연길시 공산당위원회 부서기를 맡았고 그 후 연변주 공산당위원회 부서기로 승진했다. 1986년 장더장은 북경으로 올라가 민정부 부부장과 당조 부서기가 되었다.

기층에서 수년간 근무했기에 장더장은 인민의 고통을 누구보다 잘 알고 있고 인민에게 각별했다. 민정부 부부장으로 근무하는 동안 그는 늘 전국 각지를 돌아다니며 빈곤층을 돕고 이재민을 구제하는 등 기층 인민을 위한 실제적인 일을 추진했다. 장더장은 "민정 업무는 사회 관리 시스템의 중요한 구성 부분이다. 민정 업무가 원활하면 개혁·개방을 위한 안정적이고 통합적인 사회 환경을 조성할 수 있다"라고 설명했다.

국무원에서 일하면서 장더장은 신형 농촌사회양로보험·도시민사회양로보험의 설립을 적극 추진해, 현재 도시민사회양로보험은 전면 실시되고 있다.

장더장은 광동성 성공산당위원회 전체회의에서 "토지 징발 절차가 불완전하며, 농민과 보상 협상을 완료하지 못했고, 토지보상금이 농민 수중에 들어가지 않은 프로젝트는 착공할 수 없다"라그 강경하게 발언해 인민에게 큰 찬사를 받았다. 관영 언론은 "장더장의 강경한 발언 뒤에는 엄연한 진리가 내포되어 있다. 즉 인민을 위한 권력이라는 이념, 법에 따라 행정을 펼치는 법치주의 그리고 곧개적이고 투명하게 집행하는 행정이다"라고 논평했다.

장더장은 길림성 인민대표대회 상무위원회 주임으로 재직할 때 인민대표대회를 매우 중시했다. 그는 "사회주의 경제는 법치 경제이고 사회주의 조화[戶寫] 사회도 법치 사회이다"라고 지적했다. 광동성 당서기 시절 장더장은 전국 양회에서 "광동은 개혁·개방의 선행 지역으로 경제 발전을 선도해야 한다. 법에 따라 성을 다스리고, 선진적인 법치 환경을 앞장서서 건설해야 한다"라고 밝혔다.

● 주요 경력

1968~1970년 길림성 왕청현汪淸縣 라자구공사羅子溝公社 태평대대太平大
隊 지식 청년

1970~1972년 길림성 왕청현 혁명위원회 선전조 간사, 기관 단지부서기

1975~1978년 연변대학교 조선어학과 당총지부 서기, 학교 공산당위원회
원회 상무위원, 혁명위원회 부주임

1980~1983년 연변대학교 공산당위원회원회 상무위원, 부교장

1983~1985년 길림성 연길시延吉市 공산당위원회 부서기, 연변주 공산당
위원회 상무위원 겸 연길시 공산당위원회 부서기

1985~1986년 길림성 연변주 공산당위원회 부서기

1986~1990년 민정부 부부장, 당조 부서기

1990~1995년 길림성 공산당위원회 부서기 겸 연변주 당서기

1995~1998년 길림성 당서기, 성인민대표대회 상무위원회 주임

1998~2002년 절강성 당서기

2002~2007년 중앙정치국 위원·광동성 당서기

2007~2008년 중앙정치국 위원

2008~2012년 중앙정치국 위원, 국무원 부총리, 당조성원, 중경시重慶市
당서기 상무위원

위정성 俞正声

출생: 1945년 4월(섬서성 연안延安)

소속: 중앙정치국 상무위원회 위원(서열 4위)·중국정치협상회의 주석

학력: 합이빈군사공정학원 탄도미사일자동제어학과 학사

상해시 당서기를 역임한 위정성은 중공 18대에서 다크호스로 등장했다. 그는 정치국 상무위원에 입성해 소수 민족, 통일 전선 등 정치 협상을 총괄하는 최고 지도자가 되었다. 과거에 언론의 주목을 받지 못했지만 위정성은 실사구시 정신과 친밀감으로 인민의 호평을 받았다. 위정성의 이러한 성격이야말로 치열한 당 내 경쟁에서 두각을 나타낸 결정적인 요인인지도 모른다.

> 샤오캉 사회를 건설하고 중국적 사회주의 노정에서 중화 민족의 위대한 부흥을 실현하려면 민주당파, 무당파를 포함한 전국 각 민족 인민의 지혜와 힘을 광범위하게 결집해야 한다.

12월 6일 중공 중앙정치국 상무위원인 위정성은 중국농공민주당 제15차 전국대표대회 전체 대표 회견에서 중공 중앙을 대표해 축사를 했다.

2012년 11월 15일에 폐막한 중공 18기 1중 전회에서 67세의 위정성은 중공 중앙정치국 상무위원으로 당선되어 중공 최고 지도부에 입성했다. 품위 있는 언행이 돋보이는 위정성은 학자형 지도자다. 그는 중앙에서 지방까지 다양한 직책을 수행해 정치 경험이 풍부한 지도자다. 직책에 관계없이 '실질적인 일을 많이 하고, 웅장한 규모와 기세를 추구하기보다 국가와 인민에게 부끄럽지 않아야 한다'는 믿음은 줄곧 위정성의 정치 신조였다.

● 장기적 안목을 지니다

2012년 11월 20일 상해에서 열린 당정간부대회에서 위정성은 상해 당 서기직을 공식 사임했다. 위정성은 회의석상에서 5년여 동안 함께 일한 동료에게 감사를 표하며 "방금 막을 내린 18대에서는 중국적 사회주의라는 위대한 청사진을 한층 더 명확하게 제시했고 상해의 발전 방향도 명확히 지적했다. '4개 솔선'을 빠르게 추진하고 '4개 중심'과 사회주의 현대화 국제 대도시를 빠르게 건설해야 한다"라고 강조했다.

이어 위정성은 "확고부동한 신념, 강한 개척 정신, 인민을 위하는 마음을 시종일관 견지해 상해를 더 아름답게 건설해야 한다"라고 덧붙였다. 위정성이 상해에서 일한 5년은 장기간 중국 경제 발전의 견인차 역할을 한 상해가 새로운 도전에 직면한 상황이었다. 위정성은 상해의 각급 간부에게 "구조 전환과 발전의 추진은 공원을 산책하고 백사장에서 일광욕하는 것이 아니다. 개인의 이해관계에서 벗어나 단호하게 실사구시를 추구하는 용기가 필요하며 장애를 낱낱이 타파할 수 있는 굳센 의지가 필요하다"라고 지적했다.

이러한 방식으로 상해의 구조 전환과 발전은 실질적 효과를 거두었다. 성장 속도는 느렸지만 재정 수입이 늘고 GDP에서 서비스업이 차지하는 비중이 커지는 등 경제는 질적으로 발전했다.

지난 5년간 국무원은 상해 '2개 중심' 건설에 관한 문건을 발표해 상해를 국제 금융과 항운의 중심으로 건설하는 방안을 국가 전략으로 삼았다. 이에 발맞추어 상해는 남휘南彙와 포동浦東을 합병하고 황포구黃浦區와 노만구盧灣區를 합병하는 등 행정 체제를 새롭게 조정해 상해 발전을 위한 청사진을 제시했다. 영업세를 부가가치서로 전환해 20년 만에 단행하는 중국의 세제 개혁을 위한 새로운 방안을 제시했다.

2010년에 열린 6개월간의 상해엑스포는 위정성을 비롯해 상해 각급 간부와 시민에 대한 또 하나의 준엄한 시련이었다. 엑스포 기간에 상해에는 관광객 7300여 만 명이 몰려왔다. 하루 입장객 103만 명이라는 기록을 세우기도 했다. 엑스포 기간 중 위정성은 "매일 업무를 개선해야 한다"라고 말했다. 이에 따라 상해엑스포 시범 운영 기간에 보였던 혼잡과 무질서를 개선해 '성공적이고, 훌륭하며, 잊을 수 없는 엑스포'라는 당초의 약속을 지켰다.

위정성의 본적은 절강성 소흥紹興이다. 그는 1945년에 혁명 근거지인 연안에서 태어나 합이빈군사공정대학을 졸업했다. 그는 16년간 기술 업무에 종사하다가 중국장애인복기기금회 담당자, 연태 시장, 청도 시장, 당서기, 건설부 부장, 호북성 당서기로 일했고 2007년부터 상해시 당서기직을 맡았다. 2002년에 중공 중앙정치국에 입성해 제16기, 제17기 중앙정치국 위원으로 선출되었다.

1980년대 중반, 연태 시장으로 재직할 때 위정성이 정비한 주택 제도는 개혁의 상징으로 높이 평가받고 있다.

청도에서 일하면서 국제화 도시 건설이라는 새로운 구상과 해외 자본의 대거 유치로 위정성은 인민에게 추진력을 인정받았다. 특히 그는 브랜드 구축을 중시했다. 덕분에 청도의 하이얼海爾, 하이신海信, 아오커마澳柯瑪 등과 같은 전자기기 업체들이 전국적으로 유명세를 타기 시작했고 위정성은 '브랜드 시장'이라는 별명을 얻었다.

건설부 부장으로 재직하면서 위정성은 '품질 확보'를 가장 중요한 과제로 보고 "확고부동하게 품질 우선주의를 취하지 않으면 우리는 인민 앞에 죄인으로 서게 될 것이다"라고 의미심장하게 말했다.

호북 당서기로 일하면서 위정성은 무한武漢 도시권과 현 지역의 경제를 발전시켰다. 이 두 가지 조치는 호북성 발전의 중요 전략이 되었다.

◉ 진실과 실질을 추구하다

위정성은 "더 대담하게 말하고 모두 실천해야 한다. 나는 앞장서서 바른 말을 할 것이다"라며 하급 관리가 민주적인 분위기에서 의견을 발표하도록 격려했다.

위정성이 상해에 부임한 지 얼마 안 되어 각 부처와 연구 기관은 '언론 통제를 취소하고 건설적인 의견은 모두 수용한다'는 통고를 받았다. 시공산당위원회가 간언을 받아들인다는 내용이었다. 이러한 참신한 발상은 '위식 스타일俞式風格'로 불린다.

간소하게 조사·연구하고 시찰하는 것도 위정성의 업무 스타일이다. 상해시 공산당위원회 조직부의 한 관계자는 기자에게 "그 분은 늘 예정 동선을 따라 움직이지 않는다"라고 털어놓았다. 위정성은 조사·연구 차 황포구에 가다가 운전기사에게 차를 고층 건물의 뒤에 정차하라고 지시했다. 그는 화려한 고층 건물 뒤에 숨어 있는 판자촌에 들어가 비닐봉지를 잔뜩 걸어 빗물을 받는 주민의 집을 방문했고, 이후 400만 제곱미터에 달하는 2급 이하 옛 거주지 개조 사업이 속도를 내기 시작했다. 주민들은 이 사업을 크게 반겼다.

위정성이 청도 시장으로 재직할 때 전국적으로 방직업이 심각한 침체에 빠져 있었다. 일선 상황을 정확하게 파악하기 위해 위정성은 한밤중에 염색 공장을 방문해 노동자들과 이야기를 나누며 그들의 의견을 청취했다. 시장의 야간 행차는 청도의 방직업계에 신선한 충격이었다. 사람들은 이를 통해 경제를 중시하는 정책 결정자의 결심을 읽을 수 있었다. 청도시 방직 공장의 모든 공장장은 지금도 위정성을 그리워하고 존경한다.

위정성을 만난 관리들은 한결같이 그의 전문가적 수준에 탄복한다. 상해전기그룹이 건설한 임항기지臨港基地를 조사·연구하면서 위정성은 전문가 수준의 질문을 수없이 제기했다. 상해전기그룹의 담당자는 "마치 청화대에서 발전소 설비학을 전공한 분 같다"라며 감탄을 금치 못했다. 사실 위정성은 탄도식 미사일 자동제어를 전공했다.

위정성은 늘 원고 없이 연설했다. 그는 조사·연구 활동을 하게 되면 보고를 듣기보다 자신이 직접 문제를 제기하곤 했다.

소박한 언어를 즐겨 구사하는 것도 위정성의 연설 스타일이다. 건설부장을 맡은 위정성은 주거 문제를 토론할 때 "인민은 평생 모은 돈을 털어 집을 사므로 건설 관련 부처는 인민의 주거 품질 확보에 힘써야 한다. 그렇지 않으면 인민을 볼 면목이 없다"라고 강조했다. 상해시 당서기로 일하면서 위정성은 취업 토론회에서 "노인은 일반적으로 자신의 옷과 집에는 요구 사항이 없다. 자식들이 더 잘 살 수 있기를 희망할 뿐이다. 자식이 취업하지 못하면 노인들은 크게 상심한다"라고 말했다.

'허명虛名을 탐하지 말라'는 위정성의 신념이다. 그는 "지방의 지도자로서 자신의 실적과 주변의 평가에만 신경 쓰면 정책을 정확하게 결정할 수 없고, 대처해야 할 모순을 보지 못하며, 장기적인 안목으로 해야 할 일을 서둘러 처리하게 될 것이다. 나는 이런 지도자가 되는 것을 원치 않는다"라고 밝혔다.

● 정직한 사람, 친근한 관리

위정성은 인민과 관련된 일을 소홀하게 처리한 적이 없다. 그는 민원 부서와 비서에게 내용이 충실하고, 문제를 날카롭게 지적한 인민의 편지는 반드시 자신이 직접 확인하도록 해야 한다고 요구했다. 위정성은 청도 시장으로 재직한 1995년 한 해에만 편지 500여 통을 직접 확인했다. 어려움에 처한 기업의 한 직원이 편지로 체납 급여 문제를 제기하자 위정성은 바로 회의를 소집하고 이튿날 급여를 지급했다.

2012년 3월 상해의 한 시민이 블로그를 통해 말기 암환자인 부친이 시설 부족으로 병원에 입원하기 어렵다고 말했다. 위정성은 즉시 상해파부上海發布 웨이보微博(중국 트위터−역자 주)를 통해 "문제를 신속하게 해결할 수 있다고 장담할 수는 없지만 이는 당신의 아픔이자 우리 모두의 아픔이라고 생각합니다. 우리(병원 관계자 포함)의 이러한 생각은 의료 발전을 앞당길 것입니다"라는 답장을 보냈다.

위정성의 웨이보 답변으로 문제는 신속하게 해결되었다. 이 시민은 "정말 생각지 못했습니다, 너무나도 뜻밖입니다"라며 감격해 마지않았다.

위정성은 책벌레로도 유명하다. 바쁘게 일하다가도 자투리 시간이 나면 서점을 돌아다닌다. 외출할 때 그는 책 외에도 노트북을 휴대한다. 위정성은 매일 인터넷으로 뉴스를 본다. "네트워크는 정부 업무를 개선하는 훌륭한 도구이고 대중의 관심사에 신속하게 대응하는 중요한 수단이다"라고 위정성은 강조한다.

시민들이 보는 위정성은 친절하고 격식을 따지지 않는 사람이다. 위정성의 전용 차량은 특별 번호판을 사용하지 않는다. 그는 외출하면 경호 차량이 시민에게 불편을 주지 않도록 그의 뒤를 따르도록 하고 자신은 길가에서 청소부나 관광객과 편하게 얘기를 나눈다. 그래서 많은 사람들은 위정성을 '위씨老俞'라고 부르길 좋아한다. 하지만 간부들이 보는 위정성은 매우 엄격하고 냉정하며 날카로운 지도자다. 모든 문제의 원인을 철저하게 캐묻는 그에게 제대로 답변하지 못하면 따끔한 질책을 감수해야 한다.

위정성의 부모는 모두 신중국의 성부급 지도자를 지냈다. 가정환경이 자신에게 미친 영향에 대해 위정성은 "부모님은 오로지 내가 정직한 사람이 되기를 원하셨다. 특권은 누리지도 바라지도 말라고 가르쳤다"라고 회고했다.

얼마 전 위정성은 언론 인터뷰에서 "지도자는 반드시 직무 행위와 비직무 행위를 구분해야 한다"라며 "예를 들어 공연을 관람할 때 업무상 필요로 관람하는 것과 자신의 취미 생활로 관람하는 것을 구분해야 한다. 이는 평등 의식의 기본 발현이 아닐까 싶다"라고 밝혔다.

현재 상해시는 중요한 제도 하나를 시행하고 있다. 이 지도에 따르면 간부들은 매년 주택, 유가 증권 등 개인 소득 현황을 신고해야 한다. 위정성은 청도 시장으로 재직할 때 TV를 통해 자신의 수입, 주택과 선물 처리 결과를 공개해 대중의 감독을 자청했다.

주요 경력

1968~1971년 하북성 장가구시張家口市 무선전6공장 기술원

1971~1975년 하북성 장가구시 교서橋西 무선전공장 기술원·담당자

1975~1981년 제4기계공업부 전자기술 추진응용연구소 기술원·엔지니어

1981~1982년 제4기계공업부 전자기술 추진응용연구소 부총엔지니어

1982~1984년 전자공업부 전자기술 추진응용연구소 부소장, 전자공업부
　　　　　계산기공업관리국 시스템2처 처장·부총엔지니어 겸 소형기
　　　　　관리부 주임, 전자공업부 관리국 부국장

1984~1985년 중국장애인복리기금회 담당자·부이사장, 당조성원(1984년
　　　　　12월, 사국급司局級 확정, 1985.01~1985.03 강화실업공사康華實
　　　　　業公司 대리 총경리)

1985~1987년 산동성 연태시煙台市 공산당위원회 부서기

1987~1989년 산동성 연태시 공산당위원회 부서기·시장

1989~1992년 산동성 청도시 공산당위원회 부서기·부시장·시장

1992~1994년 산동성 공산당위원회 상무위원, 청도시青島市 당서기·시장

1994~1997년 산동성 공산당위원회 상무위원, 청도시 당서기

1997~1998년 건설부 당조서기·부부장

1998~2001년 건설부 부장·당조서기

2001~2002년 호북성 당서기

2002~2003년 중앙정치국 위원, 호북성 당서기·인민대표대회 상무위원회
　　　　　주임

2003~2007년 중앙정치국 위원, 호북성 당서기

2007~2008년 중앙정치국 위원, 상해시 당서기

2008~2011년 중앙정치국 위원, 상해시 당서기, 2010년 상해엑스포 조직
위원회 제1부 주임위원·집행위원회 주임

2011~2012년 중앙정치국 위원, 상해시 당서기

류윈산 劉雲山

출생: 1947년 7월(내몽고 자치구 토묵특우기)

소속: 중앙정치국 상무위원회 위원(서열 5위)·중국공산당 선전부장

학력: 내몽고 자치구 집영集寧사범대학 학사

류원산은 중공 선전부장으로서 중국의 신문, 잡지, TV 등 모든 매체를 담당, 항상 보수적인 중공 대변인으로 불린다. 1980년대 초에 지방의 공청단 간부로 근무한 류원산은 후진타오와 사적인 친분이 있다. 그래서 일부 사람은 류원산을 공청단파로 분류한다. 18대 개최 전에 류원산이 정치국 상무위원이 될 것이라고 예측한 사람은 거의 없었다. 그는 굳건한 정치적 태도와 광범위한 정치적 인맥에 힘입어 중공 최고 지도부에 올랐다. 중공 고위급 관리를 교육하는 중앙당교의 교장으로서 류원산은 정치국 상무위원 중에서 매우 중요한 위치를 차지하고 있다. 새로운 중공 지도부에서 류원산이 어떠한 역할을 할 것인지는 중공 집권 이념의 중요한 풍향계가 될 전망이다.

우리 당은 강령을 정확하게 제시하고 목표를 명확하게 확정했다. 중요한 것은 우량한 기풍, 학풍, 문풍文風을 통해 대회 정신을 마음 속 깊이 새기고 정신적인 힘과 실제적 행동으로 전환시켜 진정한 의미를 만들어야 한다.

지난 2012년 12월 10일 중공 중앙정치국 상무위의 류원산은 북경시에서 좌담회를 열어 당의 18대 정신의 학습, 선전, 집행에 관해 기층의 의견과 건의를 청취했다. 이는 18대 이래 중앙정치국 상무위원이 참석한 두 번째 좌담회다. 좌담회에서 중공의 새로운 최고 지도부가 제창한 참신한 업무·회의 기풍이 다시 체현되었다.

11월 15일 열린 중공 18기 1중 전회에서 65세의 류원산은 중공 중앙정치국 상무위원으로 당선되어 최고 지도부에 올랐다. 중국 북부의 변방에서 수도 북경에 오르기까지, 신화통신 기자에서 중앙선전부장이 되기까지, 류윈산은 항상 겸손하고 침착했고 실무를 중시했다.

"인민과 함께 해야만 자신감이 생기고 힘이 솟는다." 류윈산은 늘 부하에게 이렇게 말했다. 이 말은 그가 수년간 중국의 이데올로기와 문화 사업을 담당하면서 체득한 사실이기도 하다.

● 기층의 시련을 거쳐 인민에게 각별한 애정을 가지고 있다

류윈산은 옛날에 칙륵천敕勒川으로 불린 내몽고 자치구 토묵특우기의 보통 농가에서 태어났다. 그는 학교를 졸업하고 농촌 학교 교사로 일했고 노동에도 종사했다. 1975년부터 1982년까지 류윈산은 신화통신 내몽고 지사에서 7년간 농목구農牧口 기자로 활약했다.

이때 류윈산은 내몽고 농목구를 종횡무진하며 농목민의 삶을 생생하게 보도했다. 류윈산이 31년 전에 쓴 "야숙거마점夜宿車馬店"은 아직까지도 중국 언론계를 대표하는 문장으로 남아 있다. 야숙거마점은 1000자가 안 되는 기사로 류윈산이 거마점에서 묵으면서 보고 들은 내용을 생동감 있게 묘사해 개혁·개방 이후 농목민의 '풍년의 희열'을 잘 표현했다는 평가를 받았다. 그의 기사 작성법을 당시 언론계는 앞다투어 따라했고 명문으로 지정되어 대학 교과서에도 수록되었다.

개혁·개방 초기에 중공은 청년 간부를 선발하고 임용하기 시작했다. 1982년에 류윈산은 기자에서 공청단 내몽고 자치구 위원회 부서기로 임명되었다. 그 후 자치구 공산당위원회 선전부 부부장이 되었다. 1985년에 열린 중공 전국대표회의에서 류윈산은 38세의 젊은 나이에 중앙후보위원으로 당선되었다. 이어 류윈산은 자치구 공산당위원회 상무위원, 선전부장, 비서장, 적봉시 당서기, 구공산당위원회 부서기 등을 역임했다. 1993년 류윈산은 중공 중앙선전부 부부장, 상무 부부장으로 임명되었고 2002년에는 중공 선전부장이 되었다. 그 후 중공 16기 1중 전회에서 류윈산은 중공 중앙정치국 위원, 중앙서기처 서기로 당선되었다.

수십 년간 기자와 관료로 일한 류윈산은 인민과 기층에 변함없는 각별한 애정을 가지고 있었다. 1986년 내몽고 자치구 공산당위원회 선전부장으로 일할 때, 농촌의 사상·정치 관련 업무를 조사·연구하기 위해 그는 혼자 기차, 버스, 트랙터를 갈아타고 농가를 방문했다. 그는 천막집에 거주하며 농목민과 진지하게 이야기를 나누었다. 류윈산은 "인민과 함께 있어야만 그들의 속마음을 알 수 있다. 인민과 함께 하는 것 자체도 유쾌하다"라고 밝혔다. 저명한 인민일보 기자 천융진陳勇進이 하투河套 지역에서 류윈산에 관한 이야기를 듣고 쓴 "부장이 시골에 내려가다部長下鄕"라는 제목의 기사는 큰 반향을 불러일으켰다.

중앙에서 수년간 일했지만 류윈산은 해마다 잊지 않고 기층을 찾는다. 그는 모든 성, 자치구, 직할시에 자취를 남겼다. 류윈산에게는 자신이 직접 본 상황과 몸소 겪은 일만이 설득력이 있다. 뉴스나 기사에서 볼 수 있는 관료적인 말, 허례적인 말, 과장된 말에 대해 그는 "기자는 반드시 늘 가야할 길을 가고, 기층에게는 간결하게 말하고, 인민의 말을 전해야 한다"라고 밝혔다. 그는 늘 짧고 간결한 문장을 썼다. 가식적이고 장황하며 공허한 문풍을 반대하기 때문이다.

류윈산은 전국 언론계에 '기층으로 들어가고, 기풍을 전환하며, 문풍을 개선하자'고 제창했다. 그는 기자들에게 "대지에 기반해 인민의 마음을 배경으로 기사를 써야 한다"라고 요구하며, "누구를 위해 쓰는지, 누구에게 의존하는지, 나는 누구인지를 확실하게 해야만 폭넓고 견고한 인민의 지지를 얻을 수 있다"고 주장한다. 류윈산은 '나는 누구인지'에 매우 독창적인 견해를 갖고 있다. 그는 "한 사람이 권력, 금전과 명망을 모두 갖게 되면 사고력을 상실하기 쉽다. 그러면 자신이 누구인지 모르게 되어 인민과의 관계를 명확하게 인식할 수 없다. 아무리 큰 권력과 명성을 갖더라도 인민 앞에서는 영원히 학생이고 공복公仆일 뿐이다. '나는 누구인지'를 명확히 해야만 두 가지 문제인 '누구를 위해서'와 '누구에 의존하는지'를 해결할 수 있다"라고 피력했다.

주전개走轉改 활동(기층으로 들어가고 기풍을 전환하고 문풍을 개선하는 활동—역자 주)으로 중앙과 지방 매체, 기존 매체와 신흥 매체의 모든 담당자가 앞장서서 기층으로 내려가 최일선에서 일하는 모습은 언론계에 참신한 바람을 불어넣었다. 이는 중국뿐만 아니라 해외에서도 호평을 받았다.

얼마 전 CCTV의 "기층으로 들어가다" 시리즈에 근거해 제작한 〈중국: 현장에서中國: 在現場〉라는 프로그램이 독일에서 방송되었다. 독일의 편집 감독은 이를 보고 "인간과 인간 사이의 관심과 상호 존중을 느낄 수 있었다"라고 소감을 말했다. 독일의 한 시청자는 편지를 통해 "이 프로그램으로 중국의 관리들이 민중에게 관심을 쏟고 있다는 것을 알게 되었다"라고 밝혔다.

● 건설을 중시하고 선전의 실제 효과를 강화하다

선전은 줄곧 중공의 중요 업무로 간주되었다. 선전 업무의 특징에 관해 류원산은 "선전은 건설에 중점을 두어야 한다. 중공 선전부는 사실상 건설부이다. 주로 정신 건설, 문명 건설, 사상 건설, 이론 건설을 책임진다"라고 지적했다.

중앙선전사상사업지도소조의 부조장으로서 류원산은 마르크스주의 이론 연구·건설 프로젝트를 적극 추진했다. 중국 사상계의 대표적 성과로 평가받은 이 프로젝트는 2004년에 가동되었다. 160여 개 과제팀에 전문가 3000여 명이 참여한 이 프로젝트에 노년, 청장년 학자 수만 명의 이목이 집중되었다.

"전파력이 영향력을 결정하고 발언권이 주도권을 결정하며 투명성이 공신력을 결정한다." 중국 언론 관계자의 귀에 익은 이 말은 바로 류원산의 입에서 나왔다. 국내외 언론계는 지난 10년간 사건·사고 관련 속보에서 중국 언론계가 크게 발전했다고 평가한다. 2008년 문천汶川 대형 지진이 발생한 지 10여 분 만에 류원산은 CCTV방송국 국장에게 시청자들이 최단 시간 내에 구조 상황을 파악할 수 있도록 계속 생중계할 것을 직접 지시했다. 이 보도의 바탕이 된 "신속 정확하며, 공개적이고 투명하며, 질서정연하게 개방하고, 효과적으로 관리하며, 정확하게 인도한다及時准確·公開透明·有序開放·有效管理·正確引導"는 방침은 사건·사고 관련 속보 보도의 중요 원칙으로 자리 매김했다. 그 후 '제1시간第壹時間, 제1현장第壹現場'은 중국 언론계가 사건·사고 관련 속보를 보도하는 기본 준칙이 되었고 국내외에서 호평을 받았다.

여론 감독도 한층 강화되었다. 류윈산은 항상 매체를 우대하고, 매체를 잘 활용하며, 매체를 잘 관리할 것을 주장했다. 그는 여론의 매체 감독을 강화하는 조건을 마련했고 매체의 감독은 객관성과 진실에 기반한 과학적인 감독, 법에 의한 감독, 건설적인 감독이어야 한다고 강조했다. 최근 중국에서 발생한 안전사고, 식품 문제 등은 모두 매체를 통해 대중에게 알려졌다.

최근 글로벌 전파 사업의 가장 큰 변화는 인터넷의 발전이다. 이런 획기적인 매체에 대해 류윈산은 항상 개방적인 태도를 견지하고 있다. "중국 문화의 특징 중의 하나가 바로 포용이다. 중국은 모든 선진 문화를 거부하지 않는다"라고 류윈산은 선언했다. 그는 "대담하고 적극적으로 인터넷을 이용해야 하고 인터넷의 건전한 발전을 위해 적법하게 관리해야 한다. 인터넷 관리는 정보의 자유, 질서와 안전한 공유를 위해서 필요하다"라고 밝혔다. 현재 류윈산은 매일 인터넷으로 최신 뉴스를 보며 여론과 인민의 실정을 파악한다.

● 개혁과 혁신을 추진하고 문화와 민생의 개선에 주력한다

문화 강국을 지향하는 '중국의 길'을 건설하는 것은 중공이 직면한 중대한 과제임에 틀림없다. 류윈산이 제기한 '문화 자각성, 문화 자부심, 문화 자강'은 중국 문화계와 이론계에서 높은 평가를 받았다. 일부 네티즌은 탁월한 전략적 안목이라고 평가했다.

문화 체제 개혁은 10년간 선전·문화 전선에서 뚜렷한 성과를 거둔

사업이다. 중공 16대는 문화 업무와 문화 산업을 구분하고 제도적 장치를 통한 문화의 발전을 강조했다. 문화 체제 개혁은 심도 있게 추진되었다. 류윈산은 이 사업을 관할하는 지도자로서 문화 체제 개혁의 조율사로 불린다. 그는 다방면의 조사·연구를 바탕으로 개혁의 로드맵을 확정했다.

지난 10년간 문화 체제 개혁은 크게 진척되었다. 국영 문화 기관의 기업화를 기본적으로 완성했고 도농을 포괄하고 전 국민에게 혜택을 주는 공공 문화 서비스 체계가 점차 형성되었다. 문화 산업의 경쟁력이 현저하게 향상되었고 사상성·예술성과 감상할 가치가 있는 우수한 작품이 끊임없이 탄생하고 있다. 중국인은 문화 상품을 풍부하고 다양하게 선택할 수 있게 되었다.

인민의 기본적인 문화 권익을 만족시키는 것은 문화 사업의 중요한 목표이다. "문화 건설은 기층의 요구를 만족시키고, 인민에게 봉사하며, 문화 소비의 문턱을 최대한 낮추어야 한다"라고 류윈산은 반복적으로 강조한다. 수년간 류윈산은 지방에서 조사·연구할 때마다 직접 농촌, 기업, 지역 사회로 들어가 인민의 의견에 귀 기울였다. 그는 기층과 인민에게 봉사하는 문화 관련 정책을 연구했다. 최근 TV로 방송된 '촌촌통村村通(벽지 마을 전화 보급 사업—역자 주)'을 비롯, 문화 정보 공유, 농촌 서점, 농촌 영화 방영 등 '문화혜민공정文化惠民工程'을 실시해 소외 지역 인민들과 문화 개혁 발전의 성과를 공유했다.

류윈산은 선전·문화 사업을 총괄하는 지도자로서 활발한 활동을 하고 있다. 가끔 여유가 생기면 독서하고 글을 쓰는 것이 그의 취미이다. 바쁜 일상에서도 류윈산은 글쓰기를 계속하고 있는데, 그의 인문

정신이 넘치는 산문과 수필은 많은 독자의 호평을 받고 있다. 지난해 그가 아프리카를 방문한 후 쓴 "문화의 아프리카文化的非洲"는 문화적 각도에서 아프리카를 해석하고 아프리카 문화를 통해 중국 문화를 조명해 문화계의 이슈가 되었다.

● 주요 경력

1968~1969년 내몽고 자치구 토묵특좌기土默特左旗 파십파什학교 교사, 토
　　　묵특우기土默特右旗 소복개蘇葡蓋 공사에서 노동

1969~1975년 내몽고 자치구 토묵특우기 공산당위원회 선전부 간사

1975~1982년 신화통신 내몽고 지사 농목조 기자, 부조장, 지사 당조성원
　　　(1981.03~1981.08 중앙당교에서 학습)

1982~1984년 공청단 내몽고 자치구 위원회 부서기, 당조 부서기

1984~1986년 내몽고 자치구 공산당위원회 선전부 부부장

1986~1987년 내몽고 자치구 공산당위원회 상무위원·선전부 부장

1987~1991년 내몽고 자치구 공산당위원회 상무위원·비서장·자치구 직
　　　속기관사업위원회 서기

1991~1992년 내몽고 자치구 공산당위원회 상무위원, 적봉시赤峰市 당서기

1992~1993년 내몽고 자치구 공산당위원회 부서기·적봉시 당서기(1989~
　　　1992년 중앙당교 함수학원 당정관리 전공)

1993~1997년 중앙선전부 부부장

1997~2002년 중앙선전부 부부장(1997.10 정부장급으로 확정됨), 중앙정신문
　　　명건설지도위원회판공실 주임

2002~2012년 중앙정치국 위원, 중앙서기처 서기, 중앙선전부장

왕치산 王岐山

출생: 1948년 7월(산동성 청도)

소속: 중앙정치국 상무위원회 위원(서열 6위)·중공 중앙기율검사위원회 서기

학력: 서북대학 역사학 학사

왕치산은 1983년 2월에 중공에 입당하고 중공 제15기 중앙후보위원, 제16기~제18기 중앙위원, 제17기 및 제18기 중앙정치국 위원, 제18기 중앙정치국 상무위원(서열 6위), 중공 중앙기율검사위원회 서기, 중화인민공화국 국무원 부총리, 청화대 경제관리학원 연구생부 겸임교수를 역임했다.

리틀 주룽지로 통하는 왕치산은 시진핑과 리커창을 제외하고 정치국 상무위원 선임 과정에서 이견이 가장 적은 지도자다. 왕치산은 중공 최고 지도부에서 특정 계파의 지지에 의존하지 않았고 부정적인 평가도 적은 편이다. 그는 정계에서 쌓은 명예와 호평으로 순조롭게 정치국 상무위원에 입성했다. 왕치산은 까다로운 문제를 잘 처리하고 정치·경제 위기를 여러 차례 해결해 구원 투수라는 별명을 얻었다. 왕치산은 중공 내부에서 뜨거운 감자로 소문난 중앙기율검사위원회를 맡았다. 이는 그에게 새로운 도전일지도 모른다. 중국 정계의 최고 감독관인 왕치산이 중공의 새로운 반부패 전선에서 과연 어떤 활약을 보여줄지 귀추가 주목된다.

농촌 하방 지식 청년에서 중공 중앙정치국 상무위원, 중앙기율검사위원회 서기와 국무원 부총리에 이르기까지, 광동 금융 위기의 타개, 북경 사스SARS 전쟁, 2008년 북경올림픽의 성공적인 개최, 세계 금융 위기·유럽 재정 위기 대처와 2010년 상해엑스포의 성공적 개최까지 왕치산은 모든 일을 계획에 따라 자신감 있고 여유롭게 풀어나갔다. 2012년 11월 30일 중앙기율검사위원회 서기에 부임한 지 보름밖에 안 된 왕치산은 전문가·학자 좌담회를 소집했다. 그는 당 간부 부패에 대해 근본 해결 방안을 토론하고 의견을 청취했다. '회의 분위기는 뜨겁고 참신했다'고 전문가와 학자들은 긍정적으로 평가했다.

왕치산은 "당의 풍토는 민심의 흐름과 당의 생사존망을 결정한다. 당 간부의 부패 척결과 깨끗한 정치를 함께 실현하려는 발상은 가능성이 없다. 반부패 투쟁이 인민에게 실제적인 의의가 있음을 느끼게 해야 한다. 임기 초반에만 반짝 하지 말고 지속적으로 전개해야 한다'라고 말하며 "현실에 뿌리 내린 조사·연구가 필요하며 제도 혁신을 연구하고 실시해야 한다"라고 덧붙였다. 기율검사·감찰 기관 자체를 강화하는 방안에 대해 왕치산은 "신뢰는 감독을 대체할 수 없다. 철의 규율로 당에 충성하고, 인민을 위하며, 강직하고 공정한 기율검사·감찰 간부진을 구축해야 한다"라고 지적했다. 왕치산의 발언은 구구절절이 설득력이 있었다.

● 곤경에 맞서 싸우다

2003년 돌연 사스가 북경을 강타했다. 해남성 당서기에 취임한 지 5개월밖에 안 된 왕치산은 4월 22일에 북경 대리시장으로 급파되었다. 취임 당일 왕치산은 신발지新發地 도매 시장, 총문문崇文門 청과물 시장과 왕부정王府井 의약 빌딩을 찾아 사스가 초래한 상황을 조사·연구하고 해결 방안을 모색했다. 이튿날 북경시 정부는 사스에 감염된 환자와 지역을 법에 따라 과감하게 격리해 전염 경로를 차단했다.

취임 3일째에 왕치산은 처음으로 시 정부 상무회의를 소집하고 사스 예방·퇴치 업무를 배정했다. 회의를 시작하자마자 왕치산은 "군대에 장난은 없다軍中無戲言"라며 사스 전쟁에 임하는 장수의 단호한 의지를 밝혔다. 회의는 30분 만에 끝났고 사스 퇴치 전문 샤오탕산小湯山 병원을 급히 건설하기 시작했다. 취임 10일째 왕치산은 특별 인터뷰를 했다. 그는 사스에 관한 여론을 적절하게 유도해 시민의 공포감을 해소했다. 전염병을 극복할 수 있다는 자신감과 용기도 북돋았다.

북경 시장이라는 중책을 맡아 반년간 밤낮 없이 일에 몰두하면서 그는 체중이 10킬로그램이나 줄었다. 왕치산은 "북경 시장으로서 시민의 생명, 재산과 안전에 대한 책임은 태산보다 무겁다는 사실을 항상 명심하고 있다"라고 밝혔다.

2008년 북경올림픽 조직위원회 집행주석과 2010년 상하이엑스포 조직위원회 회장으로서 왕치산은 사업을 착실하게 추진했고, 고생을 마다하지 않았으며 수많은 아이디어를 제공했다. 올림픽이란 큰 시험을 눈앞에 두고 왕치산은 "올림픽 건설 공사는 안전, 품질, 기능, 납기, 효율이라는 5요소를 통일해야 한다. 올림픽을 계기로 도시 서비스·관리 수준을 크게 향상시켜야 한다"라고 지적했다. 2010년 10월 31일 상해엑스포가 성공적으로 막을 내리고 '성공, 다채로움, 영원한 기억'으로 역사의 한 장을 화려하게 장식했다. 폐막식에서 왕치산은 감격적인 어조로 이렇게 선언했다.

지난 184일간 190개 국, 56개 국제 조직과 국내외 기업의 적극적 참여 그리고 200여 만 자원 봉사자의 아낌없는 헌신, 관람객 7308만 명의 뜨거운 성원, 이 모든 것이 함께 어우러져 상해엑스포는 휘황찬란한 역사를 창조했다.

● 과감한 실무파

1998년 초 왕치산은 광동성 상무 부성장으로 임명되었다. 당시 광동 경제는 아시아 금융 위기의 여파로 위기를 맞고 있었다. 그가 성 정부 집무실에 들어오기를 기다렸다는 듯이 광동국제신탁투자회사廣國投 와 광동웨하이지주유한회사粵海의 거액 채무 사건이 터졌다. 광동성 비은행 금융권의 1000억 위안에 달하는 지불 갭을 해결해야 하는 문제가 왕치산을 기다리고 있었다.

"둘 모두 손실을 감수해야 한다면 반드시 손해가 적은 쪽을 선택해야 한다." 안팎에서 치열한 논쟁을 벌이는 도중에 왕치산은 과감하게 광동국제신탁투자회사의 파산과 광동웨하이지주유한회사의 구조 조정 방안을 제출했다. 이어서 농촌합작기금회 843개, 도시신용합작사 150개, 신탁회사 28곳, 증권영업부 48개, 2000여 개에 달하는 영업 점포와 200여 만 명이 관련된 지방 중소 금융 기관을 조정해 금융 리스크를 해소한다는 '3단계 전략'을 재빨리 가동했다. 당 중앙, 국무원과 광동성 공산당위원회원회의 지도하에 왕치산은 매일 엄청난 속도로 일하며 거액의 내외 채무 지불 갭 문제를 3년 만에 전면적으로 해결했다. 그는 기업과 은행의 과도한 대출 금지, 정부와 기업의 신용 재정리, 도덕적 해이 방지 등을 통해 광동성 인민이 개혁·개방 이래 축적한 이익을 지키는 데 성공했다.

왕치산의 실무 중시는 실사구시 정신을 체현했을 뿐만 아니라 역사와 철학에 대한 그의 사고를 반영한다. 왕치산은 늘 간부에게 "명백하게 사고하고, 말하고, 처리하라"고 요구했다. 왕치산은 국무원 체제개혁위원회판공실 주임으로 일하며 국가의 여러 중대한 경제 체제 개혁 방안의 연구, 설계와 제정에 적극 참여했다. 2004년 북경은 '북경시 총체 기획안'을 재수정했다. 왕치산은 도시 인구의 급격한 증가와 도시의 한정된 수용력 간의 모순을 어떻게 처리할지 고민하기 시작했다. 그는 "인구, 자원, 환경의 관계를 적절하게 설정하는 것은 북경의 과학적 발전의 요체다"라고 말하며 "초대형 도시의 발전, 기획, 건설, 운행, 서비스와 관리 법칙을 탐색해야 한다"라고 지적했다. 북경의 심각한 교통 체증 문제에 대해 "북경의 교통 문제를 해결하기 위해서는 지엽과 근본을 함께 다스려야 하는데 지금은 지엽적 문제를 해결하는 데 중점을 두어야 한다. 근본 문제를 해결하기 위한 시간을 벌기 위해서이다"라고 그는 명확하게 밝혔다.

● 침착하고 자신만만한 지도자

2008년 9월 미국을 방문한 왕치산은 이튿날 리먼 브라더스가 파산할 것이라는 소식을 들었다. 그는 곧바로 중국의 금융 부서에 국제 금융위기에 차질 없이 대비해 중국 경제의 금융 안정을 확보하라고 지시했다.

10월 6일 중앙은 과감하게 국무원에 국제금융위기대응소조를 조직해 왕치산에게 조장을 맡겼다. 왕치산은 회의를 통해 "냉정하게 형세를 관찰·연구해 국제 금융 위기의 악영향과 손해를 최소한으로 줄여야 한다"라고 여러 차례 강조했다.

위기 대응 과정에서 왕치산은 시종일관 냉정하고 침착한 모습을 보여주며 다음과 같이 강조했다.

현재 세계 경제는 매우 복잡하고 심각하며 불확실성으로 가득하다. 지금 확실한 것은 국제 금융 위기와 유럽 재정 위기가 야기한 세계 경제의 침체가 장기화할 것이라는 사실이다. 다른 업종이 흥하면 금융도 흥하고, 다른 업종이 안정되면 금융도 안정된다. 금융은 실물 경제를 위해 더 크게 기여해야 한다. 시스템적·지역적 금융 리스크가 발생하지 않는 하한선을 반드시 지켜야 한다. 이는 금융업의 발전 방식 전환을 촉진하고 금융 구조를 조정하며, 개혁을 심화하고 개방을 확대하는 전제이다.

왕치산의 '하한선론底線論'은 중국 금융업을 위한 보호막이 되었다. 왕치산은 금융순회제도金融旬會制度를 수립해 '1은행 3위원회一行三會 (재무 관리·감독 기관인 중국인민은행, 중국은행업감독관리위원회, 중국증권감독관리위원회와 중국보험감독관리위원회의 약칭—역자 주)'의 협력을 강화했고 금융의 발전, 개혁·개방, 관리·감독과 서비스화를 추진했다. 왕치산은 항상 "모든 부처는 반드시 상황은 명백하게, 숫자는 정확하게, 책임은 명확하게, 기풍은 정당하게, 사업은 실질적으로 실행해야 한다"라고 강조했다.

왕치산은 2008년의 미국 방문에서 중미전략경제대화를 진행했다. 그는 금융 위기를 유발한 미국의 보호무역주의에 대해 그 자리에서 다음과 같이 밝혔다.

제가 미국에 오기 전에 많은 지인들이 미국은 보호무역주의가 득세해 곧 대문을 닫을 것이라며 신중을 기할 것을 당부했습니다. 하지만 제가 알고 있는 미국은 그렇지 않습니다. 역사적으로 미국은 무역을 통해 일어선 나라이며 세계 각 민족의 이민을 적극 수용한 열정적인 국가입니다.…… 제가 미국에 와서 처음 방문한 도시는 세인트루이스입니다. 이 시에는 문이 없는 대형 아치형 문이 세워져 있습니다. 이 문은 미국이 서부를 개척할 당시의 출발점이라고 합니다. 미국은 그 아치형 문처럼 영원히 개방되어야 합니다.

대외 경제를 관할하는 국무원 부총리로서 왕치산은 미국, 유럽 등 주요 선진국과 BRIC(브라질, 러시아, 인도, 중국―역자 주)의 재정·금융계 지도자들과 다양한 방식으로 밀접하게 정보를 교환해 연구와 교류 수준을 강화했다. 양자간·다자간 영역에서 국제 금융 위기와 유럽 재정 위기라는 도전에 공동 대응해 국가 이익을 확실하게 지켰다. 특히 G20 정상회의에 참석하는 국가 원수를 위해 사전 업무를 완벽하게 수행했다.

● 진심으로 인민을 위한다

지식 청년 시절, 왕치산은 연안에서 현지 농민과 깊은 우정을 쌓았다. 그 후 여러 차례 근무지는 바뀌었지만 그의 마음은 항상 농촌과 농민에게 있었다. 1980년대 초 왕치산은 중앙서기처 농촌정책연구실 전국농촌개혁시험구판공실의 초대 주임으로 임명되어 농촌 개혁 정책의 연구·제정에 참여했다. 그는 세계은행에서 장기우대 대출 3억 달러를 확보해 농촌 개혁 사업에 자금을 지원했다.

해남성 당서기로 일할 때 왕치산은 환경 보호를 해남 발전의 생명선으로 삼았다. 왕치산은 '5망(도로, 물, 전기, 방송, 통신—역자 주) 공사와 메탄가스'를 핵심으로 하는 '해남도 개조론'을 제안하고 사업 중점을 도로, 물, 전기, 방송, 통신 등 농촌 인프라 구축에 두어 10년 안에 해남 사회주의 신농촌을 위한 토대를 탄탄하게 구축할 것을 요구했다. 왕치산은 과단성 있는 조치를 통해 저수지 오염과 열대 우림의 남벌을 막았고 홍수림을 보호하면서 환경 보호 특집 프로그램인 〈송도구간松濤九間〉을 제작해 홍보를 강화했다. 이는 모두 왕치산이 해남을 '중화 민족의 사계절 정원', '전국 인민의 리조트'로 건설하려는 전략의 일환이다.

2006년 설에 북경은 순환도로인 오환로五環路 내에서 불꽃놀이용 폭죽을 터뜨리는 것을 제한적으로 허용했다. 당시 북경 시장은 왕치산이었다. 그는 시위선전부와 시 응급반에 찾아가 문자 메시지로 북경 시민에게 명절 인사를 하고 불꽃놀이 안전 사항을 준수하도록 당부할 수 있는지 상의했다. 담당자가 문자 메시지를 작성하고 그에게 감수를 요청했다. 왕치산은 몸소 문자 메시지 중의 '제시提醒'를 존중의 의미가 좀 더 강한 '제청提請'으로 수정했다. 비록 단 한 글자 차이지만 인민을 존중한다는 의지를 강하게 표현할 수 있었다. 시민이 시장 전용 전화를 통해 쓰레기 문제를 제기하자 왕치산은 "인민의 이익과 관련된 것에 사소한 것이란 없다. 나는 시장으로서 쓰레기 처리와 같은 수많은 인민과 관련된 문제는 반드시 적절하게 처리할 것이다"
라고 밝혔다.

주요 경력

1969~1971년 섬서성 연안현 풍장공사馬莊公社 지식 청년

1976~1979년 섬서성 박물관 근무

1979~1982년 중국사회과학원 근대역사연구소 견습 연구원

1982~1986년 중앙서기처 농촌정책연구실, 국무원 농촌발전연구중심 처
　　　　　　장·부국급副局級 연구원·연락실 부주임

1986~1988년 중앙서기처 농촌정책연구실 정국급正局級 연구원, 국무원 농
　　　　　　촌발전연구중심 연락실 주임 겸 전국농촌개혁시험구 사무실
　　　　　　주임·발전연구소 대리소장·소장

1988~1989년 중국농촌신탁투자회사 총경리, 공산당위원회서기

1989~1993년 중국인민건설은행 부행장, 당조성원(1992.09~1992.11 중앙당
　　　　　　학교 성부급 간부 연수반에서 학습)

1993~1994년 중국인민은행 부행장, 당조성원

1994~1996년 중국인민건설은행 행장, 당조서기

1996~1997년 중국건설은행 행장, 당조서기

1997~1998년 광동성 공산당위원회 상무위원

1998~2000년 광동성 공산당위원회 상무위원·부성장

2000~2002년 국무원 경제체제개혁사무실 주임, 당조서기

2002~2003년 해남성海南省 당서기, 해남성인민대표대회 상무위원회 주임

2003~2004년 북경시 공산당위원회 부서기·대리 시장, 북경올림픽 조직
　　　　　　위원회 집행주석, 당조 부서기

2004~2007년 북경시 공산당위원회 부서기·시장, 북경올림픽 조직위원회

집행주석, 당조 부서기

2007~2008년 중앙정치국 위원

2008~2011년 중앙정치국 위원, 국무원 부총리, 당조성원, 2010년 상해엑
　　　스포 조직위원회 주임위원

2011~2012년 중앙정치국 위원, 국무원 부총리, 당조성원

장가오리 張高麗

출생: 1946년 11월(복건성 진장晉江)

소속: 중앙정치국 상무위원회 위원(서열 7위)·국무원 상임 부총리

학력: 하문廈門대학 경제학과 계획통계 학사

장가오리는 새로 당선된 중공 정치국 상무위원 중에서 가장 조용한 지도자다. 장가오리는 천진시 당서기 시절에 세계가 주목할 만한 '천진의 기적'을 만들었지만 항상 겸손하고 침착한 모습을 유지했다. 다른 지도자와 달리 그는 언론이 '천진 기적'을 과도하게 찬양하는 것을 싫어했다. 심지어 언론이 제기한 '천진 방식天津模式'도 분명하게 반대했다. 장가오리는 "천진의 발전에는 그 어떤 방식도 없다. 당 중앙의 정확한 지도하에서 실현한 것일 뿐이다"라고 밝혔다. 장가오리는 이렇게 겸손하고 신중한 태도로 고위층 인사의 호평을 받아 중공 최고 지도부에 입성하는 유력한 입지를 확보했다.

복건 출신인 장가오리는 광동, 선전, 산동, 천진 등에서 경력을 쌓았다. 66세의 장가오리는 바다와 인연이 깊다. 그는 시종일관 광대하고 개방적인 '해양 사유海洋思維'를 견지하며 항상 개혁·개방의 선두에서 조용하게 처신해 "인민을 위해 업무에 힘쓰며 청렴한 관리가 된다"라는 약속을 충실히 이행했다.

11월 15일 북경에서 열린 중공 18기 1중 전회에서 장가오리는 중공 중앙정치국 상무위원으로 당선되어 중공 최고 지도부에 입성했다. 11월 21일 장가오리는 천진시 당서기에서 물러났다. 그날 천진시 지도 간부대회에서 장가오리는 "새로운 일터에서 인민을 위해 당을 건설하고 권력을 행사한다는 원칙을 견지할 것입니다"라고 말하며 "전 시의 당원, 간부와 인민이 저를 엄격히 감독할 것을 희망합니다. 앞으로 저의 가족, 친구나 지인이 청탁할 경우 진위와 관계없이 세 가지를 지켜주십시오. 접대하지 말고, 편의를 봐주지 말고, 청탁을 들어주지 마십시오"라고 요구했다.

● 풍부한 지방 근무 경험

2007년 3월 천진 당서기로 부임하면서 연해의 발달한 지역과 개혁·개방의 전초 지대에서 장기간 경험을 쌓은 장가오리는 대도시 관리 능력으로 각계의 기대를 한 몸에 받았다. 취임 이튿날 장가오리는 빈해신구濱海新區를 찾아 공장, 주민 구역과 항구를 방문하고 건설 상황을 상세하게 파악했다. 그 후 장가오리는 직접 빈해신구 개발개방지도소조 조장을 맡아 거의 매달 방문해 조사·연구하고 문제를 해결해 사업을 빠르게 추진했다.

같은 해 5월 말 장가오리는 '빈해신구 개발·개방 가속화'를 천진시 당대표대회 보고서 주제에 포함시켰다. 그는 빈해신구의 견인차 역할, 도심의 전면적인 제고, 구·현의 발전 가속화라는 3개 면을 연동하여 발전하는 전략을 제출해 '천진 정신, 천진 속도, 천진 효율'을 생생하게 실천하기 시작했다.

세계 경제와 중국 경제의 이중 침체에도 불구하고 천진시는 2007년부터 2011년까지 5년간 GDP는 평균 16.5퍼센트, 지방 재정 수입은 28.4퍼센트 성장했다. 2012년 1인당 GDP는 1만 3천 달러를 돌파해 전국 1위를 차지했고 오염이 심하고 에너지 소모가 많은 1000여 개 기업을 정리해 GDP 단위당 에너지 소모 비율을 5년간 21.3퍼센트 줄였다. 첨단·고품질·하이테크 산업을 대대적으로 발전시켜 천하 1호天河壹號·서광성운曙光星云 슈퍼컴퓨터를 비롯, 신형 탑재 로켓, 헬리콥터, 무인 항공기, 우주 비행선, 나노 기술, 대형 선박, 대형 에틸렌 등을 생산하기 시작했다. 그중에서 중국·유럽 협력의 모범 사례로 불리는 천진의 에어버스 A320 시리즈 항공기 조립 라인은 이미 100여 대의 항공기를 생산했다. 2015년까지 천진의 항공 우주 산업은 생산액이 1000억 위안에 달한 것으로 전문가들은 전망한다. 오랜 공업 기지인 천진의 경제 구조도 질적으로 변화하고 있다. 900일간의 지속적인 노력으로 거리와 골목을 전면적으로 정리하고 역사적·문화적 건물을 보수했다. 천진시는 동서고금이 조화를 이루고 거주에 적합한 도시를 계획·건설해 도시 경쟁력을 한층 높였다. 현재 국내외 기관이 주관하는 전시회가 천진에서 이틀에 한 번 꼴로 열린다. 이러한 컨퍼런스 경제의 빠른 발전은 천진의 막강한 영향력의 산물이다.

1988년 장가오리는 광동성 부성장에 임명되었다. 그 후 상무 부성장, 성공산당위원회 부서기를 역임했고 10년이 지나 선전시 당서기를 겸직했다. 장가오리가 선전시 당서기로 취임할 때는 아시아에 금융 위기가 닥치고 홍콩은 중국으로 반환되는 시점이었다. 장가오리는 '홍콩과의 거리 최소화'라는 목표에 따라 노동문老東門 개조, 심남대도深南大道와 공항 증축, 지하철과 빈해대도濱海大道 건설 등 인프라 구축에 힘썼다. 화위華爲, 중흥中興 등 민간 과학기술 기업을 대대적으로 지원하고 국내외에 명성을 떨친 선전 고교회高交會(중국국제벤처기술성과교역회—역자 주)' 구상을 제기하고 성사시켰다. 그는 하이테크 산업의 발전을 추진하고, 국제 정원 도시를 기획·건설했으며, 심천·홍콩과의 협력 수준도 한 차원 높였다.

2000년 중앙의 승인하에 장가오리는 심천특구 설립 20주년을 맞이해 심천시 지도자들과 덩샤오핑 동상을 연화산蓮花山 정상에 세웠다. 장가오리는 '하늘과 땅은 더욱 푸르게, 물은 더욱 맑게'라는 목표를 제시해 심천의 환경 보호에 최선을 다했다. 이러한 지속 가능한 발전이라는 그의 구상은 그 뒤를 이은 정부들이 계승했다.

2001년 말 장가오리는 산동 성장과 당서기로 임명되었다. 산동성에서 근무하면서 장가오리는 대외 무역, 벤처 기술, 민간 경제를 중점적으로 발전시켰다. 동부에서는 연태烟台, 중부에서는 제남濟南, 서부에서는 하택菏澤을 돌파하는 '3개 돌파' 전략과 반도 도시군半島城市群 건설 전략을 실시해 실물 경제를 크게 발전시키고 산업·지역 발전의 차원에서 산동 경제의 전략적 배치를 완성했다. 그는 산동성의 경제 구조를 끊임없이 조정하고 최적화해 발전 속도를 나날이 가속화했다. 2006년 산동성 GDP 총량은 2조 위안을 돌파해 전국 2위가 되었다.

● 착실하게 일하고 엄격하게 요구한다

"반드시 인민과 연대해야 한다. 인민의 우산이 되어 비바람을 막아주고, 인민의 황소가 되어 땅을 갈고, 인민의 돌이 되어 길과 다리에 놓여야 한다." 많은 사람들은 아직도 장가오리가 산동 성장으로 인민 대표 앞에서 한 이 약속을 기억하고 있다. 산동 성장으로 취임할 때 장가오리는 전 성 지도간부대회에서 "저의 가족, 자녀, 친척이나 친구가 찾아온다면 첫째, 접대하지 말고 둘째, 사정을 봐주지 말며 셋째, 절대 업무를 처리해주어서는 안 됩니다."라고 지시했고 "이를 위반하면 반드시 책임을 추궁할 것입니다. 이에 관해서 저는 이미 현까지 통고했습니다"라고 경고했다.

장가오리는 천진에서 6년간 민심 프로젝트를 총 20건 수행했고 인민이 오랫동안 갈망했고 보편적으로 혜택을 볼 수 있는 사업을 대거 성사시켰다. 통계에 의하면 2011년 천진시 재정에서 국민 경제와 생활에 지출한 예산은 총 지출액의 76.2퍼센트를 차지했다.

천진시 당서기로 재직하면서 장가오리는 "인민을 위한 사업에 힘쓰며 청렴해야 한다"라는 요구를 반복적으로 제기했다.

장가오리는 늘 저녁에 구와 현, 각 부처의 지도자에게 전화를 걸어 업무에 관해 묻거나 직접 기층에 내려가 업무를 파악했다. 일부 지도자들은 "세상에서 가장 두려운 것은 저녁에 장 서기님의 전화를 받는 것과 수시로 실시하는 숙제 검사다"라고 농담조로 말했다.

장가오리는 늘 부하 한두 명만 대동하고 주택가, 시장, 공원 등을 공개적으로 시찰하기도 하고 은밀하게 조사하기도 하며 인민의 목소리를 직접 청취했다. 가끔 택시를 타거나 길거리에서 노인과 바둑을 두며 여론을 파악하기도 했다. 장가오리는 네티즌과 좌담회도 열어 질의응답을 하고 관련 문제를 해결하도록 조치했다.

장가오리의 '고표준, 고강도' 업무 방식은 많은 지방 간부에게 엄청난 압력으로 작용했다. 장가오리는 산동과 천진에서 근무하는 동안 '서로 보고, 비교하고, 학습하는' 활동을 전개해 보고서에 얽매이지 않는 실제적인 성과를 중시했다. 장가오리는 한 달 동안 두 번에 걸쳐 산동성의 주요 간부를 인솔해 전 성의 17개 시 중에서 11개 시를 방문한 적이 있다. 장가오리는 매년 관련 부처 간부를 대동하고 선진 지역을 방문한다. 그는 학습과 시찰을 통해 간부들이 주도적으로 선진 지역의 문제점과 차이점을 찾도록 한다.

주요 경력

1970~1977년 석유부 광동 무명茂名 석유회사 노동자, 생산지도부 사무실
　　　　　　 비서, 정치부 단총지부서기, 회사 단지부 부서기

1977~1980년 석유부 광동 무명 석유회사 정유공장 1공장 당총지부 서기·
　　　　　　 교도원·공장 공산당위원회 부서기·서기

1980~1984년 석유부 무명 석유회사 공산당위원회 상무위원·계획처 처
　　　　　　 장·부경리

1984~1985년 광동성 무명시 공산당위원회 부서기, 중국석유화학총공사,
　　　　　　 무명 석유회사 경리

1985~1988년 광동성 경제위원회 주임·당조서기

1988~1992년 광동성 부성장(1990.04~1990.07 중앙당교 성부급 간부 연수반
　　　　　　 에서 학습)

1992~1993년 광동성 부성장·성 계획위원회 주임·당조서기

1993~1994년 광동성 공산당위원회 상무위원·부성장·성 계획위원회 주
　　　　　　 임·당조서기

1994~1997년 광동성 공산당위원회 상무위원·부성장, 주강삼각주 경제구
　　　　　　 기획협조지도소조 조장

1997~1998년 광동성 공산당위원회 상무위원·부성장, 선전시 당서기

1998~2000년 광동성 공산당위원회 부서기, 선전시 당서기

2000~2001년 광동성 공산당위원회 부서기, 선전시 당서기, 선전시 인민
　　　　　　 대표대회 상무위원회 주임

2001~2002년 산동성 공산당위원회 부서기·대리 성장·성장

2002~2003년 산동성 당서기·성장

2003~2007년 산동성 당서기·산동성 인민대표대회 상무위원회 주임

2007~2007년 천진시 당서기

2007~2012년 중앙정치국 위원, 천진시 당서기

후춘화 胡春華

출생: 1963년 4월(호북성 오봉五峰)

소속: 중국 광동성 서기

학력: 북경대학 중문학과 학사

● 리틀 후진타오

중공 제6세대 지도자의 선두 주자로 불리는 후춘화는 북경대 출신이자 '공청단파' 출신의 선두 주자다.

후춘화는 1963년 4월 호북성 오봉현五峰縣 토가족土家族 자치현 마암돈촌馬巖墩村의 가난한 집안에서 태어났다. 그는 어릴 적부터 어렵게 생활했고 중학교 시절에는 늘 맨발로 집과 학교를 오가곤 했다. 발바닥에 박힌 굳은살은 동전 두께만큼 두꺼웠고 헤진 짚신만 해도 자그마한 산더미를 이룰 정도였다. 그래도 성적은 뛰어났다. 1979년 여름, 후춘화는 전 현에서 가장 높은 점수를 받았고 북경대 중문학과에 합격했다. 오봉현에서 역사상 처음 있는 북경대 합격생이었다. 16살의 후춘화는 교통비와 등록금을 벌기 위해 공사장에서 모래를 나르며 여름 방학 동안에 100여 위안을 벌었다.

재미있는 것은 후춘화가 원래 후胡씨가 아니라는 사실이다. 그의 아버지는 왕王씨다. 후춘화의 아버지는 왕밍쥔王明俊이고 어머니는 후창메이胡張梅이다. 왕씨 가족은 모두 7형제로 후춘화는 넷째로 태어났다. 후춘화의 본명은 왕춘화인데 그가 초등학교에 다닐 때 18살인 큰누나가 갑자기 병으로 세상을 떠났다. 왕밍쥔은 아내를 위로하기 위해 왕춘화의 성을 아내의 성인 후로 바꿨다.

후춘화의 동생 왕젠화王建華는 현재 어양관진 중학고의 부교장이다. 그는《봉황주간鳳凰周刊》과의 인터뷰에서 다음과 같이 말했다.

형은 어려서부터 과묵했고 성격도 비교적 내성적이었다. 하지만 공부를 열심히 했고 성적은 늘 상위권이었다. 1979년, 16살인 형은 오봉현 문과 수석으로 북경대 중문학과에 합격했다.

왕젠화는 "형의 성적은 이창시 전체에서도 상위권에 속했다"라고 말했다. "그때는 막 대학 입시가 부활했을 때라 시험이 비교적 쉬웠다. 하지만 지금 북경대에 다시 시험을 치라고 하면 전보다 더 어려울 것이다." 왕젠화는 형에 대해 겸손하게 말했다.

북경대에 입학했을 때 후춘화는 반에서 나이도 제일 어렸고 키도 작았다. 학우들은 그를 꼬맹이라고 불렀다. 북경대에서 공부한 4년은 후춘화에게 고달프지만 충실한 시간이었다. 그는 북경대 시절에 한시도 공부를 게을리하지 않았다. 타고난 재능에다 각고의 노력까지 더해 그의 성적은 늘 상위권을 유지했다. 공부를 열심히 하면서도 후춘화는 학부 단서기 등 학생 간부직을 맡아 자신의 능력을 향상시키기에 힘썼다. 후춘화가 대학을 다니던 때는 개혁·개방의 물결이 점점 거세게 일기 시작하면서 사회 전반이 천지개벽의 변화를 일으키던 시기였다. 어떻게 하면 인생의 가치를 실현할 수 있을까 하는 문제를 두고 사회 각계각층에서는 불꽃 튀는 논쟁이 벌어졌다. 후춘화도 북경대의 '적극적으로 발전을 추구'하는 학풍의 영향으로 점차 자신의 세계관, 인생관, 가치관을 형성했고 끊임없이 완벽을 추구하는 정신을 생활과 업무에 적용했다.

20살 되던 해, 후춘화는 대학을 졸업하고 우수 졸업생 칭호를 받았다. 그는 티베트 근무를 자청했다. 당시 후춘화는 부모님과 티베트로 가서 근무하는 문제를 상의했다. 부모님은 별다른 의견이 없었다. 동생 왕졘화에 따르면 "당시 부모님은 어차피 고향을 떠나 일하니만큼 어느 곳이든 상관없다"고 생각했다. 어려서부터 고생스럽게 생활했기에 티베트에 가더라도 후춘화가 쉽게 적응할 것이라고 그의 부모는 믿었다고 한다.

부모님의 동의를 얻은 후춘화는 북경대를 떠났다. 그는 고향에 돌아와 잠시 머문 후 행장을 꾸려 서녕을 거쳐 티베트로 향했다. 티베트에서 그는 한 발 한 발 서두르지 않고 열심히 일했다. 자치구 단위 조직부 간사로 시작해 1997년 공청단 중앙서기처 서기가 되기까지 후춘화는 티베트에서 장장 14년을 보냈다. 왕졘화는 "부모님은 연세가 많으시고 고원 기후에 적응하지 못해 한 번도 티베트에 가서 아들을 만난 적이 없다"라고 밝혔다.

티베트에서 근무하는 동안 후춘화는 자치구 단위 조직부 간사, 라싸拉薩호텔 인사과 부경리, 공산당위원회 부서기 겸 인사과 경리 등을 역임했다. 1987년 8월, 후춘화는 24살의 어린 나이에 티베트 공청단 부서기로 임명되었다. 소식통에 따르면 당시 후춘화는 너무 어려 그를 부청급副廳級(부청급은 시장과 비슷하며 정처급보다 한 급 높다 – 역자 주)으로 발탁하지 않고 그대로 정처급正處級을 유지했다고 한다. 1990년 2월에야 후춘화는 부청급으로 승진했다. 하지만 당시 27살에 불과한 후춘화는 여전히 중국에서 가장 젊은 부청급 관리 중의 한 사람이었다.

티베트에서 근무하는 관리는 2년에 한 번씩 3개월의 휴가를 보낼 수 있었다. 하지만 후춘화는 한 번도 휴가를 가지 않고 늘 회의와 출장으로 눈코 뜰 새 없었다. 출장 도중 간혹 고향을 지날 때가 있으면 집에 들르기도 했지만 곧바로 나와 다음 행선지로 향하곤 했다.

1992년 정월, 후춘화는 아내와 어린 딸을 데리고 고향 집을 찾았다. 그는 부모님을 만나자마자 "아버지, 어머니, 이번에 조직에서 휴가를 몇 달이나 줬습니다. 이번에는 두 분과 즐거운 시간을 보내고 떠나겠습니다"라고 말했다. 며느리와 손녀딸이 처음으로 고향을 찾았기에 양친은 너무 기뻐서 입을 다물지 못했다. 아들 내외를 위해 부랴부랴 방을 청소하고 이불을 펴주고 나서 돼지와 닭을 잡아 잔치를 열었다. 친척과 가까운 이웃을 모두 초청해 마치 혼례를 치르듯 흥성흥성 즐거운 시간을 보냈다.

하지만 그해 3월 초, 티베트 자치구 공산당위원회에서 속히 돌아오라는 연락을 받았다. 후춘화는 출정 명령을 받은 병사처럼 그날 저녁 짐을 꾸리고 이튿날 새벽 5시도 되기 전에 아내와 딸을 데리고 티베트로 돌아갔다. 그가 떠날 때 늙은 아버지는 아들의 손을 잡고 하염없이 눈물을 흘렸다.

"너는 이 나라의 사람이니 마음속으로 언제나 나라 일을 으뜸으로 생각한다는 걸 나도 잘 안다. 하지만 부모로서 너를 떠나보내기가 너무 섭섭하구나."

산 넘고 물 건너 먼 곳에 있어도 후춘화는 고향을 잊지 못했다. "저는 고향을 죽어도 잊지 못합니다. 그곳에는 저의 부모님과 형제자매가 있고 저를 가르쳐준 선생님과 소꿉친구들이 있습니다"라고 그는 토로했다. 그는 모교에서 발행하는 간행물 《문심文心》에 후배에게 다음과 같은 바람을 전했다.

저는 우봉 제2 중학교 1978년도 졸업생입니다. '문심'이란 제목은 문심조룡文心雕龍(글을 쓸 때의 마음가짐은 옥에 용을 새기듯 세밀하고 정교해야 함 - 역자 주)에서 따왔습니다. 문학적 소양을 함양하라는 의미입니다. 문학을 사랑한다고 해서 나중에 모두 작가가 될 수는 없습니다. 하지만 문학을 사랑하는 마음을 간직했기에 훌륭한 인재로 성장한 사람은 많습니다. 마음가짐에 따라 세상도 달리 보입니다. 젊은이는 상상을 즐겨야 하고 꿈이 있어야 합니다. 이 글을 읽는 학생들 중에서도 언젠가 훌륭한 인재가 많이 나올 것입니다. 아름다운 그날이 오길 저는 진심으로 바랍니다.

1992년 3월, 후춘화는 티베트 자치구 임지林芝 지역에 파견되어 행서부전원行署副專員(지역 행정 기관의 2인자 - 역자 주)으로 임명되었다. 9개월 후 그는 티베트 공청단위 서기로 승진했다. 당시 29살인 후춘화는 정청급 관리 중에서 가장 젊었다.

1995년 7월, 후춘화는 다시 지방정부로 내려가 티베트 자치구 산난山南 지역 부서기와 행서전원을 역임했다. 1년 2개월 후 후춘화는 중앙당교 학습부에 개설된 1년제 중국청년간부강습반에서 공부했다. 졸업 후 얼마 지나지 않아 산난 지역 상무 부서기(정지급, 지역위원회 업무 담당 - 역자 주)로 승진했다. 그리고 한 달 후 후춘화는 북경에서 일하게 되었다.

1997년 12월, 후춘화는 공청단 중앙에 배치되어 서기처 서기 겸 전국청년연합회 부주석을 맡게 되었다. 34살의 후춘화는 전국에서 가장 젊은 부부급(차관급) 관리가 되었다. 이 요직에서 그는 3년간 근무하며 다시 중앙당교 연구생학원 재직연구생반에서 세계 경제를 전공했다.

3년 후 후춘화는 티베트로 돌아왔다. 2001년 7월에 그는 티베트 자치구 공산당위원회 상무위원, 비서장 겸 자치구 직속기관 사업위원회 서기를 맡았고 2003년 3월에는 티베트 자치구 공산당위원회 부서기 겸 자치구 상무부주석으로 임명되었다. 2005년부터 후춘화는 공산당 위원회 상무부서기, 자치구 상무부서기, 자치구 공산당위원회 당교 교장을 맡았다.

일부 매체는 후춘화가 티베트에서 일하는 동안 "신중, 공평하며, 수시로 지방 시찰에 나섰다. 영리하며 업무 능력이 뛰어났다"라고 보도했다. 게다가 후춘화는 티베트어를 구사할 수 있고, 티베트 전통 춤에도 조예가 깊어 티베트 관리, 인민들과 잘 어울렸다고 한다.

북경대 뉴스 네트워크에 따르면, 티베트에서 일한 10여 년간 후춘화는 자신의 모든 것을 티베트에 바쳤다고 한다. 10여 년 동안 후춘화는 티베트 내 7개 지역 도시 중에서 6곳을 가보았고 75개 현 도시 중에서 50여 곳을 시찰했다. 지역을 방문할 때마다 그는 늘 생활이 어려운 주민을 찾아 애로 사항을 청취했고 민족 문화와 민속 향토 문화에도 큰 관심을 기울였다. 현지 장족 동포들과 하나가 되어 현지 간부와 장족 인민의 호평을 받았다.

티베트 묵탈墨脫에 있는 장족 동포들은 아직도 후춘화를 잊지 못한다. 라싸에서 500여 킬로미터나 떨어진 묵탈은 중국에서 유일하게 도로가 개설되지 못한 현이다. 우편물은 3~4개월이나 반년에 한 번 배달된다. 국가에서 여러 차례 도로를 건설하려 했지만 보통 사람은 감히 넘기 힘든 장애물이 앞을 가로막아 번번이 공사를 중단하고 말았다.

1992년, 후춘화가 이곳의 행서전원行署專員을 맡았다. 그는 몸소 기술자들과 함께 도보로 현지를 답사했다. 열악한 자연 환경 때문에 이들은 몇 번이나 죽음의 고비를 넘기기도 했으나, 후춘화는 도로 건설을 추진했다. 후춘화는 묵탈 도로를 건설하기 위해 보름 넘게 도보로 현장을 오갔다.

《조선일보朝鮮日報》에 따르면, 전국청년연합회 주석을 역임한 후진타오는 후춘화를 모범 청년의 본보기라고 치하하면서부터 그를 주목하기 시작했다고 한다. 후진타오가 티베트 자치구 당서기로 일하던 1989년, 티베트에서 폭동이 발생했다. 당시 후춘화는 서기와 통신병을 겸하면서 후진타오의 최측근으로 몸과 마음을 바쳐 일했다. 1992년, 후진타오는 덩샤오핑의 부름을 받아 일약 중앙정치국 상무위원으로 발탁되었다. 그러자 후진타오는 직접 티베트에 전보를 쳐 29살에 불과한 후춘화를 티베트 공청단 서기로 임명했다. 과격적인 인사 조치였다.

1997년 12월, 공청단 제13차 6중 전회에서는 중앙서기처 서기로 후춘화를 추가 임명했다. 그는 북경에 돌아와 일을 하게 되었다. 공청단 중앙서기로 일하면서, 후춘화는 공청단 중앙기관지인 《중국청년보》를 관리했다. 당시 《중국청년보》에서 근무한 사람들은 "후춘화는 신문사 내부의 모든 직원을 신임하고 존중했다"라고 회고했다.

그리고 3년 뒤 후춘화는 다시 티베트에 가게 된다. 이번 임무는 전에 비해 더욱 무거웠다. 자치구 공산당위원회 상무위원 겸 비서장을 맡은 것이다. 그 뒤로 후춘화는 중공 티베트 자치구 공산당위원회 부서기, 자치구 인민정부 상무부주석으로 승승장구했다. 중국 내륙의 소수 민족 지역 출신인 후춘화는 "중국은 다민족 국가다. 소수 민족 자치 지역은 전 국토 면적의 60퍼센트를 차지하며 대부분 변경에 자리 잡고 있다. 소수 민족 지역은 발전 가능성이 무궁무진하다. 한족이 현대화를 실현했다고 해서 전 중화 민족이 현대화를 실현한 것은 아니다"라고 판단했다. 불혹의 나이에 접어든 후춘화는 그때 자신의 모든 것을 티베트에 바치기로 결심했다.

2006년 11월, 후춘화는 다시 공청단 중앙으로 올라갔다. 공청단 중앙서기처 제1서기로 임명된 것이다. 당시 43세인 후춘화는 가장 젊은 정부급正部級(장관급) 관리가 되었고 7200만 명이나 되는 구성원을 거느린 방대한 조직의 일인자로 우뚝 섰다.

북경으로 가기 전, 후춘화는 어머니에게 전화를 걸어 이 소식을 전했다. 온 가족은 기뻐서 환호성을 질렀다. 후춘화의 동생은 "넷째 형님이 북경으로 가면서 왕래가 편리해졌다. 앞으로 부모님은 북경에 가 형님을 볼 수 있어서 너무 좋아하신다"라며 기쁨을 감추지 못했다.

2007년 3월 17일, 공청단 중앙상무위원 확대회의에서 후춘화는 자신만의 힘을 보여주기 시작했다. 그는 일부 관리들이 "경솔하고 접대에 급급하며, 터무니없이 부풀리기 좋아하고 쓸데없이 떠벌린다"며 호되게 질책했다. 후춘화는 단 간부들이 겸손한 자세를 유지하고, 말은 적게 일은 많이 할 것을 요구했다. 회의에서 이같이 강경한 어휘를 사용한 인물은 공청단 지도자 중에서 찾아보기 힘들다. 후춘화는 회의에서 다음과 같이 지적했다.

공청단에서 일하면서 가장 깊이 깨달은 점은 공청단은 단련 과정이라는 것이다. 우리가 직접적으로 얼마나 공헌했는지를 정부 부처와 비교할 수 없다. 그래서 조직이 우리를 평가하는 기준은 주로 '우리가 얼마나 건강하게 성장했는가'이다.

부임 초기에, 외부에서는 후춘화의 재능과 경험에 큰 기대를 걸었다. 지방의 지도자가 공청단 중앙의 요직을 맡은 사례는 최근 드물었다. 전문가들은 "지방 근무 경험이 풍부한 간부가 공청단 중앙을 지휘하면 단 계열 관리들의 근무 풍토 개선에 도움이 될 것이다"라고 분석했다.

후춘화는 "지금 사회적으로 단 간부의 경솔함이 가장 많은 지적을 받고 있다"라고 정곡을 찔렀다. 그가 내린 결론은 경솔함과 산만함이다. "근무 태도가 산만해 일을 대충 끝내고, 새로운 술수를 자꾸 부리다 보니 사업이 신뢰를 얻지 못한다. 또한 겉치레에만 치중해 실질적 효과를 경시하며 나서기를 좋아한다"라고 그는 지적했다. 그는 "결과적으로 단 직무에 대한 인식이 부족하고 정확한 가치관을 형성하지 못했다"라고 밝혔다. 후춘화는 회의에서 "일부 단 간부들이 개인의 발전에만 급급하고, 다른 사람과 승진 속도를 비교한다. 심지어 어떤 관리는 부임하자마자 승진에만 연연한다. 일단 승진하면 떠나기에 급급하다"라고 비난했다.

후춘화는 일부 단 간부의 불량한 태도를 일일이 지적했다.

이론을 진지하게 학습하지 않고 새로운 지식을 열심히 습득하지 않는다. 새로운 문제를 깊이 사고하지 않고 자기 주관 없이 남 하는 대로 따라한다. 겉치레만 치중하고 업무를 대충 처리하며, 기초를 튼튼히 쌓아 원대한 사업을 구상하려 하지 않고, 용두사미식으로 일을 처리한다. 어떤 사업은 문건을 내려 보낸 후 바로 사례를 모아서 전형 수립에 급급하며, 자세하게 검토하지 않고 일을 벌인다. 연구도 제대로 하지 않으며 건성으로 대충 때우려 한다.…… 위에서 예를 든 문제점이 모두 정확하다고 할 수 없고 일부 소수의 단 간부에게 나타나는 문제점이지만, 해악은 엄청나다. 이러한 불량한 풍토가 만연한다면 단의 이미지에 큰 악영향을 미치고 당의 사업에도 큰 손해를 끼칠 것이다.…… 공청단은 결코 청수아문清水衙門(재물을 취급하지 않아 부수입을 올릴 수 없는 관공서. 가용 경비나 복지 혜택이 적고 재원도 없는 부처 – 역자 주)이 아니다. 단 간부들도 진공 상태에서 생활하는 것이 아니기에 온갖 유혹과 시험에 직면하며 사회의 여러 가지 불량한 풍토의 영향을 받는다.

3월 17일에 행한 연설에서 후춘화는 단 간부들에게 "사상적으로는 부패를 방지하는 견고한 방어선을 구축하며, 신중하게 친구를 사귀고, 사교 범위를 깨끗하게 해야 한다"고 요구했다.

앞서 공청단 제15차 5중 전회에서 후춘화는 "공청단의 기본 속성은 명확하다. 바로 당의 조수이고 예비군이며 당과 정부가 청년과 소통하는 교량이고 유대이며 국가 권력의 주요한 사회적 기둥이다"라고 설명했다.

공청단의 전신은 1922년에 설립된 중국사회주의청년단이다. 1925년에 중국공산주의청년단으로 개명했다가 중공이 1949년에 중국신민주주의청년단으로 이름을 바꿨다. 1956년에 사회주의 개조가 끝나고 1957년에 개최한 중국신민주주의청년단 제3차 전국대표대회에서 다시 '중국공산주의청년단'으로 돌아왔다.

통계에 따르면, '제10차 5개년' 개혁 기간에 공청단에 가입한 청년은 매년 80만 명이 넘었다. 2005년 기준으로 전국 단원은 총 7215만 명에 달해 수적으로 중공을 압도했다.

중공 중앙당교 경제학부의 왕둥징王東京 교수는 "단원은 대개 나이가 어리기 때문에 간부 연소화 추세에서 경쟁력이 있다. 공청단 사업은 강한 조직력을 키우는 단련 과정이므로 단원이 고속 승진하는 사례가 최근 늘었다"라고 밝혔다.

부임한 지 3개월도 안 되어 후춘화는 강서성, 호북성, 안휘성, 복건성 등 4개 성을 시찰했다. "인민에게 가까이 다가서야만 그들의 마음에 한층 더 다가설 수 있다." 이는 후춘화가 티베트에서 일할 때 늘 입에 달고 다닌 말이다. 현재 그는 청년들 곁으로 다가서기 위해 노력하고 있다. 강서성에서 후춘화는 강서남천학원江西藍天學院과 남창이공학원南昌理工學院 등 사립 대학을 찾아 학생들과 교류했다. 현지 매체들은 일제히 "후춘화가 강서남천학원에 따스한 온기를 전했다"라고 보도했다. 솔선수범하는 후춘화는 다음과 같이 단 간부를 매섭게 비판했다.

지도자들이 현장 속으로 들어가지 않고, 인민과 동떨어져 있으며, 사업을 깊이 있게 추진하지 못하고 있다. 사무실에 앉아 쓸데없는 환상에 사로잡혀 청년을 가까이 하려 하지 않고, 그들의 요구를 이해하려고도 깊이 교류하려고도 하지 않는다. 청년의 친구가 되지 못하고 빈말과 틀에 박힌 말만 하다 보니 대화가 통하지 않는 것이다.

후춘화는 "사업을 추진하는 근거가 부족하거나 개척, 혁신하는 지혜가 모자랄 때 우리는 주도적으로 청년들 속으로 들어가 그들과 함께해야 한다. 그래야만 만족스러운 답을 찾을 수 있다"라고 지적했다.

후춘화는 공청단 중앙 제1서기를 역임한 5명 중 최연소 서기라는 기록을 세우지는 못했다. 1984년 12월부터 지금까지 역대 공청단 중앙 제1서기를 지낸 인물은 후진타오, 쑹더푸, 리커창, 저우창周强, 후춘화이다. 이들이 공청단 중앙 제1서기를 맡았을 때의 나이는 차례대로 42세, 39세, 38세, 38세, 43세였다. 나이는 후춘화가 제일 많았다.

후진타오는 공청단 중앙 제1서기에서 귀주성 당서기로 자리를 옮겼는데 당시 43세였다. 쑹더푸는 처음에는 인사부장, 국무원 군대전역간부 배치사업소조 조장으로 있다가 복건성 당서기로 임명되었다. 당시 그는 54세였다. 다른 3명도 모두 직접 지방으로 투입되어 성공산당위원회 부서기, 대리성장, 성장 등 요직을 맡았다. 리커창은 하남성 공산당위원회 부서기로 임명되었고 43세에 대리성장으로 선출되었다. 저우창은 호남성 공산당위원회 부서기를 맡았고 46세에 성장으로 임명되었다. 후춘화는 공청단 중앙을 떠나 하북성 공산당위원회 부서기와 대리성장으로 임명되었는데 당시 45세였다.

중앙당교의 한 교수에 의하면 중공은 정권을 잡은 후부터 줄곧 '공청단 제1인자 선정'을 중시했다. 후춘화가 공청단 중앙 제1서기로 임명된 것은 그의 오랜 공청단 계열 근무와 지방 정부에서의 실적과 밀접한 관련이 있다.

중공 17대 기간에 후춘화는 국내외 언론의 인터뷰에 응했다. 대만의 한 기자가 "지금 청소년들과 어떤 경험을 공유할 수 있는가?"라고 질문하자 후춘화는 "세 가지가 가장 중요하다고 생각한다. 첫째, 자신의 이상을 견지하는 것, 둘째, 시종일관 착실하고 진지하게 일을 하는 것, 셋째, 독서를 게을리하지 않고 자신을 충실하게 하는 것이다"라고 대답했다.

2008년 3월, 후춘화는 하북성 공산당위원회 위원 상무위원, 부서기를 맡았다. 이는 그가 공청단 중앙 제1서기가 된 지 1년 반도 안 되어 단행된 인사이동이었다. 하북성 제11차 인민대표대회 상무위원회 제2차 회의에서는 투표를 통해 후춘화를 하북성 인민정부 부성장, 대리성장으로 선출했다. 45세의 후춘화는 당시 중국에서 가장 젊은 성장이었다.

5년 후 중공 18대가 개최되었고 후춘화는 다시 여론의 주목을 받았다. 2012년 11월 9일, 20여 개 대표단은 회의장을 언론에 공개했다. 내몽고 대표단의 공개 토론에서 내몽고 자치구 당서기인 후춘화는 집단 민원을 처리하는 자신의 방식에 대해 "강경 일변도보다 유화책을 같이 쓰는 것이 바람직하다"라고 밝혔다.

내몽고 대표단의 토론은 많은 국내외 언론의 주도을 받았다. 기자들은 "내몽고는 자원 개발과 환경 파괴 문제를 어떻게 처리하며 부패 방지와 깨끗한 정치를 어떻게 실현할 것인지" 질문했다. 그들은 50세도 채 안 된 지방 당서기인 후춘화의 개인 스타일에도 주목했다.

후춘화는 2011년에 내몽고 초원의 유목민과 현지 탄광회사 사이에 벌어진 충돌 사건을 예로 들며 "사태를 조용하게 진정시키고 범죄자를 엄벌하면서 정부도 많이 반성했다. 내몽고의 자원을 개발하면서 현지 생태환경과 인민의 이익을 보호할 것이다"라그 밝히며 다음과 같이 설명했다.

> 우리가 집단 민원 사건을 처리할 때 강력한 조치를 취하는 것은 당연하다. 강한 수단이 필요할 때에는 강하게 밀어붙여야 한다. 강제 조치를 취하고 나서 모두가 더 이상 문제가 없다고 인정하면 우리는 손에서 놓아야 할 것을 다 내려놓는다. 강할 때는 강하게, 약할 때는 약하게 해야 한다. 무조건 유화책이나 강경책만이 최선이라고 단정할 수는 없다.

시진핑이 후진타오의 손에서 중공 1인자의 바통을 건네받았다. 시진핑과 후진타오는 1인자로 올라서기 전에 이미 수십 년간 '태자 수업'을 거쳤다. 앞으로 시진핑의 뒤를 이을 적임자를 선출하는 일에 대중들의 관심이 집중되기 시작했다. 2012년 10월 3일, 한국의 《중앙일보》는 "올해 여름 북대하北戴河회의에서 후진타오는 이미 적임자를 점찍었다"라고 보도했다.

2012년 11월 후춘화는 기대를 저버리지 않고 개혁파 정치인 왕양의 후임으로 중국 정치 1번지로 불리는 광동성의 최고 실권자인 당서기가 되면서 권력 가도를 질주하고 있다. 세간의 여론은 시진핑의 10년 집권이 끝나면 그 뒤를 이을 차세대 최고 지도자는 '리틀 후진타오'로 불리는 후춘화일 가능성이 높다고 보고 있다.

중국 신임 총리 리커창의 첫
내외신 기자 회견 전문

일시 —— 2013년 3월 17일

장소 —— 인민대회당 3층 금색대청

참가자 —— 내외신 기자 800여 명

- 푸잉(傅瑩(12기 전인대 1차 회의 부비서장, 대변인) —— 안녕하십니까? 지금부터 새로 선출된 리커창 총리와 부총리 네 분을 모시고 내외신 기자 회견을 진행하겠습니다. 먼저 리커창 총리께서 모두 발언을 하시고 이어서 기자들의 질문을 받겠습니다.

- 리커창 총리 —— 귀빈 여러분, 내외신 기자 여러분, 먼저 양회 기간의 보도에 힘써주신 것에 감사드립니다. 새로 선출된 부총리를 소개합니다. 장가오리 부총리, 류옌둥 부총리, 왕양 부총리, 마카이 부총리입니다(장가오리는 상무를, 류옌둥은 과학·교육, 왕양은 산업, 마카이는 금융을 담당한다—역자 주). 저희는 인민 대표들의 신뢰에 진심으로 감사를 드립니다. 이것은 전 인민의 중대한 위탁이고 책임이라는 것을 새로운 직책을 맡는 이 순간부터 저는 깊이 느끼게 되었습니다. 저희는 헌법을 준수하고 인민에 충성하며 인민의 소망을 시정 방향으로 삼을 것입니다. 인민의 소망 실현이라는 신성한 사명과 법률에 대한 외경심을 갖고 인민을 존중하고, 인민에게 책임지고, 인민을 위한 정부를 수립해 전 인민을 행복하게 하고 강성 국가를 건설할 것입니다. 지금부터 기자 여러분의 질문을 받겠습니다(이하 격식체 생략).

- 싱가포르 연합조보 기자 —— 이번에 국가 기구 개혁과 직능 전환 방안이 주목을 많이 받았다. 이번 개혁 방안이 이상적이라고 생각하는가? 어떻게 정부 기구를 간소화하고 권한을 하부 기관에 이양하고 정부 직능을 전환할 것인가?

- 리커창 총리 —— 이상적인 방안이냐고 물어보았는데, 어떤 일을 하든지 이상과 현실 사이에서 실현 가능한 방안을 선택해야 한다. 이번 개혁의 핵심은 정부 직능의 전환이다. 물론 기구 간소화와 권한 이양도 포함한다. 기

구 개혁을 정부 내부 권력의 최적화 배치라고 한다면 직능 전환은 정부와 시장과 사회 간의 관계를 조율하고 바로잡는 것이다. 쉽게 말해, 시장이 할 수 있는 일을 최대한 시장에 넘기고, 사회가 할 수 있는 일을 사회에 넘기며, 정부는 자신이 잘 할 수 있는 일을 해야 한다. 기구 개혁은 쉽지 않다. 직능 전환은 더 어려운 과제이다. 나는 지방에서 연구·조사하면서 '창업하려면 수십 개의 공인이 필요하다'는 인민의 불평을 많이 들었다. 이는 사업 효율성을 저해하고 부정부패와 지대 추구 행위(경제 주체들이 자신의 이익을 위해 비생산적인 활동에 경쟁적으로 자원을 낭비하는 현상—역자 주)를 유발하고 정부의 이미지를 실추시킨다. 따라서 반드시 행정 심사 비준 제도의 개혁부터 착수해 정부 직능을 전환해야 한다. 국무원 산하 각 부처는 행정심사 비준 사항을 아직도 1700여 개나 보유하고 있다. 이번 정부는 이 중에서 3분의 1 이상을 철폐하려고 한다. 정부라는 몸에 잘못 장착된 손을 시장의 손으로 바꿔야 한다. 이는 권력의 축소이고 자아 혁명이므로 큰 고통이 따른다. 심지어 팔목이 잘리는 듯한 느낌을 받을 수도 있다. 하지만 이는 발전을 위해 필요하고 인민의 바람이기도 하다. 우리는 작은 것을 희생해 전체를 보전한다는 마음으로 약속을 실천할 것이다. 절대로 권력을 허위로 이양하지 않겠다. 중요한 것을 기피하고 부차적인 것만 처리해서는 안 된다. 특히 형식적인 틀에 얽매이지 말아야 한다.

● 인민일보人民日報·인민넷人民網 기자 —— 많은 사람들은 새 정부가 직면한 과제가 매우 과중하다고 생각한다. 그렇다면 총리의 시정 목표는 무엇인가? 우선 해결하고자 하는 주요 문제는 무엇인가?

● 리커창 총리 —— 시정 목표는 중공 18대에서 이미 전면적으로 배정했다고

할 수 있다. 거대한 중국에서 해결해야 할 일은 너무나 많다. 주요 문제를 꼽는다면 다음과 같다. 첫째, 지속적인 경제 발전이다. 앞으로 경제 환경은 여전히 준엄하고 복잡할 것이다. 우리는 경제를 지속적으로 성장시키고 통화 팽창을 방지하며, 잠재적인 리스크를 통제해 경제에 큰 파동이 생기지 않게 해야 한다. 우리는 2020년까지 매년 7퍼센트씩 성장해야 한다. 이는 결코 쉽지 않다. 하지만 우리에게는 유리한 조건이 있고 거대한 국내 수요가 있다. 경제 체제 전환을 추진하고 개혁의 혜택, 내수의 잠재력, 혁신의 활력을 합쳐 새로운 동력을 형성하며 품질과 효율, 취업과 소득, 환경 보호와 자원 절약 등에서 새롭게 발전해 중국 경제를 업그레이드하는 것이 핵심이다. 둘째, 민생을 끊임없이 개선해야 한다. 특히 저소득층의 소득을 증가시키고 중산층을 지속적으로 확대해야 한다. 기본 민생을 보장하고 전 국민을 아우르는 기본 민생 안전망을 구축해야 한다. 그중에는 의무 교육, 의료, 양로 보험, 주택 등을 포함한다. 민생 안전망이 찢기지 않도록 하고 최저생활 보장, 중병 구조 등의 제도를 완성해 특수 빈곤층의 기본 생활을 보장해야 한다. 이러한 계층이 생존을 위협받으면 사회도덕과 사회 심리 저변에 타격을 준다. 정부는 사회적 역량을 동원해 빈곤층의 생존권과 존엄성을 보장해야 한다. 셋째, 공정 사회를 이룩해야 한다. 공정은 사회의 활력소이며 인민의 만족도를 좌우한다. 정부는 공정 사회의 수호자가 되어야 한다.

이 세 가지 문제를 해결하기 위해서는 세 가지 과제를 수행해야 한다. 첫째, 혁신형 정부를 건설하고 개혁·개방에 의거해 사회에 활력을 불어넣어야 한다. 둘째, 깨끗한 정부를 건설하고 정부의 공신력, 집행력과 효율성을 강화해야 한다. 셋째, 법치주의를 확립해야 한다. 법률을 신성한 위치에 놓고 법률이 규정한 대로 권력을 행사해야 한다. 이 세 가지 과제를 실현하려면 피나는 노력을 경주해야 한다. 다행히 원자바오 전임 총리와 이직한 지도자들이 훌륭한 토대를 마련해주었다. 깊은 경의를 표한다. 시진핑 동지를 총서기로 하는 중공 중앙의 지도하에 13억 인민의 느력과 지혜에 힘입어 우리는 끊임없이 성공의 길로 나아가며 민족의 부흥과 현대화를 실현할 것이라고 확신한다.

◈ 중앙인민방송국中央人民廣播電台 기자 —— 최근 일부 지방에서 연이어 부패 사건이 터졌다. 새 정부는 어떠한 구체적인 조치로 부패를 척결할 것인가?

◈ 리커창 총리 —— 이 문제는 매우 중요하다. 부패로 정브의 명예가 실추되고 있다. 이 자리를 빌려 정부의 부패 척결과 의지가 확고부동하다는 점을 강조한다. 우리는 반부패 시스템을 완성해 부패 행위와 부패 분자에 대해 엄격하게 법적 제재를 가할 것이다. 권력을 공개적이고 투명하게 집행해 인민이 권력을 효과적으로 감독하도록 하는 것이 중요하다. 이는 권력의 방부제이다. 우리는 검소한 정부 재정으로 인민의 신뢰를 받고 인민을 행복하게 해야 한다. 인민을 행복하게 하려면 먼저 정부가 허리띠를 졸라매야 한다. 최근 재정 보고서에 따르면, 올해 1~2월에 중앙의 재정 수입 증가폭은 1.6퍼센트에 그쳤다. 앞으로 재정 수입이 다시 고속 성장세를 유지하는 일은 거의 불가능하다. 하지만 민생 지출은 강제성을 띠므로 증가만 할 뿐 감소하지는 않는다. 이렇게 되면 정부 지출을 줄이는 수밖에 없다. 이 자리에서 이번 정부의 임기 내에 다음과 같이 약속한다. 첫째, 대규모 정부 건축물을 신축하지 않겠다. 둘째, 국가 재정으로 급여를 주는 인력을 줄이겠다. 셋째, 국비 접대, 국비 출국, 국비 차량 구매 등을 줄이겠다.

- 미국 AP통신사 기자 —— 중국은 미국과 새로운 대국 관계를 구축할 것이라고 했다. 그렇다면 중국은 미국에 무엇을 바라는가? 중국은 미국에 대한 해커 공격을 중지할 것인가? 해커 문제는 이미 미국의 국가 안전에 대해 주의를 환기시켰다.

- 리커창 총리 —— 방금 기자의 질문을 들으니 며칠 전에 본 미국 매체의 보도가 떠오른다. '미국과 다른 대국과의 충돌은 결코 필연이 아니다'는 이론인데 나도 적극적으로 찬성한다. 내가 1980년대에 미국을 방문했을 때가 생각난다. 그때는 미국 대선 시기라 나는 민주당과 공화당 인사들과 두루 접촉했다. 그들은 나에게 "걱정마라. 누가 대통령이 되도 대중국 협력과 하나의 중국이라는 정책은 변하지 않는다"라고 말했다. 수십 년간 중미 관계는 갖은 풍파를 겪었지만 줄곧 전진해왔다. 중미 관계가 양국 인민의 근본 이익과 세계 평화에 부합했기 때문이다.

새 정부도 과거와 마찬가지로 중미 관계를 중시할 것이다. 최대 개발 도상국과 최대 선진국 간의 관계이기 때문이다. 우리는 오바마 정부와 공동으로 새로운 대국 관계를 구축하길 바란다. 나는 중앙 정부에서 일하면서 종종 미국 정치가를 접견했다. 그들은 "우리는 미국의 이익을 위해 일한다"라고 솔직하게 털어놓았다. "나는 중국을 위해 일한다"라고 나도 말한다. 양측이 모두 이익을 중시한다면 그 이익에는 공통점과 합류점이 있을 것이다. 30여 년 전 중미 간 무역액은 10억 달러도 안 되었다. 지금은 작년 말 기준으로 이미 5000억 달러에 육박한다. 우리는 계속 호혜와 원원 협력을 추진할 것이다. 물론 나는 중미 간에 이견이 있다는 것을 부인하지 않는다. 하지만 상대방을 존중하고 이견을 잘 처리한다면 공동 이익을 증진할 수 있다. 양국이 창조한 독특한 문명과 문화를 서로 배우면 양국 인민의 우의를 증진할 수 있고, 중미 관계의 사회적 토대를 잘 다질 수 있다. 아시아–태평양 지역은 양국의 이익이 가장 많이 집중된 곳이다. 중미 양국은 모두 지역의 안정을 수호하고 번영을 촉진해야 한다. 중국은 아시아–태평양 지역에서 협력을 잘해 새로운 대국 관계를 구축할 것을 바란다. 이는 아시아–태평양 지역과 세계 평화에 긍정적으로 작용할 것이다. 해커 공격은 세계적 문제라고 볼 수 있다. 중국도 해커 공격의 주요 피해국이다. 중국은 사이버 테러를 반대한다. 기자의 질문에는 '유죄 추정'의 느낌이 있다. 나는 서로 근거 없는 비난을 자제하고 사이버 안전을 수호하는 실질적인 일을 많이 할 것을 바란다.

● CCTV 기자 —— 리 총리는 여러 차례 "개혁은 중국의 최대 보너스이다"라고 말했다. 최근에도 나는 일부 포털 사이트에서 많은 네티즌이 이 주제를 놓고 토론하고 기대감을 갖는 것을 보았다. 하지만 알다시피 현재 중국의 개혁은 위험 지역에 진입했다. 일반적으로 개혁에는 상당한 어려움이 존재하고 일부 이익 집단을 건드리게 된다. 심지어는 이러한 이익 집단이 개혁의 걸림돌이 될 수도 있다. 이러한 상황에서 개혁을 통해 어떻게 보너스를 분배할 것인가? 다음 단계의 개혁은 무엇인가? 어느 분야에 역점을 둘 생각인가?

● 리커창 총리 —— 내가 "개혁은 최대 보너스"라고 말한 것은 중국의 사회주의 시장 경제는 아직 미완성 단계이고, 개혁을 통해 생산력을 증가시킬 수 있는 잠재력이 크고, 개혁 보너스를 전체 인민에게 돌릴 수 있는 여지가 크기 때문이다. 개혁은 실천이 중요하다. 목이 터지게 소리치기보다는 힘찬 날갯짓이 필요하다. 우리는 시장화 개혁을 견지해야 한다.

경제 체제의 전환은 재정, 금융, 가격 개혁이 지렛대 역할을 발휘해 공개적이고, 투명하며, 규범적이고, 완전한 재정 예산 제도의 개혁을 추진해야 한다. 이를 통해 인민은 효과적으로 재정 수지를 감독하고, 지출 상황을 최적화할 수 있다. 금융 분야에서 금리, 환율의 시장화 개혁을 추진하고 자본 시장을 다차원적으로 발전시키며 직접 융자 비율을 올리고 투자자를 보호해야 한다. 특히 중소 투자자의 권익을 보호해야 한다. 우리는 개방을 통해 경제 체제의 전환을 견인하고 서비스업을 한층 더 개방해야 한다. 상품 무역을 포함한 중국의 무역은 향후 수년간 지속적으로 증가할 것이다. 중국 기업에게는 공정한 경쟁 가운데 기업을 업그레이드하는 절호의 기회가 될 것이다.

민생 개선은 소득분배의 개혁과 분리할 수 없다. 우리는 도농 간과 지역 간에 격차가 크다는 사실을 직시해야 한다. 특히 농민 8억 명과 도시민 5억 명 사이에 존재하는 도농 격차를 직시하고 이를 점차 줄여야 한다. 사회 보장 제도를 개혁하고 점차 통제 관리의 수준을 높여 타 지역에서도 의료·양로 보험의 청구와 신청을 가능하게 해야 한다. 이는 노동력의 이동에도 유리하다.

공정 사회를 위한 개혁을 추진해 끊임없이 민영 자본이 순조롭고 효율적으로 금융, 에너지, 철도 등 분야에 유입되도록 하고, 사회의 종적 유동을 촉진해야 한다. 예를 들면 현재 대학생 중에서 농촌 출신은 아주 적다. 우리는 농촌 출신 대학생을 증가시켜 농촌에 희망을 주어야 한다.

방금 기자가 중국의 개혁이 위험 지역에 진입했다고 말했는데 이는 '난관을 돌파하는 시기에 진입했다'고 말할 수도 있다. 이는 확실히 기득권을 건드리게 된다. 지금 기득권을 건드리는 것이 영혼을 건드리는 것보다 어려운 것은 사실이다. 하지만 선택의 여지가 없다. 아무리 깊은 물이라도 건너가야 한다. 이는 국가의 운명과 민족의 앞날이 직결되어 있다. 우리는 용기와 지혜와 인내가 필요하다. 다행히 우리는 이를 인민에게서 흡수할 수 있다. 개혁은 발걸음을 멈추지 않을 것이다.

● 대만 연합보聯合報 기자 —— 최근 양안 관계는 크게 발전했다. 총리는 향후 양안 관계의 평화적 발전을 위해 어떠한 구상과 비전을 갖고 있는가? 양안 관계의 기회와 도전은 무엇이라고 생각하는가?

● 리커창 총리 —— 양안은 모두 중국에 속한다. 양안의 전 인민은 모두 같은 동포이다. 동포라는 개념은 중국 문화에서 뿌리가 깊다. 나는 이 또한 중화민족이 5천 년의 찬란한 문명을 유지할 수 있었던 근원이라고 생각한다. '뼈를 부러뜨려도 살은 붙어 있다'는 말은 '동포는 피와 살을 나눈 형제이기에 풀지 못할 매듭이 없다는 것'을 말해준다. 우리는 최근 양안 관계가 평화적 방향으로 발전되고 양안 협력의 성과가 끊임없이 확대되는 것을 보았다. 나는 하나의 중국이라는 원칙을 견지하고 동포 간의 정을 유지하기만 하면 양안 관계는 더욱 크게 발전할 것이라고 생각한다.

대만은 중국 내륙의 발전 기회를 보다 많이 활용할 수 있다. 내륙과 대만은 우리 모두의 고향이다. 고향에 꽃이 만발하게 해야 한다. 꽃이 활짝 피어나면 둥근 달이 뜰 것이다. 기자가 대만 동포에게 나의 진심 어린 안부와 축복을 전해주기 바란다.

● 신화통신 기자 —— 현재 도시화에 대해 토론도 활발하고 의견도 많다. 도시화는 현대화 과정에서 자연적으로 발생하기 때문에 의도적으로 추진할

필요가 없다고 주장하는 사람도 있고, 도시화 추진으로 많은 농민들이 토지를 잃고 도시의 빈민 계층이 된다고 주장하는 이도 있다. 총리는 어떻게 생각하는가?

● 리커창 총리 —— 중국의 도시화는 인류 역사상 전례 없는 규모로 진행되기 때문에 중국 발전에 매우 중요할 뿐만 아니라 세계에도 영향을 미친다. 도시화는 현대화의 필연적 추세이며 많은 농민의 보편적인 바람이다. 이는 대규모 소비와 투자를 촉진할 뿐만 아니라 많은 일자리를 창출해 농민들을 부유하게 할 것이다. 나는 농촌에서 조사·연구할 때 수많은 농민들이 '도시 사람들과 같은 생활을 누리고 싶다'고 말하는 것을 들었다. 당시 농민에게 이는 사치나 다름없었다. 하지만 현재 도시화의 대문은 농민을 향해 열려 있다. 농민은 도시로 진출해 2, 3차 산업에 종사할 수 있다. 농촌에 남은 사람들은 규모화 경영을 통해 소득을 증가시켜 부유한 생활을 누리고 있다. 현재 매년 농민 1000여 만 명이 도시로 진출한다. 이는 필연적 추세이다. 우리가 강조하는 새로운 도시화는 인간 위주의 도시화이다. 현재 중국의 농민공은 약 2억 6천 만 명이다. 이들이 도시에서 꿈을 실현하려면 직장과 공공 서비스가 필요하다. 맹목적이고 무질서한 도시화는 안 된다. 대도시와 중소도시의 조화로운 발전을 추진하고 동부, 중부, 서부 지역의 실정에 적합해야 한다. 한쪽은 고층 빌딩이 숲을 이루고 다른 한쪽은 판자집이 몰려 있는 양극화는 안 된다. 새 정부는 반드시 1000만 가구 이상의 판자촌을 개조할 것이다. 새로운 도시화는 농업의 현대화와 발맞추어 최저 경작지 면적을 유지하고 식량 안전을 확보하며, 농민 이익을 보호할 것이다. 이번 양회 기간 중 도시화에 관한 건의와 제안이 500여 건에 달한다. 우리는 건의와 제안을 일일이 검토해 도시화를 적극적이고 온당하게 추진할 것이다.

● 프랑스 르 피가로Le Figaro 신문 기자 —— 현재 환경 오염과 식품 안전, 북경의 스모그 현상 등은 이미 심각한 상태다. 중국 정부는 경제 성장을 지속하면서 이 문제를 해결할 수 있는가? 중국의 인민과 언론은 이와 관련한 정부의 조치를 더 엄격하게 감독할 수 있는가?

● 리커창 총리 —— 중국 경제를 업그레이드하기 위해서는 인민이 깨끗한 공기와 물을 마시고, 식품을 안전하게 먹을 수 있어야 한다. 최근 들어 북경을 포함한 동부 지역에 스모그가 대거 발생했다. 우리는 수질·토양 오염 등 원인을 파악해 단호한 조치를 취할 것이다. 식품 문제는 인민의 건강에 직접적으로 영향을 준다. 정부는 위조 식품과 불량 식품을 강력하게 단속해 불법을 자행한 업자에게 값비싼 대가를 치르게 할 것이다.

나는 또한 조방형 발전 방식粗放的發展方式(자원 대량 소비형 발전-역자 주)을 우려하고 있다. 강산은 푸르나 인민의 살림살이가 어려워서는 안 되고 살림살이는 부유하나 환경이 파괴되면 안 된다. 우리는 환경을 파괴하는 성장을 추구해서는 안 된다. 우리는 오염 상황, 식품 문제의 정비, 처리 과정을 모두 공개해 인민과 언론이 효과적으로 감독할 수 있게 할 것이다.

● 중국일보 기자 —— 총리는 개혁의 목표와 정책을 많이 언급했는데 우리는 줄곧 노동 교양勞動敎養(피의자를 사법절차를 거치지 않고 노동 교양소에 최장 4년간 수용하는 제도-역자 주)의 개혁에 주목해 왔다. 노동 교양제 개혁의 시간표는 나와 있는가?

● 리커창 총리 —— 간략하게 말할 테니 양해하기 바란다. 노동 교양 제도의 개혁에 대해 관련 부처에서 현재 연구하고 있다. 올해 안으로 방안이 나올 것이다.

● 봉황위성TV鳳凰衛視 기자 ── 총리는 2년 전 홍콩을 방문해 중앙 정부의 선물 보따리를 안겨주었는데 앞으로 어떤 정책을 펼칠 것인가? 나도 본적이 안휘성이지만 대만에서 태어나 홍콩에서 사업하며 지난 10여 년간 양안 3개 지역(내륙, 대만, 홍콩을 말함─역자 주)을 취재해왔다. 나의 지인들은 총리의 개인 이력을 많이 궁금해 한다. 이 기회에 가장 밑바닥에서 최고 지도부까지 올라온 총리의 정치 생애와 개인적인 심경을 토로하면 안 될까?

● 리커창 총리 ── 기자가 말한 양안 3개 지역은 모두 나와 인연이 깊은 곳이다. 내가 2011년에 홍콩을 방문해 홍콩의 번영과 두 지역의 협력을 추진하는 중앙 정부의 정책을 발표했는데 기자는 이를 '선물 보따리'로 비유했다. 매우 생동감 있는 비유인 것 같다. 선물 보따리는 안에 있는 물건은 하나하나 열어보아야만 잘 활용할 수 있다. 두 지역은 함께 노력해야 한다.

홍콩을 방문했을 때, 일국양제壹國兩制(한 나라 안의 두 체제 공존. 중국이 홍콩의 경제적 독립성을 인정한다는 의미─역자 주)하의 홍콩은 활력이 넘쳤다. 홍콩 동포들은 부지런하고 지혜로우며, 홍콩 사회는 포용적이고 개방적이어서 내륙과 협력 여지가 매우 크다는 것을 나는 폐부로 느꼈다. 홍콩·마카오 동포의 복지 증가, 내륙과 홍콩·마카오의 협력 심화, 홍콩·마카오의 장기 번영을 위한 일이라면 중앙 정부는 최선을 다해 추진할 것이다.

나는 안휘성 봉양현에서 지식 청년으로 일했다. 마을 사람들과 함께 지낸 그때의 힘들었던 기억을 잊을 수가 없다. 당시 그곳은 중국의 농촌 중에서 가난하기로 소문이 난 곳이었고 나중에 농촌 도급제 개혁의 발원지가 되기도 했다. 1977년에 대학 입시가 부활했다. 나는 밭에서 일하다가 대학 입학 통지서를 받았는데 그때의 기억이 아직도 생생하다.

개혁·개방이 중국의 운명을 바꿨다. 농민 수억 명을 빈곤에서 벗어나게 했고 많은 사람의 인생을 바꾸어버렸다. 지금 개혁의 중책은 우리 세대에게 맡겨졌다. 우리는 최선을 다해 개혁의 혜택이 전체 인민에게 돌아가게 할 것이다. 노인은 만년을 행복하게 보내고 젊은이들은 희망을 갖게 해야 한다. 전 중국에 생기와 활력을 불어넣어야 한다.

내 개인 이력을 자세히 말할 시간은 없다. 나는 책을 읽고 일을 하고 문화의 영향을 받으면서 이치를 하나 깨달았다. 그것은 '행대도行大道, 민위본民爲本, 이천하利天下'이다. 이 말은 고전에서 인용한 것이 아니다. 나의 생각이다.

● 푸잉 —— 시간 관계상 이제 마지막 질문을 받겠습니다.

● 러시아 신문사俄新社 기자 —— 시진핑 중국 국가주석이 곧 러시아를 방문한다. 신임 총리로서 중러 관계를 어떻게 생각하는가? 어떠한 분야에서 중러 협력을 추진할 것인가?

● 리커창 총리 —— 중러 양국은 서로 최대의 인접국이다. 2012년에 내가 러시아를 방문했을 때, 러시아 지도자들은 "양국은 정치적 관계가 매우 밀접하기 때문에 의견이 일치하기 쉽다. 바로 실무로 들어가 토론하는 게 낫지 않냐"라고 단도직입적으로 말했다. 러시아의 지방 민간 인사와 접촉할 때, 그들은 양국의 실무 협력 수준을 높이고 경제 무역의 토완 우위를 발휘할 것을 절실히 바랐다. 러시아에서 열린 경제무역포럼에 참가했을 때, "중러 양국간 무역액은 800억 달러이다. 중러 양국의 공동 노력으로 무역액을 대폭 증가시키는 것은 아무 문제가 없다. 서로 원원할 수 있다"라고 나는 말했다.

양국이 실무 협력을 추진하고 소통과 협조를 강화하는 것은 양국 관계를 공고히 하는 데 유리할 뿐만 아니라 세계의 평화와 안정을 수호하는 데도 긍정적으로 작용할 것이다.

요즘 나는 국제 여론이 우려하는 문제는 대체로 두 가지라고 생각한다. 하나는 중국 경제의 지속 가능한 발전 여부이고 또 하나는 중국이 발전한 후 패권을 행사할 것인가이다.

나는 이 두 가지 우려를 모두 불식할 수 있다고 생각한다. 중국은 경제의 지속적이고 건전한 발전을 유지하고 사회적 진보를 끊임없이 추진할 수 있는 조건을 갖추고 있다. 중국에는 13억이 넘는 인구가 있다. 현대화를 실현하려면 아직도 먼 길을 가야 한다. 중국은 평화적인 세계 환경이 장기간 필요하다. 중국은 강대국이 되어도 패권을 행사하지 않을 것이다. 중국은 근현대사에서 비참한 처지를 경험했기 때문이다. '내가 원하지 않는 바를 남에게 행하지 말라己所不欲, 勿施于人'. 이는 중국인의 신조이다.

평화적 발전의 길을 걷는 것은 중국의 확고부동한 결심이다. 국가의 주권과 영토를 수호하는 것도 중국의 흔들릴 수 없는 의지다. 이 두 가지는 상충되지 않는다. 지역 안정과 세계 평화 질서를 유지한다는 원칙에도 부합한다. 중국은 발전 중에 있는 대국으로서 상응한 국제적 의무를 다하고 세계 각국과 손잡고 21세기 세계 평화와 번영을 지켜나갈 것이다.

찾아보기

리커창

⊙ 2013년 11월 21일 초판 1쇄 인쇄
⊙ 2013년 11월 29일 초판 1쇄 발행
⊙ 지은이   홍칭
⊙ 편   역   구천서
⊙ 발행인   박혜숙
⊙ 책임편집   신상미
⊙ 디자인   이보용
⊙ 영업·제작   변재원
⊙ 종이   화인페이퍼
⊙ 펴낸곳   도서출판 푸른역사
　우) 110-040 서울시 종로구 통의동 82
　전화: 02) 720-8921(편집부) 02) 720-8920(영업부)
　팩스: 02) 720-9887
　전자우편: 2013history@naver.com
　등록: 1997년 2월 14일 제13-483호

ⓒ 한반도미래재단, 2013

ISBN　979-11-5612-003-2　93340